Active Learning
医療・福祉をめぐる法と制度

目 次

第1章 法学入門

第2章 憲 法・総 論

第3章 憲 法・人 権

第4章 憲 法・統 治

第5章 憲 法・その他

第6章 行政法

第7章 刑 法

第8章 民 法・財産編

第9章 民 法・家族編

第10章 会社法・労働法

第11章 社会保障概論

第12章 年金保険

第13章 医療保険・医療制度

第14章 雇用保険・労災保険

第15章 介護保険・高齢者・障害者福祉

第16章 児童・家庭福祉

第17章 公的扶助

第1章　法学入門

法とは何か

1．法と規範
① **規範**とは、ある一定の行為をすること、またはしないことを、**命令**または**禁止**するルールのことであり、是非善悪の**判断基準**となるものです。
② 法もこの規範の1つであり、**法規範**という場合もあります。
③ 法以外の規範には、宗教や倫理、道徳、慣習などがあります。

2．法と法以外の規範の比較
① 法と法以外の規範を比較すると、いくつかの違いが認められます。
② 例えば、法に違反した場合は、刑罰などの**法的制裁**が加えられるのに対し、法以外の規範に違反したとしても、世間からの非難などといった**社会的制裁**が加えられるにとどまります。よって、**法規範の強制力の方が強い**といえます。
③ また、法は、人間の行為として外部に現れた社会行動に着目するものであるのに対し、法以外の規範は、人間の内心に着目するものであるといえます。

【図表1】法規範と法規範以外の社会規範の比較

	法規範	法規範以外の社会規範
種　類	法津など	宗教・倫理・道徳・慣習など
違　反	法的制裁	社会的制裁
強制力	強　い	弱　い

3．法規範の性質
法規範には、**【図表2】**のような性質があります。

【図表2】法規範の性質

行為規範性	命令や禁止などの形式をとり、人間が社会生活を送っていく上での自己の行動を選択・決定する基準となる性質を有すること
裁判規範性	具体的な紛争が生じた場合、裁判などにおいて法の規定を適用して紛争を解決する基準となる性質を有すること
組織規範性	政府や企業などの社会的な組織を規定する性質を有すること

第1章 法学入門

【確認問題】

□1. 一般に「規範」（社会規範）とは、ある一定の行為をすること、あるいはしないことを、（　①　）あるいは（　②　）するルールのことであり、是非善悪の（　③　）となるものをいう。

□2. 規範には、宗教規範、道徳規範、法規範などがあるが、法津などの法規範と、宗教・倫理・道徳・慣習など法規範以外の社会規範を比較すると、前者に違反した場合は（　①　）が加えられるのに対し、後者に違反したときは（　②　）が加えられるという点で、（　③　）規範の強制力の方が強いといえる。

□3. 法規範には、次のような性質があるとされる。

（　①　）規範性	命令や禁止などの形式をとり、人間が社会生活を送っていく上での自己の行動を選択・決定する基準となる性質を有すること
（　②　）規範性	具体的な紛争が生じた場合、（　②　）などにおいて法の規定を適用して紛争を解決する基準となる性質を有すること
（　③　）規範性	政府や企業などの社会的な（　③　）を規定する性質を有すること

法の種類

1 法の種類
① 法は、**成文法**と**不文法**とに大きく分けることができます。
② **成文法**とは、**文章**の形式で制定され、所定の手続きに基づいて定められる法のことをいいます。
③ **不文法**とは、慣習法や判例法など、**文章**の形式をとらない法のことをいいます。

2 成文法の種類
成文法には、【図表３】のような種類のものがあります。

【図表３】成文法の種類

憲 法	国家の基本法
条 約	国家間または国際機関との合意
法 律	議会が所定の手続きに基づき制定した法
命 令	行政機関が定める法のこと
条 例	地方公共団体の議会が定める法

3 成文法の分類
成文法は、【図表４】のように分類することができます。

【図表４】成文法の分類

公 法	憲法や行政法、刑法など、政府と国民との関係や、政府の内部関係を規律する法のこと
私 法	民法や商法、会社法など、国民相互の関係を規律する法のこと
民事法	民法や商法、民事訴訟法など、民事裁判の基準となる法のこと
刑事法	刑法や刑事訴訟法など、刑事裁判の基準となる法のこと
実体法	民法や商法、刑法など、法律関係や権利義務関係の実質的な内容を規定する法のこと
手続法	民事訴訟法や刑事訴訟法など、法律関係や権利義務関係を実現するための方法や手続を定める法のこと

第1章 法学入門

【確認問題】

□4. 法は、文章の形式で制定され、所定の手続きに基づいて定められる（　①　）と、慣習法や判例法など（　①　）の形式をとらない（　②　）とに大別される。

□5. 成文法には、国家の基本法といわれる（　①　）、国家間または国際機関との合意である（　②　）、議会が所定の手続きに基づき制定する（　③　）、議会や裁判所が内部的に作成する（　④　）、行政機関が定める（　⑤　）、地方公共団体の議会が定める（　⑥　）がある。

□6. 憲法や行政法、刑法、訴訟法など、政府の内部関係や政府と国民との関係を規律する法のことを（　①　）といい、民法や商法、会社法など、国民相互の関係を規律する法のことを（　②　）という。

□7. 民法や商法、民事訴訟法など、民事裁判の基準となる法のことを（　①　）といい、刑法や刑事訴訟法など、刑事裁判の基準となる法のことを（　②　）という。

□8. 民法や商法、刑法など、法律関係や権利義務関係の実質的な内容を規定する法のことを（　①　）といい、民事訴訟法や刑事訴訟法など、法律関係や権利義務関係を実現するための方法や手続を定める法のことを（　②　）という。

4 成文法の効力

（1）上位法優位の原則
成文法は、上記2【図表3】の順で上下関係があり、上位の法は下位の法に優先するとされています。これを**上位法優位の原則**といいます。

（2）特別法優位の原則
① ある事項について一般的に規定した法を**一般法**といい、同じ事項のうち特定の場合に限定して適用される法を**特別法**といいます。
② 一般法の内容と特別法の内容が異なる場合は、特別法が優先されます。

5 不文法の種類
成文法には、【図表5】のような種類のものがあります。

【図表5】不文法の種類

判例法	裁判所の判決が、後の同様な事件の判決を拘束することによって法としての効力を有するようになったもの
慣習法	一定の範囲の人々の間で反復して行われるようになった行動様式などの慣習のうち、法としての効力を有するもの

6 不文法の効力
判例法には法としての効力が認められますが、慣習法については争いがあります。

5

第1章 法学入門

【確認問題】

□9. 成文法には上下関係があり、上位の法は下位の法に優先することを（　　　　）の原則という。

□10. ある事項について一般的に規定した法を（　①　）といい、同じ事項のうち特定の場合に限定して適用される法を（　②　）という。（　①　）と（　②　）が異なる場合は、（　③　）が優先する。これを（　③　）優位の原則という。

□11. 不文法には、次のようなものがある。

（　①　）法	裁判所の判決が、後の同様な事件の判決を拘束することによって法としての効力を有するようになったもの
（　②　）法	一定範囲の人々の間で反復して行われるようになった行動様式などのうち、法としての効力を有するようになったもの

第2章　憲法・総論

憲法とは

憲法とは、**国家権力を抑制**し、**国民の人権**を保障することを目的とする、国の**最高法規**のことをいいます。

主権とは

主権とは、国家が有する最高権力のことをいい、【図表6】のような意味を有するものとされています。

【図表6】主権の意味

統治権	国民および領土を統治する国家の権力のこと、立法権・行政権・司法権の総称（憲法41条や9条の「国権」がこれにあたる）
国家の最高独立性	国際的に**独立**し、他国からの干渉を受けずに独自の意思決定を行う権力のこと（憲法前文3段の「主権」がこれにあたる）
国政の最高決定権	国の政治のあり方を最終的に**決定**する権利のこと（憲法前文1段や、憲法1条の「主権」がこれにあたる）

国民主権とは

1　国民主権の意義
国民主権とは、**国民**（日本国籍を有する者）に主権があることをいいます。

2　国民主権の実現方法
国民主権の実現方法には、【図表7】のような方法があります。

【図表7】国民主権の実現方法

間接民主制	国民の代表（国会議員）を選出し、国民の意思を政治に反映させる方法　ex.選挙
直接民主制	国民が直接政治に参加する方法　ex.最高裁判所裁判官の国民審査、地方公共団体における直接請求制度

第2章 憲法・総論

【確認問題】

□12. 憲法とは、（　①　）し、（　②　）の（　③　）を守ることを目的とする国の（　④　）のことをいう。

□13. 主権とは、国家が有する最高権力のことをいい、次のような意味を有するとされる。

（　①　）権	国民および領土を統治する国家の権力のこと、立法権・行政権・司法権の総称
国家の最高（　②　）性	国際的に（　②　）し、他国からの干渉を受けずに独自の意思決定を行う権力のこと
国政の最高（　③　）権	国の政治のあり方を最終的に（　③　）する権利のこと

□14. 国民主権の実現方法には、国民の代表（国会議員）を選出し、国民の意思を政治に反映させる（　①　）制と、国民が直接政治に参加する（　②　）制がある。

第3章　憲 法・人 権

人権の意義・性質

① 人権とは、全ての人間が人間であるという理由だけで、当然に有する権利のことをいいます。

② 人権には、【図表8】のような性質があるとされています。

【図表8】人権の性質

固有性	人権は、人間であるということだけをもって当然に有する権利であること
普遍性	人権は、人種・性別・身分などによって区別されず、当然に認められる権利であること
不可侵性	人権は、公権力によっても侵されることのない権利であること

【条文】日本国憲法第11条

第11条 国民は、すべての**基本的人権**の享有を妨げられない。この憲法が国民に保障する基本的人権は、**侵すことのできない永久の権利**として、**現在及び将来**の国民に与えられる。

【条文】日本国憲法第97条～第99条

第97条 この憲法が日本国民に保障する基本的人権は、人類の多年にわたる自由獲得の努力の成果であって、これらの権利は、過去幾多の試錬に堪え、**現在及び将来の国民**に対し、**侵すことのできない永久の権利**として信託されたものである。

第98条第1項 この憲法は、**国の最高法規**であって、その条規に反する法律、命令、詔勅及び国務に関するその他の行為の全部又は一部は、その**効力を有しない**。

第2項 日本国が締結した**条約**及び確立された国際法規は、これを誠実に遵守することを必要とする。

第99条 天皇又は摂政及び国務大臣、国会議員、裁判官その他の公務員は、この憲法を**尊重し擁護する義務**を負う。

第3章 憲法・人権

【確認問題】

□15. 人権とは、すべての人間が（　①　）で、（　②　）に有する権利のことをいう。

□16. 人権には、次のような性質があるとされる。

（　①　）性	人権は、人間であるということだけをもって当然に有する権利であること
（　②　）性	人権は、人種・性別・身分などによって区別されず、当然に認められる権利であること
（　③　）性	人権は、公権力によっても侵されることのない権利であること

□17. 憲法11条は、「（　①　）は、（　②　）の基本的人権の（　③　）を妨げられない。この憲法が（　①　）に保障する基本的人権は、（　④　）として、現在及び（　⑤　）の（　①　）に与えられる。」と定めている。

□18. 憲法97条は、「この憲法が日本国民に保障する基本的人権は、人類の多年にわたる自由獲得の努力の成果であって、これらの権利は、過去幾多の試錬に堪へ、（　①　）の国民に対し、（　②　）として信託されたものである。」と定めている。

□19. 憲法98条1項は、「この憲法は、国の（　①　）であって、その条規に反する法律、命令、詔勅及び国務に関するその他の行為の全部または一部は、その（　②　）。」と定め、同条2項は、「日本国が締結した（　③　）及び確立された国際法規は、これを誠実に遵守することを必要とする。」と定めている。

□20. 憲法99条は、「天皇または摂政及び国務大臣、国会議員、裁判官その他の公務員は、この憲法を（　①　）し（　②　）する義務を負う。」と定めている。

人権の分類

① 日本国憲法が保障する人権は、【図表９】のように分類することができます。
② **自由権**とは、国家権力が個人の領域に介入・干渉することを排除し、個人の自由な意思決定と活動を保障する人権のことをいいます。
③ **社会権**とは、個人の生存や、生活の維持・発展に必要な条件の確保を、国家に要求できる人権のことをいいます。
④ **参政権**とは、国民が主権者として、政治に参加することができる人権のことをいいます。
⑤ **受益権（国務請求権）**とは、国民が国家に対して、一定の利益を受けることを要求できる人権のことをいいます。

【図表９】人権の分類

包括的基本権		幸福追求権、法の下の平等
自由権	精神的自由権	思想・良心の自由、信教の自由、学問の自由、表現の自由
	経済的自由権	居住・移転・国籍離脱の自由、職業選択の自由、財産権
	人身の自由	奴隷的拘束及び苦役からの自由、適正手続の保障、被疑者の権利、被告人の権利
社会権		**生存権、教育を受ける権利、労働基本権**
参政権		**選挙権、被選挙権**、最高裁判所裁判官の国民審査制度、国民投票制度
受益権（国務請求権）		請願権、**国家賠償請求権、裁判を受ける権利、**刑事補償請求権

第3章 憲法・人権

【確認問題】

□21. 人権は、包括的基本権・（ ① ）権・（ ② ）権・（ ③ ）権・（ ④ ）権に大別される。

□22. 自由権とは、国家権力が個人の領域に介入・干渉することを排除し、個人の自由な意思決定と活動を保障する人権のことをいう。この自由権は、（ ① ）自由権・（ ② ）自由権・（ ③ ）の自由に分類される。

□23. 社会権とは、個人の生存や、生活の維持・発展に必要な諸条件の確保を国家に要求できる人権のことをいう。社会権には、（ ① ）権・（ ② ）権利・（ ③ ）権がある。

□24. 参政権とは、（ ① ）や（ ② ）など、国民が主権者として（ ③ ）に参加することができる人権のことをいう。

□25. 受益権（国務請求権）とは、国民が国家に対して、一定の利益を受けることを要求できる人権のことをいう。受益権には、請願権や（ ① ）請求権、（ ② ）を受ける権利、刑事補償請求権などがある。

人権の享有主体

1 論点
憲法第11条は、「**国民は、すべての基本的人権の享有を妨げられない。**」と定めていますので、日本国籍を有しない外国人や、株式会社などの法人の人権は、憲法上、保障されるのかが問題となります。

2 外国人の人権

（1）一般論
判例は、基本的人権の保障は、人権の**性質上**、日本国民のみを対象とするものを除き、我が国に在留している外国人にも**等しく及ぶ**としています（最大判昭53.10.4）。

（2）自由権
① 判例は、日本国内の外国人に対しても精神的自由権は保障されるが、国民主権との関係上、我が国の政治的意思決定などに影響を及ぼす**政治活動の自由は保障されない**としています（最大判昭53.10.4）。なお、経済的自由権については、財産権や職業選択の自由について法律上、一定の制約を受けます。
② 外国人の出入国の自由について判例は、**出国の自由は保障されるが、（再）入国の自由や在留の権利は保障されない**としています（最判昭32.6.19など）。

（3）社会権（生存権）
判例は、日本国内にいる外国人にも生存権は保障されるが、社会保障上の施策において外国人をどのように処遇するかは国の**政治的判断**にゆだねられており、限られた**財源**の下で福祉的給付を行うに当たり、自国民を在留外国人より**優先的に取り扱うことも許される**としています（最判平1.3.2）。

（4）選挙権
判例は、外国人には国会議員選挙などの**国政レベルの選挙権は保障されない**が（最判平5.2.26）、地方議会議員選挙など**地方レベルの選挙権**については、在留外国人のうち永住者など地方公共団体と緊密な関係を有するに至った者に選挙権を与えることは憲法上**禁止されない**としています（最判平7.2.28）。

3 法人の人権

（1）一般論
判例は、基本的人権の保障は、**性質上**可能な限り法人についても等しく及ぶとしています（最判昭45.6.24）。例えば、表現の自由（マスコミなど）や、信教の自由（宗教法人など）、学問の自由（学校法人など）、経済的自由権（株式会社など）などが保障されますが、生命・身体に関する自由や、選挙権などは保障されません。

（2）政治活動・献金の自由
判例は、株式会社も、自然人と同様、国や政党の特定の政策を支持または反対するなどの政治的行為をなす自由を有するものであり、政治献金もその自由の一環であるとしています（八幡製鉄政治献金事件、最大判昭45.6.24）。

第3章 憲法・人権

【確認問題】

□26. 日本国内にいる外国人の人権について、判例は、基本的人権の保障は、人権の（　①　）、日本国民を対象としていると解されるものを除き、我が国に在留している外国人にも（　②　）」としている。

□27. 判例は、日本国内の外国人にも精神的自由権は保障されるが、国民主権との関係上、（　　　　）の自由は保障されないとしている。

□28. 外国人の出入国の自由について判例は、（　①　）の自由は保障されるが、（　②　）の自由や（　③　）の権利は保障されないとしている。

□29. 判例は、日本国内にいる外国人にも生存権は保障されるが、社会保障上の施策において、国内の外国人をどのように処遇するかは国の（　①　）に委ねられており、限られた（　②　）の下で福祉的給付を行うに当たり、日本国民を外国人より（　③　）に取り扱うことも許されるとしている。

□30. 日本国内の外国人の選挙権について、判例は、国会議員選挙などの国政レベルの選挙権は（　①　）が、地方議員選挙など地方レベルの選挙権については、在留外国人のうち永住者など地方公共団体と（　②　）を有するに至った者に選挙権を与えることは憲法上（　③　）としている。

□31. 法人の人権につき判例は、基本的人権の保障は、（　　　　）可能な限り法人についても等しく及ぶとしている。

人権の私人間効力

1 論点

① 憲法の人権に関する規定は、**国家との関係**で、国民の人権を保障することを目的とするものであり、**私人間**（国民間）の関係について当然に保障するものではありません。

② しかし、現代社会では、大企業やマスコミなど、私人であっても社会的に強大な力を有する者（**社会的権力**）によって、国民の人権が侵害されるおそれがあります。

③ そこで、このような**社会的権力**による人権侵害に対応するため、憲法の人権に関する規定を**私人間**にも適用すべきではないかという問題が生ずることになります。

2 判例

① 判例は、憲法の人権に関する規定は、民法などの規定を介して、私人間には**間接的に適用**されるとしています。

② 国民間の法律関係は、各個人の自由な意思と自己責任に基づくべきであり、国家が介入すべきではないのが原則です。これを**私的自治の原則**といいます。

③ 仮に、憲法の人権規定が直接適用されるとすると、この**私的自治の原則**が広く害され、私人間の行為が憲法によって広く規律されてしまうことになります。

④ 但し、憲法15条4項に定める**投票の無答責**や、18条の奴隷的拘束・苦役の禁止、24条の**婚姻**における両性の平等、27条の**児童酷使の禁止**、28条の労働基本権に関する規定は、その性質上、私人間にも直接適用されます。

【判例】「日産自動車事件」

就業規則中、女子の定年年齢を男子より低く定めた部分は、専ら女子であることのみによる不合理な差別を定めたものとして**民法90条により無効**である（最判昭56.3.24）。

【判例】「三菱樹脂事件」

企業が特定の思想・信条を有する者をそのゆえをもって雇い入れることを拒んでも、それを当然に違法とすることはできないし、**憲法14条の規定は私人のこのような行為を直接禁止するものではない**（最大判昭48.12.12）。

第3章 憲法・人権

【確認問題】

□32. 憲法の人権規定は、（　①　）で国民の人権を保障することを目的とするものであり、（　②　）の関係について当然に適用されるのではない。しかし、現代社会では、大企業やマスコミなどの私人であっても社会的に強大な力を有する者、いわば（　③　）によって国民の人権が侵害されるおそれがある。そこで、このような（　③　）による人権侵害に対応するため、憲法の人権保障規定を（　②　）にも適用すべきではないかという問題が生ずる。

□33. 上記について判例は、憲法の人権に関する規定は、民法などを介して私人間には（　①　）に適用されるべきであるとしている。これは、憲法の人権規定が直接適用されるとすると（　②　）が広く害され、私人間の行為が憲法によって広く規律されてしまうことを主な理由とするものである。

□34. 日本国憲法において、私人間に直接適用されることが予定されている規定としては、（　①　）の無答責、奴隷的拘束・苦役の禁止、（　②　）における両性の平等、（　③　）酷使の禁止、（　④　）などがある。

人権保障の限界

1 公共の福祉

① 憲法11条や97条にもあるとおり、人権は**永久・不可侵**のものではありますが、人権を有する各個人は、社会との関係を無視して生存することはできない（人間は、一人で生きていくことはできない）ので、人権も、他人の人権との関係で一定の制約を受ける場合があります。

② この人権を制約するに際して、どの程度までの制約であれば認められるのかといった、いわば判断基準となるのが**公共の福祉**という概念です。

③ 一般に**公共の福祉**は、社会の構成員の権利や自由、利益の相互的衝突を調節し、その共存を可能とする**公平の原理**のことをいうとされています。

【条文】日本国憲法第12条

> **第12条** この憲法が国民に保障する自由及び権利は、国民の不断の努力によって、これを保持しなければならない。又、国民は、これを**濫用**してはならないのであって、常に**公共の福祉**のためにこれを利用する責任を負う。

2 二重の基準論

（1）意 義

二重の基準論とは、**経済的**自由権に対する**精神的**自由権の優越的な地位を認めた上で、それぞれの自由権を制約する法律などが憲法に違反していないか（人権を侵害していないか）を判断する際には、【図表１０】のように、それぞれ異なった基準を用いるべきであるとする考え方のことをいいます。

【図表１０】二重の基準論

精神的自由権に対する制約	経済的自由権に対する制約
合憲性の推定を排除して 厳格な審査基準を用いるべきである	立法府の判断を尊重して より緩やかな審査基準を用いるべきである

（2）根 拠

①判例も、この**二重の基準論**という考え方を採用していますが、この考え方の根拠として、次のようなものが挙げられます。

②例えば、**経済的**自由権が不当に規制されても民主政の過程（言論と選挙）を通して是正できるのに対し、**精神的**自由権が不当に規制されると民主政の過程そのものが傷つけられるため、裁判所が積極的にその是正に乗り出す必要があります。

③また、**経済的**自由権に対する規制については**高度の政策的判断**（政治的判断）を必要とするので、その判断能力において劣る裁判所は、立法府の判断を尊重すべきであるといえます。

第3章 憲法・人権

【確認問題】

□35. 人権は（　①　）・（　②　）のものであるが、その人権を有する各個人は、社会との関係を無視して生存することはできないので、人権も、他人の人権との関係で一定の制約を受けることになる。その制約に際しての判断基準となるのが（　③　）という概念であり、（　③　）とは、社会の構成員の権利や自由、利益の相互的衝突を調節し、その共存を可能とする（　④　）の原理のことであるとされる。

□36. 憲法12条は「この憲法が国民に保障する自由及び権利は、国民の不断の努力によって、これを保持しなければならない。また、国民は、これを（　①　）してはならないのであって、常に（　②　）のためにこれを利用する責任を負う。」と定めている。

□37. 二重の基準論とは、（　①　）自由権に対する（　②　）自由権の優越的地位を認め、（　②　）権に対する規制については合憲性の推定を排除して（　③　）審査基準を用いるべきであるが、（　①　）に対する規制については、（　④　）の判断を尊重して（　⑤　）審査基準を用いるべきであるという考え方のことをいう。

□38. 二重の基準論の根拠としては、次のようなものが挙げられる。
・（　①　）自由権が不当に規制されても民主制の過程を通して是正できるのに対し、（　②　）自由権が不当に規制されると民主制の過程そのものが傷つけられるため、裁判所が積極的にその是正に乗り出す必要がある。
・（　①　）自由権に対する規制については（　③　）判断を必要とし、その判断能力において劣る裁判所は（　④　）の判断を尊重すべきである。

18

生命・自由・幸福追求

1 法的性質

① 憲法13条は、「すべて国民は、**個人として尊重**される。生命、自由及び**幸福追求**に対する国民の権利については、**公共の福祉**に反しない限り、立法その他の国政の上で、最大の尊重を必要とする。」と定めています。

② 本条は、個人の**人格的生存**に不可欠な人権を、包括的かつ具体的に保障した規定であり、憲法14条以下の個別的人権規定とは**一般法と特別法**の関係にあるとされています。

③ よって、14条以下で保障されない人権が本条で保障されることになります。

2 幸福追求権

① 憲法13条が定める**幸福追求権**は、特定の行為を人権として具体的に保障するものではなく、個別の人権規定に含まれない人権や、社会の変化によって人権として認められるようになった、いわゆる**新しい人権**を導き出す根拠であるとされています。

② この幸福追求権に含まれる（導き出される）人権の範囲をどの程度認めるかについては、**人格的生存**に不可欠な人権（のみ）が、本条によって保障されると考えられています（人格的利益説）。

③ これは、あらゆる生活領域に関する行為の自由が本条によって保障されると考えると（一般的行為自由説）、既存の人権の価値が相対的に低下するという、**人権のインフレ化**が生じるおそれがあることなどを理由としています。

3 プライバシー権

① 現時点で、判例が正面から新しい人権として認めているのは、**プライバシー権**（及び肖像権）のみです。

② プライバシー権とは、私生活をみだりに**公開されない**という権利であって、かつ、自己に関する情報を**コントロール**する権利のことをいいます。

③ 具体的には、国家が個人の意思に反して接触を強要し、みだりにその者に関する情報を収集・利用することを禁止するとともに、国家機関の保有する自己についての情報の開示や訂正・削除を請求できる権利であるといえます。

【判例】「前科照会事件」

> 前科及び犯罪経歴は人の名誉、信用に直接かかわる事項であり、前科等のある者もこれをみだりに公開されないという**法律上の保護に値する利益**を有する（最判昭56.4.14）。

【判例】「京都府学連デモ事件」

> 個人の私生活の自由の1つとして、何人もその承諾なしに、みだりにその容貌や姿態を撮影されない自由を有する。これを肖像権と称するかどうかは別として、少なくとも警察官が、正当な理由もないのに、個人の容貌等を撮影することは**憲法13条の趣旨に反し許されない**（最大判昭44.12.24）。

第3章 憲法・人権

【確認問題】

□39. 憲法13条は「すべて国民は、（　①　）される。生命、自由及び（　②　）に対する国民の権利については、（　③　）に反しない限り、立法その他の国政の上で、最大の尊重を必要とする。」と定めている。

□40. 憲法13条は、個人の（　①　）に不可欠な権利を（　②　）に保障した人権規定であって、憲法14条以下の個別的人権規定とは、（　③　）と（　④　）の関係にあり、個別的人権規定では保障の及ばない人権が本条で保障される。

□41. 憲法13条が定める（　①　）は、特定の行為を権利として具体的に保障するものではなく、個別の人権規定に含まれない人権や、社会の変化によって人権として認められるようになったいわゆる（　②　）を導き出す根拠であるとされる。

□42. 幸福追求権に含まれる人権の範囲をどこまで認めるかについては、（　①　）に不可欠な人権のみが、憲法13条により保障されると考えられている。これは、あらゆる生活領域に関する行為の自由が、憲法13条により保障されると考えると、既存の人権の価値が相対的に低下する（　②　）が生じるおそれがあることなどを理由とするものである。

□43. プライバシー権とは、私生活を（　①　）されないという法的保障ないし権利であり、かつ、自己に関する情報を（　②　）する権利であるといえる。

法の下の平等

1 意 義
① 憲法14条1項は、「すべて国民は、**法の下に平等**であって、人種、信条、性別、社会的身分又は門地により、政治的、経済的又は社会的関係において、**差別されない**。」と定めています。
② 本条は、封建的な身分制度や男女差別などを廃止し、全ての人間は平等であることを定めるとともに、国民は、国家による不合理な差別を受けないことを規定するものです。

2 解 釈
① 本条は、**法適用の平等**のみならず、**法内容の平等**も意味するものとされています。法の内容に不平等な取扱いが定められていれば、それを平等に適用しても、平等の保障は実現されないからです。
② また、本条の「平等」とは、**絶対的**平等ではなく、**相対的**平等を意味するものとされています。一切の差別を禁止するものではなく、個人の性別・能力・年齢などの差異に応じた**合理的**な区別（ex.産休、累進課税、選挙権など）は許容されます。
③ なお、本条後段の事由は、限定列挙ではなく、禁止される差別事由のうち、特に重要なもの（歴史的に存在した不合理な差別事由）を**例示列挙**したものであり、これら以外の事由による不合理な差別を許容するという趣旨ではありません。

【判例】夫婦同姓規定の合憲性

夫婦同姓を定める民法750条は、夫婦がいずれの氏を称するかを夫婦その協議に委ねており、また、婚姻前の氏を通称として使用することまで許さないとしているわけではない以上、**憲法14条１項及び24条に違反するものではない**（最大判平27.12.26）。

【判例】女性の再婚禁止期間違憲判決

父の推定の重複を避けるために女性に100日間の再婚禁止期間を設けることは合憲であるが、**100日間を超えて再婚を禁止する部分については、憲法14条及び24条2項に反するものであり違憲である**（最判平27.12.16）。

【判例】非嫡出子相続分違憲判決

非嫡出子の相続分を嫡出子の2分の1とする旧民法900条4号但書前段の規定は、法の下の平等を定めた**憲法14条1項に違反し無効である**（最大決平25.9.4）。

第3章 憲法・人権

【確認問題】

□44. 憲法14条1項は、「すべて国民は、（ ① ）であって、人種、信条、性別、社会的身分または門地により、政治的、経済的または社会的関係において、（ ② ）されない。」と規定している。

□45. 憲法14条1項は、（ ① ）の平等のみならず、（ ② ）の平等をも意味する。

□46. 憲法14条1項の「平等」とは、（ ① ）平等ではなく、（ ② ）平等を意味する。すわなち、一切の差別を禁止するものではなく、個人の差異に応じた（ ③ ）な区別は許容される。

□47. 憲法14条1項後段の事由は、（ ① ）列挙ではなく、禁止される差別事由のうち特に重要なものを（ ② ）列挙したものである。

選挙権

1 選挙権の規定
① 憲法15条1項は、「公務員を選定し、及びこれを罷免することは、**国民固有の権利**である。」と定めています。
② また、同条3項では、「公務員の選挙については、**成年者**による**普通選挙**を保障する。」と定め、同条4項では、「すべて選挙における投票の**秘密**は、これを侵してはならない。選挙人は、その選択に関し公的にも私的にも**責任**を問われない。」と定めています。
③現在、我が国では、**日本国籍**を有する**満18歳以上**の者に選挙権の行使が認められています。

2 憲法上の選挙原則
憲法上認められる選挙原則（ルール）としては、【**図表１１**】のようなものが挙げられます。

【図表１１】憲法上の選挙原則

普通選挙	財力・教育・性別などを選挙権の要件としない選挙（⇔制限選挙）
平等選挙	選挙人の選挙権に平等の**価値**を認める選挙（⇔等級選挙・複数選挙）
直接選挙	選挙人が公務員（議員）を**直接**選ぶ選挙（⇔間接選挙）
秘密選挙	選挙人がどの候補者に投票したか、どの政党等に投票したかは、第三者が知り得ない方法で行われる選挙（⇔公開投票制）
自由選挙	選挙を棄権しても罰金や公民権の停止、氏名の公表などの制裁を受けないとする制度（⇔強制投票制）

被選挙権

現在、我が国では、次の【**図表１２**】のような者に被選挙権が認められています。

【図表１２】被選挙権を有する者

衆議院議員選挙	日本国籍を有する満25歳以上の者
参議院議員選挙	日本国籍を有する満30歳以上の者
都道府県知事選挙	日本国籍を有する満30歳以上の者
市区町村長・地方議会議員選挙	日本国籍を有する満25歳以上の者

第3章 憲法・人権

【確認問題】

□48. 憲法第15条第1項は、「公務員を選定し、及びこれを罷免することは、（　①　）の権利である。」と定めている。また、同条第3項は、「公務員の選挙については、（　②　）による（　③　）選挙を保障する。」と定め、同条4項では、「すべて選挙における投票の（　④　）は、これを侵してはならない。選挙人は、その選択に関し公的にも私的にも（　⑤　）を問われない。」と定めている。

□49. 憲法上の選挙原則としては、次のようなものが挙げられる。

（　①　）選挙	財力・教育・性別などを選挙権の要件としない選挙
（　②　）選挙	選挙人の選挙権に平等の（　③　）を認める選挙
（　④　）選挙	選挙人が公務員（議員）を（　④　）選ぶ選挙
（　⑤　）選挙	選挙人がどの候補者に投票したか、どの政党等に投票したかは、第三者が知り得ない方法で行われる選挙
（　⑥　）選挙	選挙を棄権しても罰金や公民権の停止、氏名の公表などの制裁を受けないとする制度

□50. 現在、我が国では、（　①　）を有する（　②　）以上の者に選挙権の行使が認められている。

□51. 現在、我が国では、次のような者に被選挙権が認められている。

衆議院議員選挙	（　①　）を有する（　②　）以上の者
参議院議員選挙	（　①　）を有する（　③　）以上の者
都道府県知事選挙	（　①　）を有する（　③　）以上の者
市区町村長・地方議会議員選挙	（　①　）を有する（　②　）以上の者

選挙制度

1 小選挙区制

① **小選挙区制**とは、1つの選挙区から1人の議員を選出する制度のことをいいます。

② この制度には、**二大政党化**が促進されて**政局が安定**する、一般に選挙区域が狭いため選挙費用が節約できるなどの長所がある一方、情実や買収などの選挙腐敗を誘発しやすい、広い視野をもった政治家や新人が選出されにくい、**死票**が多いなどの短所があるとされています。

2 大選挙区制

① **大選挙区制**とは、1つの選挙区から**2人以上**の議員を選出する制度のことをいいます。

② この制度には、腐敗行為や選挙干渉が少なくなる、広い視野をもった候補者が選出されやすくなる、**死票**が少なくなるなどの長所がある一方、一般に選挙区域が広くなるため選挙費用がかさむ、同一政党から複数の候補者が立つことでいわゆる**共倒れ**となりやすいなどの短所があるとされています。

3 比例代表制

① **比例代表制**とは、**政党ごと**の得票数に基づき比例して議席が割り当てられる制度のことをいいます。

② この制度には、民意を忠実に反映できるなどの長所がある一方、小政党が乱立し**政局が不安定**になるなどの短所があるとされています。

第3章 憲法・人権

【確認問題】

□52. 主な選挙制度には次のようなものがある。

（　①　）制	1つの選挙区から1人の議員を選出する制度
（　②　）制	1つの選挙区から（　③　）以上の議員を選出する制度
（　④　）制	（　⑤　）ごとの得票数に比例して議席が割り当てられる制度

□53. 上記の各選挙制度には、次のような特徴があるとされる。

小選挙区制	（　①　）化が促進されて（　②　）する、一般に選挙区域が狭いため選挙費用が節約できるなどの長所がある一方、情実・買収等の選挙腐敗を誘発しやすい、広い視野をもった政治家や新人が選出されにくい、（　③　）が多いなどの短所がある
大選挙区制	腐敗行為や選挙干渉が少なくなる、広い視野をもった候補者が選出されやすくなる、（　③　）が少なくなるなどの長所がある一方、一般に地域が広くなるため選挙費用がかさむ、同一政党から複数の候補者が立つことでいわゆる（　④　）となりやすいなどの短所がある
比例代表制	民意を忠実に反映できるなどの長所がある一方、小政党が乱立し（　⑤　）になるなどの短所がある

思想・良心の自由

1 思想・良心の意義
① 憲法19条は、「**思想及び良心**の自由は、これを侵してはならない。」と定めています。
② 本条の「思想」「良心」とは、信仰に準ずるような世界観・主義・思想など、**人格形成**に関連ある活動のことであるとされています（限定説）。
③ 単なる事実の知不知のような、人格形成活動に関連のない内心の活動まで本条の対象に含めてしまうと、思想・良心の自由の高位の価値を希薄にし、その保障を軽くしてしまうと考えられることから、このように解されています。

2 保障の程度
憲法19条は、一切の制約を禁止する**絶対的保障**であり、**沈黙**の自由（思想・良心の表白を強制されない自由）も含まれると解されています。

【判例】謝罪広告の合憲性

名誉毀損による損害賠償請求訴訟の判決において、名誉を回復するのに適当な処分として、被告に対し、謝罪広告を新聞紙等に掲載すべきことを命ずることは、憲法に違反しないので、単に事態の真相を告白し陳謝の意を表明するにとどまる程度のものであれば強制執行の手続によることができる（最大判昭31.7.4）。

【判例】麹町中学校内申書事件

中学校在学中に機関誌を発行し、集会に参加したこと等を内申書に記載しても、本件の内申書記載は、思想・信条そのものを記載したものでないことは明らかであり、右の記載に係る外部的行為によっては上告人の思想・信条を了知し得るものではないし、また、上告人の思想・信条自体を高等学校の入学者選抜の資料に供したものとは到底解することができないので憲法19条には反しない（最判昭63.7.15）。

第3章 憲法・人権

【確認問題】

□54. 憲法19条は、「（　①　）及び（　②　）の自由は、これを侵してはならない。」
と定めている。

□55. 上記①②とは、信仰に準ずるような世界観・主義・思想など（　　　）に関連
ある活動のことをいう。

□56. 憲法19条は、一切の制約を禁止する（　①　）保障であり、これには、（　②
　）の自由（思想・良心の表白を強制されない自由）も含まれるとされる。

信教の自由

1 信教の自由
① 憲法20条1項前段は、「信教の自由は、何人に対してもこれを保障する。」と定めています。
② この信教の自由には、**内心**における信仰の自由のみならず、宗教的**行為**の自由や、宗教的**結社**の自由も含まれると解されています。

2 政教分離の原則

（1）意 義
① **政教分離**の原則とは、政治（国家）が宗教団体や個人の信仰に干渉すること、及び、宗教団体が政治に介入することを禁止することをいいます。
② 憲法20条1項後段は、「いかなる宗教団体も、国から特権を受け、又は政治上の権力を行使してはならない。」と定め、また、同条3項で「国及びその機関は、宗教教育その他いかなる宗教的活動もしてはならない。」と規定し、**政教分離**の原則を採用しています。
③ 但し、国家と宗教の分離にも一定の限界があることを免れず（ex.宗教系私立学校への助成）、国家は実際上、宗教とある程度かかわり合いをもたざるを得ないため、完全な分離を求めるものではないと解されています。

（2）性 質
政教分離の原則は、信教の自由そのものを直接保障するものではなく、国家と宗教との分離を**制度**として保障することにより、**間接的**に信教の自由を保障しようとするものであるとされています　（制度的保障説）。

（3）目的効果基準
① 政教分離の原則により禁止される宗教活動に当たるか否かは、**目的効果基準**とよばれる基準に基づいて判断されます。
② **目的効果基準**とは、国家と宗教とのかかわり合いをもたらす行為のうち、行為の目的が**宗教的**意義をもち、その効果が宗教に対する**援助・助長・促進・圧迫・干渉**などになるような行為が、本条により禁止される宗教活動に当たるとする考え方のことをいいます。

【判例】「津地鎮祭訴訟」

> 市の体育館の建設に当たって神式の**地鎮祭**を挙行し、それに公金を支出しても**憲法に違反しない**（最大判昭52.7.13）。

【判例】「愛媛玉串料訴訟」

> 靖国神社・護国神社が挙行した例大祭等に際して県知事が**玉串料**として公金を支出する行為は**憲法に違反する**（最大判平9.4.2）。

第3章 憲法・人権

【確認問題】

□57. 信教の自由には、（　①　）における信仰の自由のみならず、宗教的（　②　）の自由や、宗教的（　③　）の自由も含まれる。

□58.（　①　）の原則とは、政治（国家）が宗教団体や個人の信仰に干渉すること、及び、宗教団体が政治に介入することを禁止することをいう。これは、信教の自由そのものを直接保障するものではなく、国家と宗教との分離を（　②　）として保障することにより、（　③　）に信教の自由を保障しようとするものであるとされる。

□59. 上記の原則により禁止される宗教活動に当たるか否かは（　①　）基準に基づき判断される。（　①　）基準とは、行為の目的が（　②　）を有し、かつ、その効果が宗教に対する（　③　）・助長・促進・（　④　）・干渉などをもたらすものであれば、政教分離の原則に抵触するというものである。

30

表現の自由

1 表現の自由
① 表現の自由とは、国民が意見や思想、感情などを外部に発表する場合に、これを国家権力によって制限されたり禁止されたりしないことをいいます。
② 憲法21条1項は、「集会、結社及び言論、出版その他**一切の表現の自由**は、これを保障する。」と定めています。

2 集会の自由
判例は、道路や公園での集会活動について、地方公共団体が条例で**許可制**（一般的禁止を特定の場合に解除する制度）を定めることは本条に違反するとしていますが、特定の場所または方法につき、合理的かつ明確な基準の下での**届出制**（または届出制の実質を有する許可制）を採用していれば、本条に違反しないとしています（最判昭50.9.10）。

3 報道・取材の自由
判例は、マスコミなどによる報道の自由も、本条の**保障の下**にあるとしていますが、取材の自由については、本条の趣旨に照らし**十分尊重に値する**という表現に止めています（最大決昭44.11.26）。

【判例】「博多駅事件」

> 公正な裁判の実現のためには、取材の自由もある程度の制約を受けるので、テレビフイルムの裁判所への提出命令は認められる（最大決昭44.11.26）。

4 検閲の禁止
① 憲法21条2項は、「**検閲**は、これをしてはならない。**通信の秘密**は、これを侵してはならない。」と定めています。
② **検閲**とは、**行政権**が主体となって、思想内容等の表現物を対象とし、その全部または一部の**発表の禁止**を目的として、対象とされる一定の表現物につき網羅的かつ一般的に、**発表前**にその内容を審査した上で、不適当と認めるものを発表させないことをいいます（最判昭59.12.12）。
③ なお、裁判所による出版物の事前差止めは、本条の検閲には当たりませんが、当該出版物の表現内容が**真実**でなく、またはそれが専ら**公益**を図る目的ではないことが明白であって、かつ、被害者が重大にして著しく**回復困難**な損害を被るおそれがあるときは、例外的に事前差止めが許されるとしています（最判昭61.6.11）。

第3章 憲法・人権

【確認問題】

□60. 憲法21条1項は「集会、結社及び言論、出版その他（　①　）の（　②　）は、これを保障する。」と定めている。

□61. 集会の自由につき判例は、道路や公園での集団示威運動について、地方公共団体が公安条例で（　①　）制を定めることは憲法21条に違反するのが、特定の場所または方法につき合理的かつ明確な基準の下での（　②　）制を採用していれば、憲法21条に違反しないとしている。

□62. マスコミ等の報道の自由及び取材の自由につき判例は、報道の自由は、憲法21条の（　①　）としているのに対し、取材の自由は、憲法21条の趣旨に照らし（　②　）としている。

□63. 憲法21条2項は、「（　①　）は、これをしてはならない。（　②　）は、これを侵してはならない。」と定めている。

□64. 検閲とは、（　①　）が主体となって、思想内容等の表現物を対象とし、その全部または一部の（　②　）を目的として、対象とされる一定の表現物につき網羅的・一般的に、（　③　）にその内容を審査した上で、不適当とするものを発表させないことをいう。

□65. 裁判所による出版物の事前差止めは検閲には当たらないが、その表現内容が（　①　）でなく、またはそれが専ら（　②　）を図る目的ではないことが明白であって、かつ、被害者が重大にして著しく（　③　）な損害を被るおそれがあるときに限って、例外的に事前差止めが許される。

居住・移転・職業選択の自由

1 居住・移転・職業選択の自由

① 憲法22条1項は、「何人も、**公共の福祉**に反しない限り、**居住、移転**及び**職業選択**の自由を有する。」と定めています。

② また同条2項は、「何人も、**外国に移住**し、または**国籍を離脱**する自由を侵されない。」と定めています。

2 職業選択の自由に対する制約と審査基準

職業選択の自由を制約する法律などについては、【図表１３】ように分けられた上で、それぞれ異なる審査基準に基づき、合憲・違憲が判断されます。

【図表１３】職業選択の自由に対する制約と審査基準

		警察目的（消極目的）規制	政策目的（積極目的）規制
意義		国民の**生命及び健康**に対する配慮や、社会秩序の維持という目的からなされる規制	福祉国家の理念に基づき、経済の調和のとれた発展を図り、社会的・経済的**弱者**の生存を保障する目的でなされる規制
審査基準	**内容**	「**厳格な合理性の基準**」 裁判所が、立法の必要性や合理性を支える社会的・経済的な事実に基づいて、規制の必要性・合理性を審査し、同じ目的を達成できる、より緩やかな規制手段の有無を審査する	「**明白性の原則**」 **立法府**がその裁量権を逸脱し、当該規制が**著しく不合理**であることが明白である場合に限って違憲となる
	根拠	警察目的規制の場合には、害悪が人の生命健康にかかわる場合があること、害悪発生の危険は**客観的**に判断可能であり、事件限りの判断資料しか有さない**裁判所**でも判断可能であるから	政策目的規制の場合、多方面にわたる膨大な資料や**専門的・技術的判断**を必要とすることから、裁判所よりも、国政調査権や多数の議員により多方面の資料を獲得できる**立法府の裁量**に委ねた方がより妥当な判断ができるから

【判例】薬事法距離制限事件

薬局の適正配置規制は、主として国民の生命及び健康に対する危険の防止という消極的・警察的目的のための規制措置であり、薬局等の偏在、競争激化が不良医薬品の供給の危険、医薬品の乱用助長の弊害をもたらすという事由は、規制配置の必要性と合理性を肯定するに足りない。従って、（旧）薬事法6条2項及び4項は、不良医薬品の供給の防止のために必要かつ合理的な規制を定めたものということができないから、**憲法22条1項に違反し無効**である（最大判昭50.4.30）

第3章 憲法・人権

【確認問題】

□66. 憲法22条1項は、「何人も、（ ① ）に反しない限り、（ ② ）、（ ③ ）及び（ ④ ）の自由を有する。」と定め、同条2項は、「何人も、（ ⑤ ）し、または（ ⑥ ）する自由を侵されない。」と定めている。

□67. 職業選択の自由に対する制約については、次の２つに大別される。
・（ ① ）目的規制…国民の（ ② ）及び（ ③ ）に対する配慮や、社会秩序の維持という目的からなされる規制
・（ ④ ）目的規制…福祉国家の理念に基づき、経済の調和のとれた発展を図り、社会的・経済的（ ⑤ ）を保護する目的でなされる規制

□68. 上記①の規制が憲法に違反しないかの判断においては、規制がなされない場合に生じうる害悪が人の生命健康にかかわる場合があること、及び、害悪発生の危険は（ ① ）に判断可能であり、当該事件限りの判断資料しか有さない（ ② ）でも判断可能であることから（ ③ ）が用いられる。

□69. 上記67②の規制が憲法に違反しないかの判断においては、多方面にわたる膨大な資料や（ ① ）・（ ② ）判断を必要とすることから、裁判所よりも、国政調査権や多数の議員により多方面の資料を獲得できる（ ③ ）の裁量に委ねた方がより妥当な判断ができることから、（ ③ ）がその裁量権を（ ④ ）あるいは（ ⑤ ）し、当該規制が（ ⑥ ）であることが明白である場合に限って違憲となるという（ ⑦ ）が用いられる。

学問の自由

1　学問の自由の内容
①　憲法23条は「学問の自由は、これを保障する。」と定めています。
②　この学問の自由は、学問**研究**の自由、学問研究結果の**発表**の自由、大学における**教授**の自由、大学の**自治**を意味するものとされています。

2　教科書検定と学問の自由
教科書検定について判例は、検定基準に違反する場合に、教科書の形態における研究結果の発表を制限するにすぎず、一般書籍として発表することまで制限するものではないことから、憲法23条に違反しないとしています（最判平5.3.16）。

3　普通教育における教授（授業）の自由
①　判例は、小中高等学校などの普通教育の場においても、教師が公権力によって特定の意見のみを教授することを強制されないという意味において、また、教授の具体的内容や方法について、ある程度自由な裁量が認められなければならないという意味において、一定範囲における教授の自由が保障されるべきではあるが、**完全な教授の自由を認めることは許されない**としています（最大判昭51.5.21）。
②　これは、大学生などと異なり、児童生徒には教授（授業）内容を**批判する能力**がないこと、普通教育においては子どもの側に学校や教師を**選択する余地**が乏しいこと、教育の機会均等を図る点から**全国的に一定水準を確保**すべき強い要請があることを理由としています。

教育を受ける権利

1　教育を受ける権利
憲法26条1項は、「すべて国民は、法律の定めるところにより、その**能力**に応じて、ひとしく**教育を受ける権利**を有する。」と定めています。

2　義務教育
①　憲法26条2項は、「すべて国民は、法律の定めるところにより、その保護する子女に**普通教育**を受けさせる**義務**を負う。**義務教育**は、これを無償とする。」と定めています。
②　**普通教育**とは、社会の一員となるために必要な基礎的な知識や技能、態度を授ける教育のことであり、専門教育や職業教育などに対比して用いられる言葉です。
③　**義務教育**とは、法律などに基づき、国民がその保護する児童生徒に対して、義務として一定期間受けさせなければならない普通教育のことをいいます。
④　なお、本条の無償とは、**授業料**が無償であることを意味するものとされています。

第3章 憲法・人権

【確認問題】

□70. 憲法23条に定める学問の自由は、学問（ ① ）の自由、学問（ ① ）結果の（ ② ）の自由、大学における（ ③ ）の自由、大学の（ ④ ）を保障するものであるとされる。

□71. 判例は、小中高等学校などの普通教育の場においては、完全な教授の自由を認めることは許されないとしている。これは、大学の学生と異なり児童生徒には教授内容を（ ① ）がない、普通教育においては子どもの側に学校や教師を（ ② ）が乏しい、教育の機会均等を図る点から（ ③ ）すべき強い要請があるなどいった理由による。

□72. 憲法26条1項は、「すべて国民は、法律の定めるところにより、その（ ① ）に応じて、ひとしく（ ② ）を有する。」と定めている。

□73. 憲法26条2項は、「すべて国民は、法律の定めるところにより、その保護する子女に（ ① ）教育を受けさせる（ ② ）を負う。（ ② ）教育は、これを（ ③ ）とする。」と定めている。（ ① ）教育とは、社会の一員となるために必要な基礎的な知識や技能を授ける教育のことをいう。なお、（ ③ ）とは、（ ④ ）が無償であることを意味するものとされている。

36

生存権

1 生存権の内容

① 生存権とは、健康的で文化的な最低限度の生活を営むことの実現を、国家に対して求めることができる人権のことをいいます。

② 憲法25条1項は、「すべて国民は、**健康で文化的な最低限度**の生活を営む権利を有する。」と定め、同条2項は、「国は、すべての生活部面について、**社会福祉、社会保障及び公衆衛生の向上及び増進に努めなければならない。**」と定めています。

2 生存権の性質

① 生存権を定める憲法25条は、国が国民の生存を確保するよう努力すべき**政治的・道徳的義務**を定めたものにすぎず、**法的権利を定めたものではない**ため、生存権を**具体化する立法がない場合**は、同条に基づく給付請求は**できない**という考え方があります（「プログラム規定説」）。

② これは、資本主義社会では**自助の原則**が妥当すること、生存権の具体的内容とその実現方法が**不明確**であること、生存権の実現には**予算**が必要であり、**予算**措置は国の財政政策の問題として、**立法や行政の裁量**に委ねられることなどを理由としています。

③ このような考え方に対しては、憲法25条は文言上「権利」としている、生存権は、まさに資本主義経済体制の生み出した害悪や弊害を解決するために保障されるに至ったものであり法的権利と捉えられるべきである、予算も法規範である以上、憲法のもとにあり憲法の拘束を受けるなどといった批判があります。

④ 判例は、「健康で文化的な最低限度の生活」は極めて**抽象的・相対的**な概念であること、その具体化については国の**財政事情**を無視することができないこと、**高度の政策的判断**を必要とすることから、生存権の具体化は**立法・行政の裁量**にゆだねられており、**著しく合理性を欠き明らかに裁量の逸脱・濫用**とみられる場合を除き、その立法措置・行政措置は**司法審査の対象とならない**としています。

【判例】「朝日訴訟」

> （**生活保護**の低廉性につき争われた行政訴訟について）憲法25条2項は、すべての国民が健康で文化的な最低限度の生活を営み得るように国政を運営すべきことを国の責務として**宣言**したにとどまり、直接個々の国民に対して**具体的権利**を賦与したものではなく、何が健康で文化的な最低限度の生活であるかの認定判断は、**厚生大臣**の合目的的な**裁量**に委されている（最大判昭45.5.24）。

【判例】「堀木訴訟」

> （障害福祉年金と児童扶養手当の併給禁止は憲法25条及び14条に違反するとして争われた行政訴訟について）複数の社会保障給付が同一人に併給されるのを禁止または制限する給付調整の規定は、**立法政策上の裁量事項**であり、それが低額であるからといって当然に本条に違反するとはいえない（最大判昭57.7.7）。

第3章 憲法・人権

【確認問題】

□74. 憲法25条1項は、「すべて国民は、（　①　）で（　②　）な（　③　）を営む権利を有する。」と定め、2項は、「国は、すべての生活部面について、（　④　）、（　⑤　）及び公衆衛生の向上及び増進に（　⑥　）。」と定めている。

□75. 生存権を定める憲法25条は、国が国民の生存を確保するよう努力すべき（　①　）を定めたものにすぎず、国民に対する（　②　）を定めたものではないため、生存権を（　③　）する立法がない場合は、同条に基づく給付請求はできないという考え方がある。

□76. 上記の考え方は、資本主義社会では（　①　）が妥当すること、生存権の具体的内容とその実現方法が（　②　）であること、生存権の実現には（　③　）が必要であり、（　③　）措置は国の財政政策の問題として、（　④　）に委ねられることなどを理由としている。

□77. 憲法25条の法的性質につき判例は、「健康で文化的な最低限度の生活」は極めて（　①　）な概念であること、その具体化については国の（　②　）事情を無視することができないこと、（　③　）を必要とすることから、生存権の具体化は（　④　）にゆだねられており、（　⑤　）を欠き明らかに（　⑥　）とみられる場合を除き、その措置は司法審査の対象とならないとしている。

□78. （　①　）の低廉性につき争われたいわゆる「朝日訴訟」おいて、裁判所は、憲法25条2項は、すべての国民が健康で文化的な最低限度の生活を営み得るように国政を運営すべきことを国の責務として（　②　）したにとどまり、直接個々の国民に対して（　③　）を賦与したものではないとした上で、何が健康で文化的な最低限度の生活であるかの認定判断は（　④　）の合目的的な（　⑤　）にまかされていると判示した。

□79. （　①　）と（　②　）の併給禁止規定は、憲法25条及び14条に違反するとして争われたいわゆる「堀木訴訟」において、裁判所は、複数の社会保障給付が同一人に併給されるのを禁止または制限する給付調整の規定は、立法政策上の（　③　）事項であり、それが低額であるからといって当然に本条に違反するとはいえないとした。

38

勤労の権利と義務

1 勤労の権利
① 憲法27条1項は、「すべて国民は、**勤労の権利**を有し、**義務**を負う。」と定めています。
② 勤労の権利とは、国民が適切な労働条件の下で労働する機会が与えられるよう、国家に対して要求する権利のことをいいます。

2 勤務条件の法定
① 憲法27条2項は、「賃金、就業時間、休息その他の**勤労条件**に関する基準は、**法律**でこれを定める。」と定めています。
② 労働条件の設定に国が関与し、労働者の立場を保護する趣旨であり、本条に基づいて労働基準法などが制定されています。

労働基本権

1 労働基本権（労働三権）の規定
憲法28条は、労働基本権を保障する規定であり、「勤労者の**団結**する権利及び**団体交渉**その他の**団体行動**をする権利は、これを保障する。」と規定しています。

2 労働基本権の内容
労働基本権とは、労働者が団結し、団体で使用者と交渉し、団体で行動する権利のことをいいます。具体的な内容は【図表１４】のとおりです。

【図表１４】労働基本権（労働三権）

団結権	労働者が**労働組合**などの団体を結成し、加入する権利
団体交渉権	労働者が**使用者**と団体で交渉を行う権利
団体行動権	労働者が団体で**ストライキ**などの争議行動を行う権利（争議権）

財産権

① 憲法29条1項は、「**財産権**は、これを侵してはならない。」と定めています。
② 財産権とは、一切の財産的価値を有する権利であり、**私有財産**制度を保障する規定です。
③なお、同条3項では、「**私有財産**は、**正当な補償**の下に、これを**公共**のために用いることができる。」と定めています。

第3章 憲法・人権

【確認問題】

□80. 憲法27条1項は、「すべて国民は、（　①　）を有し、（　②　）を負う。」と定め、2項では、「賃金、就業時間、休息その他の（　③　）に関する基準は、（　④　）でこれを定める。」と定めている。

□81. 憲法28条は、「勤労者の（　①　）する権利及び（　②　）その他の（　③　）をする権利は、これを保障する。」として、労働基本権を保障している。それぞれの具体的な内容は次のとおり。

（　①　）権	労働者が（　④　）などの団体を結成し、加入する権利
（　②　）権	労働者が（　⑤　）と団体で交渉を行う権利
（　③　）権	労働者が団体で（　⑥　）などの争議行動を行う権利（争議権）

□82. 憲法29条1項は、「（　①　）は、これを侵してはならない。」と定め、（　②　）制度を保障している。なお、同条3項では、「（　②　）は、（　③　）の下に、これを（　④　）のために用いることができる。」と定めている。

納税の義務

① 憲法30条は、「国民は、**法律**の定めるところにより、**納税の義務**を負う。」と定めています。
② 国家の活動は、国民の納める税金に基づくことによる規定です。

人身の自由

① 憲法31条は、「何人も、**法律**の定める手続によらなければ、その生命若しくは自由を奪われ、又はその他の**刑罰**を科せられない。」として、**罪刑法定主義**について規定しています。
② **罪刑法定主義**とは、どのような行為が**犯罪**とされ、それに対してどのような**刑罰**が科せられるかは、**事前**に規定されていなければならないことをいいます。

裁判を受ける権利

① 憲法32条は、「何人も、**裁判所**において**裁判**を受ける権利を奪われない。」と定めています。
② 本条の「裁判」とは、【図表１５】の全ての種類の裁判を含みます。刑事裁判であれば、裁判所の裁判によらなければ刑罰を科せられないということであり、民事裁判・行政裁判であれば、国家による裁判の拒絶を禁止するということになります。

【図表１５】主要な裁判の種類

刑事裁判	ある者の行為が犯罪行為に当たるかどうか（有罪・無罪）を決定し、それに対してどのような刑罰を科すか（ex.懲役〇年）を決める裁判
民事裁判	私人間（個人や民間企業など）の争いを解決する裁判
行政裁判	国民が国や地方自治体などを訴える裁判

【条文】日本国憲法第33条・第36条・第39条・第40条

第33条 何人も、**現行犯**として**逮捕**される場合を除いては、権限を有する司法官憲が発し、かつ理由となっている犯罪を明示する**令状**によらなければ、**逮捕**されない。
第36条 公務員による拷問及び残虐な**刑罰**は、**絶対**にこれを禁ずる。
第39条 何人も、**実行の時に適法**であった行為又は**既に無罪**とされた行為については、刑事上の責任を問われない。又、同一の犯罪について、**重ねて刑事上の責任**を問われない。
第40条 何人も、抑留又は拘禁された後、**無罪**の裁判を受けたときは、法律の定めるところにより、国にその補償を求めることができる。

【確認問題】

□83. 憲法30条は、「国民は、（ ① ）の定めるところにより、（ ② ）を負う。」と定めている。

□84. 憲法31条は、「何人も、（ ① ）の定める手続によらなければ、その生命若しくは自由を奪われ、又はその他の（ ② ）を科せられない。」として、（ ③ ）について規定している。（ ③ ）とは、どのような行為が（ ④ ）とされ、それに対してどのような（ ⑤ ）が科せられるかは、（ ⑥ ）に規定されていなければならないという原則のことである。

□85. 憲法32条は、「何人も、（ ① ）において裁判を受ける権利を奪われない。」と定めている。本条の「裁判」には、下記の裁判の全てが含まれる。

（ ② ）裁判	ある者の行為が犯罪行為に当たるかどうかを決定し、それに対してどのような刑罰を科すかを決める裁判
（ ③ ）裁判	私人間（個人や民間企業など）の争いを解決する裁判
（ ④ ）裁判	国民が国や地方自治体などを訴える裁判

□86. 憲法33条は、「何人も、（ ① ）として（ ② ）される場合を除いては、権限を有する司法官憲が発し、かつ理由となっている犯罪を明示する（ ③ ）によらなければ、（ ② ）されない。」と定めている。

□87. 憲法36条は、「公務員による拷問及び残虐な（ ① ）は、（ ② ）にこれを禁ずる。」と定めている。

□88. 憲法40条は、「何人も、抑留または拘禁された後、（ ① ）の裁判を受けたときは、法律の定めるところにより、国にその（ ② ）を求めることができる。」と定めている。

第４章　憲法・統治

三権分立

① **三権分立**とは、国家権力の**濫用を防止**し、国民の**人権を保障**するため、国家権力を**立法・司法・行政**の三権に分け、それぞれ独立した機関にゆだねようとする原理のことをいいます。
② 日本国憲法も、この原理を採用し、**立法を国会に、司法を裁判所に、行政を内閣**にゆだねています。

国会（立法）

1 論点
① 憲法41条は、「国会は、国権の**最高機関**であって、国の**唯一の立法機関**である。」と定め、立法の作用を国会に委ねています。
② ここでは、「最高機関」と「唯一の立法機関」を、それぞれどのように解釈するかが問題となります。

2 「国権の最高機関」の意味
① 憲法41条の「最高機関」については、国民の**代表機関**である国会が、重要な国家機関であることを**政治的に強調**したものにすぎず、特別の法的意味を有するものではないと解されています（政治的美称説）。
② この解釈は、内閣や裁判所も、各々が担当する権限については他の機関の命令に服しないという意味で最高独立機関であり、また、裁判所は法律に対する**違憲審査権**を有することから、国会の意思が常に他の国家機関に優越的であるとはいえないことなどを理由としています。

3 「唯一の立法機関」の意味
唯一の立法機関には、次の【図表１６】のように2つの意味（原則）があるとされ、また、それぞれに例外が認められています。

【図表１６】「唯一の立法機関」の意味

	国会中心立法の原則	国会単独立法の原則
意義	国会以外による実質的意味の立法は、憲法の特別の定めがある場合を除いて許されないこと	国会による立法は、国会以外の機関の参与を必要としないこと
例外	両議院の議院規則制定権、最高裁判所の規則制定権、地方公共団体の条例制定権、**法律の委任**	地方自治特別法の住民投票、憲法改正の国民投票、**内閣による法案の提出**

第4章 憲法・統治

【確認問題】

□89. 三権分立とは、国家権力の（ ① ）し、国民の（ ② ）するため、国家権力を（ ③ ）・（ ④ ）・（ ⑤ ）の三権に分け、それぞれ独立した機関にゆだねようとする原理のことをいう。日本国憲法も、この原理を採用し、（ ③ ）を（ ⑥ ）に、（ ④ ）を（ ⑦ ）に、（ ⑤ ）を（ ⑧ ）にゆだねている。

□90. 憲法41条は「国会は、国権の（ ① ）であって、国の（ ② ）の（ ③ ）機関である。」と定めている。

□91. 上記①については、国民の（ ① ）である国会が、重要な国家機関であることを（ ② ）したものにすぎず、特別の法的意味を有するものではないと解されている。この解釈は、内閣や裁判所も、それぞれが担当する権限については他の機関の命令に服しないという意味で最高独立機関であり、また、裁判所は法律に対する（ ③ ）を有することから、国会の意思が常に他の国家機関に優越的であるとはいえないことなどを理由とするものである。

□92. 上記90の②③には、次の2つの意味があるとされる。

国会（ ① ）立法の原則	国会以外の機関による立法は、憲法の特別の定めがある場合を除いて許されないこと
国会（ ② ）立法の原則	国会による立法は、国会以外の機関の参与を必要としないこと

4 法律の委任（委任立法）

① 法律の委任（委任立法）とは、委任を認める規定に基づき、立法以外の機関（特に**行政機関**）が、本来法律で定めるべき事項について立法を行うこと、またはこのような委任に基づいて制定されるものをいいます。

② 法律の委任は、**国会中心立法の原則には反しない**と解されています。

③ 社会が複雑化すればするほど、それに対応する立法をすべて国会に任せることは実際上不可能であり、**専門的・技術的**あるいは迅速な処理を必要とする行政活動が求められること、憲法73条6号但し書きは法律の委任を間接的に容認していることなどが理由として挙げられています。

③ 但し、**一般的・包括的**な委任（白紙委任）は禁止され、法律が特に指定する特定の目的・事項について、法律の指定した範囲内における**個別的・具体的**な委任でなければならないとされています。

5 内閣による法案の提出

① 行政機関である内閣が国会に法案を提出することは、**国会単独立法の原則に反しない**と解されています。

② 憲法72条により、内閣総理大臣は、**内閣を代表して議案を国会に提出することができる**こと、憲法59条により、国会は法律案を自由に**修正し否決**することができること、あくまで法律案の提出は、立法の**準備行為**であって立法行為そのものではないことなどが理由として挙げられています。

6 国会の構成

① 憲法42条は、「国会は、**衆議院及び参議院**の両議院でこれを構成する。」と規定し、**二院制**（両院制）を採用しています。**二院制**は、多様な民意の反映や、慎重な審議を目的とする制度です。

② 憲法43条1項は、「両議院は、**全国民を代表する選挙**された議員でこれを組織する。」と定めています。本条は、国会議員は、選挙区や後援団体など特定の選挙母体の代表者ではなく全国民の代表であること、選挙区民の個々の**具体的指示には拘束されず**（命令委任の禁止）、議員は自らの信念に基づいて**自由に意見を表明し表決を行う権利を有する**こと（自由委任の原則）を明らかにするものです。

③ 憲法45条は、「衆議院議員の任期は、**4年**とする。但し、衆議院解散の場合には、その期間満了前に終了する。」とし、46条は、「参議院議員の任期は、**6年**とし、**3年**ごとに議員の**半数**を改選する。」と定めています。

45

第4章 憲法・統治

【確認問題】

□93. 憲法上、法律の委任は、国会（　①　）立法の原則には反しないと解されている。これは、社会が複雑化すればするほど、（　②　）な処理、迅速な処理を必要とする行政活動が増大していること、憲法73条6号但し書きは法律の委任を間接的に容認していることなどを理由とする。但し、（　③　）な委任は禁止され、法律が特に指定する特定の目的・事項について、法律の指定した範囲内における（　④　）な委任でなければならないとされている。

□94. 行政機関である内閣が国会に法案を提出することは、国会（　①　）立法の原則に反しないと解されている。これは、憲法72条により、内閣総理大臣は、（　②　）して（　③　）に提出することができること、憲法59条により、国会は法律案を自由に（　④　）し（　⑤　）することができること、あくまで法律案の提出は、立法の（　⑥　）であって立法行為そのものではないことなどを理由とする。

□95. 憲法42条は、「国会は、（　①　）及び（　②　）の両議院でこれを構成する。」と定め、（　③　）を採用することを明らかにしている。

□96. 憲法43条1項は、「両議院は、（　①　）を代表する（　②　）された議員でこれを組織する。」と定めている。本条は、国会議員は、選挙区や後援団体など特定の選挙母体の代表者ではなく（　①　）の代表であること、選挙区民の個々の具体的指示には（　③　）されず、議員は自らの信念に基づいて（　④　）に意見を表明し表決を行う権利を有する（自由委任の原則）ことを明らかにするものである。

□97. 憲法45条は、「衆議院議員の任期は、（　①　）とする。但し、衆議院（　②　）の場合には、その期間満了前に終了する。」とし、同条46条は、「参議院議員の任期は、（　①　）とし、（　②　）ごとに議員の（　③　）を改選する。」と定めている。

46

7 国会議員の特権

憲法49条から51条は、国会議員の活動を保障するため、各国会議員に対して、次の【図表17】のような特権を認めています。

【図表17】

歳費特権	両議院の議員は、法律の定めるところにより、国庫から相当額の**歳費**を受ける。
不逮捕特権	両議院の議員は、法律の定める場合を除いては、国会の会期中**逮捕されず**、会期前に逮捕された議員は、その議院の要求があれば、会期中これを**釈放**しなければならない。但し、院外における現行犯の場合や、その院の許諾がある場合は、逮捕されうる。
免責特権	国会議員が、国会で行った演説・討論・表決については、院外で責任を問われない。免責の対象となるのは、一般国民ならば負うべき**民事・刑事上の法的責任**であり、**政治的・倫理的責任は含まれない。**

8 国会の種類・招集時期

憲法52条から54条は、国会の種類・招集時期について【図表18】のように定めています。

【図表18】国会の種類

常　会 （通常国会）	毎年1回、定期に招集され、主に**予算**の審議などが行われる。
臨時会 （臨時国会）	**内閣**が必要とするとき、いずれかの議院の総議員の**4分の1以上**の要求があるとき、**衆議院議員の任期満了**による総選挙または**参議院議員の通常選挙**が行われたときに招集される。
特別会 （特別国会）	**衆議院の解散**があった場合に、衆議院議員の（解散）総選挙の日から**30日以内**に招集される。

9 参議院の緊急集会

① 憲法54条2項は、「衆議院が**解散**されたときは、参議院は、同時に**閉会**となる。但し、**内閣**は、国に**緊急の必要**があるときは、参議院の**緊急集会**を求めることができる。」と定めています。

② **緊急集会**とは、衆議院の**解散中**において、国会の開会を要する緊急の事態が生じたときに、参議院が国会を代行する制度です。

③ なお、憲法54条3項では、「緊急集会において採られた措置は、**臨時**のものであって、次の国会開会後**10日以内**に**衆議院の同意**がない場合には、その効力を失う。」と定めています。

第4章 憲法・統治

【確認問題】

□98. 憲法49条から51条は、各国会議員に対して、次のような特権を認めている。

（ ① ）特権	両議院の議員は、法律の定めるところにより、国庫から相当額の（ ① ）を受ける。
不（ ② ）特権	両議院の議員は、法律の定める場合を除いては、国会の会期中（ ② ）されず、会期前に（ ② ）された議員は、その議院の要求があれば、会期中これを（ ③ ）しなければならない。但し、院外における（ ④ ）の場合や、その院の許諾がある場合は除く。
（ ③ ）特権	国会議員が、国会で行った演説・討論・表決については、院外で責任を問われない。免責の対象となるのは、一般国民ならば負うべき（ ④ ）の法的責任であり、（ ⑤ ）責任は含まれない。

□99. 憲法52条から54条は、国会の種類・招集時期について次のように定めている。

（ ① ）会	毎年1回、定期に招集され、主に（ ② ）の審議などが行われる。
（ ③ ）会	（ ④ ）が必要とするとき、いずれかの議院の総議員の（ ⑤ ）の要求があるとき、衆議院議員の（ ⑥ ）による総選挙または参議院議員の通常選挙が行われたときに招集される。
（ ⑦ ）会	衆議院の（ ⑧ ）があった場合に、衆議院議員の総選挙の日から（ ⑨ ）に招集される。

□100. 憲法54条2項は、「衆議院が（ ① ）されたときは、参議院は、同時に（ ② ）となる。但し、（ ③ ）は、国に緊急の必要があるときは、参議院の（ ④ ）を求めることができる。」と定めている。

□101. 憲法54条3項では、「（ ① ）において採られた措置は、（ ② ）のものであって、次の国会開会後（ ③ ）に（ ④ ）がない場合には、その効力を失う。」と定めている。

48

１０　国会の議事
①　憲法56条1項は、「両議院は、各々その**総議員の3分の1以上**の出席がなければ、議事を開き、議決することができない。」と定めています。
②　同条2項は、「両議院の議事は、この憲法に特別の定のある場合を除いては、**出席議員の過半数**でこれを決し、可否同数のときは、**議長の決するところによる。**」と定めています。

１１　衆議院の優越

（１）法律案
①　憲法59条1項は「法律案は、この憲法に特別の定のある場合を除いては、**両議院で可決**したとき法律となる。」と定めていますが、同条2項で「衆議院で**可決**し、参議院でこれと**異なった議決**をした法律案は、衆議院で出席議員の3分の2以上の多数で**再び可決**したときは、法律となる。」とし、**衆議院の優越**を認めています。
②　また、同条4項では、「参議院が、衆議院の可決した法律案を受け取った後、国会休会中の期間を除いて**60日以内**に、議決しないときは、衆議院は、参議院がその法律案を**否決したものとみなすことができる。**」と定めています。
③　なお、同条3項は、上記①の再可決を行う場合でも、「衆議院が、**両議院の協議会**を開くことを求めることを**妨げない。**」と規定しています。

（２）予算案
①　憲法60条1項は、「予算は、さきに**衆議院に提出**しなければならない。」として、**衆議院の先議権**を定めています。
②　その上で、同条2項において、「予算について、参議院で衆議院と**異なった議決**をした場合に、法律の定めるところにより、**両議院の協議会を開いても**意見が一致しないとき、又は参議院が、衆議院の可決した予算を受け取った後、国会休会中の期間を除いて**30日以内**に、議決しないときは、**衆議院の議決を国会の議決とする。**」と定めています。
③　上記（１）の法律案の場合との違いは、衆議院に先議権が認められていること、両院協議会を必ず開催しなければならないこと、「60日」が「30日」となっていることの3点です。

（３）条約締結の承認
条約締結の承認については、上記（２）②の予算案の場合と同様です（憲法61条）。但し、予算案の場合と異なり、衆議院の先議権は認められていません。

（４）内閣総理大臣の指名
①　憲法67条1項は、「内閣総理大臣は、**国会議員の中から国会の議決で、これを指名**する。」と定め、同条2項は、「衆議院と参議院とが**異なった指名**の議決をした場合に、法律の定めるところにより、**両議院の協議会を開いても**意見が一致しないとき、または衆議院が指名の議決をした後、国会休会中の期間を除いて**10日以内**に、参議院が指名の議決をしないときは、**衆議院の議決を国会の議決とする。**」と定めています。
②　上記（１）の法律案の場合との違いは、両院協議会を必ず開催しなければならないこと、「60日」が「10日」となっていることの2点です。

第4章 憲法・統治

【確認問題】

□102. 憲法56条1項は、「両議院は、各々その（　①　）の（　②　）の出席がなければ、議事を開き、議決することができない。」と定め、同条2項は、「両議院の議事は、この憲法に特別の定のある場合を除いては、（　③　）でこれを決し、可否同数のときは、（　④　）の決するところによる。」と定めている。

□103. 憲法59条1項は、「法律案は、この憲法に特別の定のある場合を除いては、（　①　）したとき法律となる。」と定めているが、同条2項で「衆議院で可決し、参議院でこれと（　②　）をした法律案は、衆議院で出席議員の（　③　）の多数で（　④　）したときは、法律となる。」としている。

□104. 憲法59条4項は、「参議院が、衆議院の可決した法律案を受け取った後、国会休会中の期間を除いて（　①　）に、議決しないときは、衆議院は、参議院がその法律案を（　②　）。」と定めている。

□105. 憲法60条1項は、「予算は、さきに（　①　）に提出しなければならない。」とした上で、同条2項において、「予算について、参議院で衆議院と（　②　）をした場合に、法律の定めるところにより、（　③　）を開いても意見が一致しないとき、又は参議院が、衆議院の可決した予算を受け取った後、国会休会中の期間を除いて（　④　）に、議決しないときは、（　⑤　）。」と定めている。

□106. 憲法67条1項は、「内閣総理大臣は、（　①　）の中から（　②　）で、これを指名する。」とした上で、同条2項で、「衆議院と参議院とが（　③　）をした場合に、法律の定めるところにより、（　④　）を開いても意見が一致しないとき、または衆議院が指名の議決をした後、国会休会中の期間を除いて（　⑤　）に、参議院が指名の議決をしないときは、（　⑥　）。」と定めている。

内閣（行政）

1　内閣
① 憲法65条は、「**行政権**は、**内閣**に属する。」と定めています。
② **行政**とは、国や地方公共団体が**法律**に基づいて行う、**司法・立法以外**の行為のことをいいます。
③ **内閣**とは、内閣総理大臣と国務大臣で組織され、行政権の行使につき、国会に対して連帯して責任を負うものをいいます（憲法66条1項、3項）。
④ 内閣総理大臣は、**国務大臣を任命**します。但し、その**過半数は国会議員の中から**選ぶ必要があります（憲法68条1項）。
⑤ 内閣総理大臣は、**任意に国務大臣を罷免**することができます（憲法68条2項）。
⑥ 内閣は、一般的な行政事務のほか、法律の執行、外交関係の処理、**条約の締結、予算の作成**などを行います（憲法73条）。

2　議院内閣制

（1）意　義
① **議院内閣制**とは、議会と内閣の分離を前提に、内閣の存立を議会の信任に依存させ、内閣が議会に対して**連帯責任**を負う政治体制のことをいいます。
② 憲法66条3項は、「内閣は、行政権の行使について、**国会に対し連帯して責任を負う。**」と規定し、また、67条1項は、「内閣総理大臣は、**国会議員の中から国会の議決で、これを指名する。**」と規定することで、**議院内閣制**を採用しています。

（2）特　徴
議院内閣制を大統領制と比較することで、次のような特徴が明らかになります。
① 議院内閣制では、行政の長（首相）は議会（国会）から選出されるのに対し、大統領制では、行政の長（大統領）は**国民の直接選挙**により選出されます。
② 議院内閣制では、首相と内閣は**議会の信任**に依拠し、議会に対して**連帯責任**を負うのに対し、大統領制では、大統領（府）は**議会から独立**しており、議会による**不信任**制度はありません。
③ 議院内閣制では**解散制度があります**が、大統領制では**解散制度はありません**。
④ 議院内閣制では大臣と議員とは**兼職が可能**ですが、大統領制では**兼職は認められません**。

3　衆議院の解散
① **衆議院の解散**とは、**内閣**が、衆議院議員全員の議員としての身分を、**任期満了前に失わせる行為**のことをいいます。
② 憲法69条は、「内閣は、**衆議院で不信任の決議案を可決**し、又は信任の決議案を否決したときは、**10日以内に衆議院が解散されない限り、総辞職**をしなければならない。」と定めています。但し、内閣は、衆議院で不信任の決議案が可決されなくても、解散権を行使することができると解されています（憲法7条3号参照）。
③ 衆議院が解散されると（解散）**総選挙**が実施されます（憲法54条1項）。その後、招集される**特別国会**において、**内閣は総辞職**し、新しい内閣総理大臣が指名されることになります（憲法70条）。

第4章 憲法・統治

【確認問題】

□107. 憲法65条は、「（ ① ）権は、内閣に属する。」と定めている。（ ① ）とは、国や地方公共団体が（ ② ）に基づいて行う、（ ③ ）の行為のことをいう。

□108. 内閣総理大臣は、（ ① ）を（ ② ）する。但し、その過半数は（ ③ ）の中から選ぶ必要がある。なお、内閣総理大臣は、任意に（ ① ）を（ ④ ）することができる。

□109. 内閣は、一般的な行政事務のほか、法律の執行、外交関係の処理、（ ① ）の締結、（ ② ）の作成などを行う。

□110. 憲法66条3項は、「内閣は、（ ① ）権の行使について、（ ② ）に対し（ ③ ）して責任を負う。」と規定し、67条1項では、「内閣総理大臣は、（ ④ ）の中から（ ⑤ ）で、これを指名する。」と規定している。

□111. 議院内閣制と大統領制を比較すると、一般的に次のような相違が認められる。
・議院内閣制では、行政の長（首相）は、（ ① ）から選出されるのに対し、大統領制では、行政の長（大統領）は、（ ② ）により選出される
・議院内閣制では、首相と内閣は議会の信任に依拠し、議会に対して（ ③ ）を負うのに対し、大統領制では、大統領（府）は議会から独立しており議会による（ ④ ）制度はない
・議院内閣制では（ ⑤ ）制度があるが、大統領制では（ ⑤ ）度はない
・議院内閣制では大臣と議員とは（ ⑥ ）が可能であるが、大統領制では（ ⑥ ）は認められない

□112. 衆議院の解散とは、（ ① ）が、衆議院議員全員の議員としての身分を、（ ② ）に失わせる行為のことをいう。憲法69条は、「内閣は、衆議院で（ ③ ）の決議案を可決し、又は信任の決議案を否決したときは、（ ④ ）に衆議院が解散されない限り、（ ⑤ ）をしなければならない。」と定めている。

□113. 衆議院が解散されると（解散）総選挙が実施され、その後、招集される（ ① ）において、内閣は（ ② ）し、新しい内閣総理大臣が指名される。

裁判所（司法）

1 司法権
① 憲法76条1項は、「すべて**司法権**は、**最高裁判所**及び法律の定めるところにより設置する**下級裁判所に属する**。」と定めています。
② 司法権とは、**具体的な争訟**（法律上の争訟）について**法を適用**し宣言することによって、これを裁定する国家作用のことをいい、民事・刑事・行政事件のすべてを対象とします。
③ **具体的な争訟**とは、当事者間の**具体的な権利義務**や、**法律関係の存否**に関する紛争であって、かつ、それが**法律の適用**によって**終局的な解決**ができるものであることをいいます。

【判例】「警察予備隊事件」

> 抽象的に法令の解釈または効力について争うことは**できない**（最大判昭27.10.8）。

【判例】「技術士試験事件」

> 国家試験の合否の判定は、学問または技術上の知識・能力・意見等の優劣、当否の判断を内容とする行為であり、試験実施機関の最終判断に委せられる性質のものであるから**司法審査の対象とならない**（最判昭41.2.8）。

【判例】「板まんだら事件」

> 訴訟は、形式的には具体的な権利義務ないし法律関係に関する紛争であるが、その前提として信仰の対象の価値または宗教上の教義に関する判断を行なわなければならない場合は、結局、訴訟はその実質において法令の適用による終局的な解決の不可能なものであって**法律上の争訟に当たらない**（最判昭56.4.7）。

2 三審制
① **三審制**とは、1つの事件について、原則3回まで裁判を受けることができる制度のことをいいます。
② 現在、我が国には、最高裁判所の下に、**高等裁判所、地方裁判所、家庭裁判所、簡易裁判所**の4種類の下級裁判所があります。
③ 例えば、地方裁判所で行われた第一審の判決に不服がある場合は、**高等裁判所に控訴**することができます。そして、高等裁判所の第二審の判決にも不服がある場合は、**最高裁判所に上告**することができます。

第4章 憲法・統治

【確認問題】

□114. 憲法76条1項は、「すべて司法権は、（ ① ）及び法律の定めるところにより設置する（ ② ）に属する。」と定めている。

□115. 司法権とは、（ ① ）について法を適用し宣言することによって、これを裁定する国家作用のことをいう。この（ ① ）とは、当事者間の（ ② ）や、（ ③ ）に関する紛争であり、かつ、それが法律の適用によって（ ④ ）ができるものであることをいいます。

□116. 現在、我が国には、最高裁判所の下に、（ ① ）裁判所、（ ② ）裁判所、（ ③ ）裁判所、（ ④ ）裁判所の4種類の下級裁判所がある。

□117. 地方裁判所で行われた第一審の判決に不服がある場合は、高等裁判所に（ ① ）することができ、高等裁判所の判決にも不服がある場合は、最高裁判所に（ ② ）することができる。

3 司法権の限界

（1）意 義
① 司法権の限界とは、**具体的な争訟（法律上の争訟）**であるにもかかわらず、何らかの理由により裁判所が処理できない例外的紛争が存在することをいいます。
② 司法権の限界とよばれるものには、憲法55条による議員資格争訟の裁判や、64条による**弾劾裁判所**による裁判官の弾劾裁判、立法府や行政府の**裁量行為**、**高度に政治性のある国家行為**、自律的な規範をもつ社会や団体内部の紛争、国際法上の治外法権などがあります。

【条文】日本国憲法第55条・第64条1項

> 第55条 両議院は、各々その**議員の資格**に関する争訟を**裁判**する。但し、議員の議席を失わせるには、出席議員の3分の2以上の多数による議決を必要とする。
> 第64条第1項 国会は、罷免の訴追を受けた裁判官を裁判するため、両議院の議員で組織する弾劾裁判所を設ける。

（2）統治行為
① **統治行為**とは、直接、国家統治の基本に関する**高度に政治性のある国家行為**で、法律上の争訟として裁判所による法律的な判断が可能ではあるが、その性質上、司法審査の対象から除外される行為のことをいいます。
② これは、**国民主権の原理**（裁判所は民主的基盤に欠けること）や、裁判所が**政治に巻き込まれる**ことによる混乱の回避という政策的配慮などを根拠とするものです。

【判例】「砂川事件」

> 高度の政治性を有する条約は、**一見極めて明白に違憲無効であると認められない限りは、**司法審査の対象とならない（最大判昭34.12.16）。

（3）部分社会の法理
部分社会の法理とは、**自律的**な規範をもつ社会や団体**内部の紛争**に関しては、その内部規律の問題にとどまる限りその**自律的**措置に任せ、それについては司法審査が及ばないとする考え方のことをいいます。

【判例】「富山大学（単位不認定）事件」

> 大学は、国公立であると私立であるとを問わず、学生の教育と学術の研究とを目的とする教育研究施設であって、一般市民社会とは異なる特殊な**部分社会**を形成しているのであるから、このような特殊な**部分社会**である大学における法律上の係争のすべてが当然に裁判所の司法審査の対象になるものではない。（最判昭52.3.15）。

【確認問題】

□118.（　①　）とは、（　②　）であるにもかかわらず、何らかの理由により裁判所が処理できない例外的紛争が存在することをいう。

□119. 憲法55条は、「（　①　）は、各々その議員の（　②　）を裁判する。但し、議員の議席を失わせるには、出席議員の（　③　）の多数による議決を必要とする。」と定めている。

□120. 憲法64条1項は、「国会は、（　①　）の訴追を受けた（　②　）を裁判するため、両議院の議員で組織する（　③　）を設ける。」と定めている。

□121.（　①　）とは、直接、国家統治の基本に関する（　②　）のある国家行為で、その性質上、司法審査の対象から除外される行為のことをいう。これは、（　③　）の原理（裁判所は民主的基盤に欠けること）や、裁判所が（　④　）に巻き込まれることによる混乱の回避という政策的配慮などを根拠とするものである。

□122.（　①　）の法理とは、（　②　）な規範をもつ社会や団体内部の紛争に関しては、その内部規律の問題にとどまる限りその（　②　）措置に任せ、それについては司法審査が及ばないという考え方のことをいう。

4 裁判官の身分保障

① 憲法76条3項は、「すべて裁判官は、その良心に従い**独立**してその職権を行い、この**憲法**及び**法律**にのみ拘束される」と定め、憲法78条は、「裁判官は、**裁判**により、**心身の故障**のために職務を執ることができないと決定された場合を除いては、**公の弾劾**によらなければ**罷免**されない。裁判官の**懲戒**処分は、**行政機関**がこれを行うことはできない。」と定め、裁判官の身分を強く保障しています。

② 裁判官が罷免されるのは、**国会の弾劾裁判**による場合（憲法64条）、**裁判所の分限裁判**による場合（憲法78条）、最高裁判所裁判官の**国民審査**（憲法79条2項以下）による場合に限られます。

③ また、裁判官の懲戒は、最高裁判所が制定する規則に基づき行われ、行政機関や国会は裁判官を懲戒することはできません。

【条文】日本国憲法第79条第2項・第6項・第80条第2項

第79条第2項 **最高裁判所の裁判官**の任命は、その任命後初めて行われる衆議院議員総選挙の際**国民の審査**に付し、その後**10年**を経過した後初めて行われる衆議院議員総選挙の際更に審査に付し、その後も同様とする。

第6項 最高裁判所の裁判官は、すべて定期に相当額の報酬を受ける。この報酬は、在任中、**これを減額することができない。**

第80条第2項 下級裁判所の裁判官は、すべて定期に相当額の報酬を受ける。この報酬は、在任中、これを**減額することができない。**

---

5 裁判の公開

① 憲法82条1項は、「裁判の**対審**及び**判決**は、**公開**法廷でこれを行う。」と定めています。

② 同条2項は、「裁判所が、裁判官の全員一致で、公の秩序又は善良の風俗を害する虞があると決した場合には、**対審は、公開しないでこれを行うことができる。**但し、**政治犯罪、出版に関する犯罪**又はこの憲法第3章で保障する国民の権利が問題となっている事件の対審は、**常にこれを公開**しなければならない。」と定めています。

第4章 憲法・統治

【確認問題】

□123. 憲法76条3項は、「すべて裁判官は、その良心に従い（　①　）してその職権を行い、この憲法及び法律にのみ（　②　）される」と定め、憲法78条は、「裁判官は、裁判により、（　③　）のために職務を執ることができないと決定された場合を除いては、（　④　）によらなければ罷免されない。裁判官の懲戒処分は、（　⑤　）がこれを行うことはできない。」と定め、裁判官の身分を強く保障している。

□124. 裁判官が罷免されるのは、（　①　）による場合、裁判所の（　②　）による場合、最高裁判所裁判官の（　③　）による場合に限られる。

□125. 憲法79条6項及び80条2項は、裁判所の裁判官は、すべて定期に相当額の（　①　）を受けるが、在任中はこれを（　②　）することはできない旨を定めている。

□126. 憲法82条1項は、「裁判の（　①　）及び（　②　）は、（　③　）法廷でこれを行う。」と定め、同条2項は、「裁判所が、裁判官の全員一致で、公の秩序又は善良の風俗を害する虞があると決した場合には、（　①　）は、（　③　）しないでこれを行うことができる。但し、（　④　）、（　⑤　）に関する犯罪又はこの憲法第3章で保障する国民の権利が問題となつている事件の（　①　）は、常にこれを（　③　）しなければならない。」と定めている。

6 違憲審査権

（1）意 義
① 違憲審査権とは、法律や行政行為などが憲法に違反していないかどうか審査する権限のことをいいます。
② 憲法81条は、「最高裁判所は、一切の法律、命令、規則又は処分が憲法に適合するかしないかを決定する権限を有する終審裁判所である。」としています。なお、下級裁判所も違憲審査権を行使できると解されています。

（2）司法消極主義
① 司法消極主義とは、憲法判断に立ち入るか否か、違憲判断をするか否かの決定段階において、違憲審査権の行使は消極的であるべきとする考え方のことをいいます。
② これは、国民に直接政治的な責任を負わない裁判所は、国民の代表機関である国会の意思を最大限尊重すでべきであること、違憲判決の有する社会的影響の大きさに鑑み、裁判所は違憲判決を自制すべきであること、特に経済的自由の規制に関しての立法府の誤りは、民主主義の中で是正することが可能であるので、裁判所は国民に直接政治的な義務を負う国会の判断を尊重すべきであることなどを理由とするものです。

（3）付随的審査制説
① 付随的審査制説は、憲法81条は、裁判所が具体的な争訟の裁判をする際に、その前提として、事件の解決に必要な限度で、その事件に適用すべき法律の憲法適合性を審査できるに過ぎないと定めた規定であるとする考え方です。
② これは、憲法81条は「第6章 司法」の章に規定されているが、司法権とは、具体的な争訟事件について、法を適用し宣言することによってその争いを裁定し解決する国家作用であること、具体的な争訟が提起されなくても一般的・抽象的に法律の憲法適合性を審査できるための規定（抽象的審査制）が憲法に存在しないこと、裁判所が、抽象的に法令の憲法適合性を審査しうるとすれば、国会の立法権を侵すことになることなどを理由とします。

（4）個別的効力説
① 個別的効力説とは、違憲審査権の行使により違憲とされた法律は、その事件に関する限りで裁判所によって適用されないだけであり、依然として法律としての効力を有するとする考え方です。
② これは、付随的審査制を前提とすれば、違憲判決の効力も当該事件に限って及ぶと考えるのが自然であること、違憲とされた法律を一般的に無効とすれば一種の消極的立法となり憲法41条に反すること、一般的に遡及効を認めると法的安定性が害されることなどを理由とするものです。

第4章 憲法・統治

【確認問題】

□127. 憲法81条は、「最高裁判所は、（　①　）の法律、命令、規則又は処分が（　②　）に適合するかしないかを決定する権限を有する終審裁判所である。」と定めている。

□128. 司法（　①　）主義は、国民に直接（　②　）な責任を負わない裁判所は、国民の代表機関である（　③　）の意思を最大限尊重すべきであること、違憲判決の有する（　④　）の大きさから裁判所は違憲判決を自制すべきであること、特に経済的自由の規制に関しての立法府の誤りは、民主主義の中で是正することが可能であるので、裁判所は国民に直接（　②　）な義務を負う（　③　）の判断を尊重すべきであることなどを理由とする。

□129. （　①　）審査制説とは、憲法81条は、裁判所が（　②　）の裁判をする際に、その（　③　）として、（　④　）に必要な限度で、その事件に適用すべき法律の憲法適合性を審査できると定めたものであるとする考え方である。これは、憲法81条は、「第6章 司法」の章に規定されていること、（　②　）が提起されなくても（　⑤　）に法律の憲法適合性を審査できるための規定が憲法に存在しないこと、裁判所が、抽象的に法令の憲法適合性を審査しうるとすれば、（　⑥　）を侵すことになることなどを理由とする。

□130. （　①　）効力説とは、違憲審査権の行使により違憲とされた法律は、その（　②　）で裁判所によって適用されないだけであり、依然として法律としての効力を有するとする考え方である。これは、（　③　）審査制を前提とすれば、違憲判決の効力も当該事件に限って及ぶと考えるのが自然であること、違憲とされた法律を一般的に無効とすると一種の（　④　）となり憲法41条に反すること、一般的に遡及効を認めると（　⑤　）が害されることなどを理由とする。

財 政

1 財 政
① **財政**とは、国または地方公共団体が、その存立を維持し活動するために必要な財力を取得し、これを管理・処分する一切の作用のことをいいます。
② 憲法83条から91条において、我が国の財政運営の基本が規定されています。

【条文】日本国憲法第83条〜第86条

第83条 国の**財政**を処理する権限は、**国会の議決**に基いて、これを行使しなければならない。
第84条 あらたに**租税**を課し、又は現行の**租税**を**変更**するには、**法律**又は**法律**の定める条件によることを必要とする。
第85条 **国費**を支出し、又は国が**債務**を負担するには、**国会の議決**に基くことを必要とする。
第86条 **内閣**は、**毎会計年度の予算**を作成し、**国会に提出**して、その審議を受け議決を経なければならない。

---

2 憲法89条の立法趣旨
① 憲法89条は、「公金その他の公の財産は、**宗教上の組織若しくは団体の使用**、便益若しくは維持のため、又は**公の支配に属しない慈善、教育若しくは博愛の事業に対し、これを支出し、又はその利用に供してはならない**。」と規定しています。
② 本条の立法趣旨については、**【図表１９】**のように考えられています。

【図表１９】憲法89条（後段）の立法趣旨

	公費濫用防止説	自主性確保説	中立性確保説
意義	憲法89条は、教育などの私的事業に対して公金支出を行う場合には、公費の**濫用**をきたさないように当該事業を監督すべきことを要求する趣旨である	憲法89条は、教育などの私的事業の**自主性を確保**するために、公権力による干渉の危険を除こうとする趣旨である	憲法89条は、**政教分離の補完**にその趣旨がある
根拠	目的の公共性や、慈善、教育、博愛の美名に頼って、公費が**濫用**されるおそれが多い	私的事業は私人の自由に基づいて**自主的**に運営されるべきところ、公の財政援助を受けると公権力がそれを通じて事業をコントロールすることになり、事業の独自性が害される恐れがある	私人が行う教育などの事業は特定の宗教的信念に基づくことが多いので、宗教や特定の思想信条が、国の財政的援助によって教育などの事業に浸透するのを防止すべきである

第4章 憲法・統治

【確認問題】

□131.憲法83条は、「国の（　①　）を処理する権限は、（　②　）に基いて、これを行使しなければならない。」と定めている。

□132.憲法84条は、「あらたに（　①　）を課し、または現行の（　①　）を（　②　）するには、（　③　）または（　③　）の定める条件によることを必要とする。」と定めている。

□133.憲法85条は、「国費を（　①　）し、または国が（　②　）するには、（　③　）に基づくことを必要とする。」と定めている。

□134.憲法86条は、「（　①　）は、毎会計年度の（　②　）を作成し、（　③　）に提出して、その審議を受け議決を経なければならない。」と定めている。

□135.憲法89条は、「公金その他の公の財産は、（　①　）の組織もしくは団体の使用、便益もしくは維持のため、または（　②　）に属しない（　③　）、（　④　）もしくは博愛の事業に対し、これを支出し、またはその利用に供してはならない。」

□136.憲法89条の立法趣旨としては、次のようなものが挙げられる。
・公費（　①　）防止説…教育などの私的事業に対して公金支出が行われる場合は、目的の公共性や、慈善・教育・博愛の美名に頼って、公費が（　①　）されるおそれが多いことから、その（　①　）をきたさないように当該事業を監督すべきことを要求する趣旨である
・（　②　）性確保説…私的事業は私人の自由に基づき（　②　）的に運営されるべきところ、公の財政援助を受けると公権力がそれを通じて事業をコントロールすることになり、事業の独自性が害される恐れがあることから、これを確保するために、公権力による干渉の危険を除こうとする趣旨である
・（　③　）性確保説…私人が行う教育などの事業は特定の宗教的信念に基づくことが多いので、宗教や特定の思想信条が、国の財政的援助によって教育などの事業に浸透するのを防止し、（　④　）を補完することにその趣旨がある

第5章　憲法・その他

地方自治

1　地方自治の本旨
① 憲法92条は、「**地方公共団体の組織及び運営に関する事項は、地方自治の本旨に基いて、法律**でこれを定める。」としています。
② **地方公共団体**とは、都道府県や市町村などのことをいいます（**第6章**参照）。
③ 地方自治の本旨には、次の**【図表２０】**のような意味があるとされています。

【図表２０】地方自治の本旨

	住民自治	団体自治
意義	地方自治が**住民の意思**に基づいて行われること	地方自治が**国から独立**した団体に委ねられ、団体自らの意思と責任の下で行われること
具体例	・地方公共団体の長及び議員の住民による直接選挙（憲法93条2項） ・地方特別法に対する住民投票（憲法95条） ・直接請求制度	地方公共団体の自治権（憲法94条）

【条文】日本国憲法第93条

> **第93条第1項** 地方公共団体には、法律の定めるところにより、その議事機関として**議会**を設置する。
> **第2項** 地方公共団体の**長**、その議会の**議員**及び法律の定めるその他の吏員は、その地方公共団体の**住民**が、**直接これを選挙する。**

【条文】日本国憲法第95条

> **第95条** 一の地方公共団体のみに適用される特別法は、法律の定めるところにより、その地方公共団体の**住民の投票**においてその**過半数の同意**を得なければ、**国会**は、これを制定することができない。

第5章 憲法・その他

【確認問題】

□137. 憲法92条は、「地方公共団体の組織及び運営に関する事項は、（　①　）の本旨に基いて、法律でこれを定める。」としている。（　①　）の本旨には、次の2つの意味があるとされる。
・（　②　）自治…地方自治が（　②　）の意思に基づいて行われること
・（　③　）自治…地方自治が国から独立した団体に委ねられ、団体自らの意思と
　　　　　　　　　責任の下で行われること

□138. 憲法93条1項は、「地方公共団体には、法律の定めるところにより、その議事機関として（　①　）を設置する。」と定め、同条2項では、「地方公共団体の（　②　）、その議会の（　③　）及び法律の定めるその他の吏員は、その地方公共団体の（　④　）が、（　⑤　）これを選挙する。」と定めている。

□139. 憲法95条は、「一の地方公共団体のみに適用される特別法は、法律の定めるところにより、その地方公共団体の（　①　）の投票においてその（　②　）を得なければ、（　③　）は、これを制定することができない。」と定めている。

64

2 条例制定権

（1）条 例

① 憲法94条は、「**地方公共団体**は、その財産を管理し、事務を処理し、及び行政を執行する権能を有し、**法律の範囲内**で**条例**を制定することができる。」と定めています。

② **条例**とは、地方公共団体が、法律の範囲内で、**議会の議決**により自主的に制定するルールのことであり、当該地方公共団体においてのみ適用されるものをいいます。

【判例】「徳島市公安条例事件」

> （ある条例が「法律の範囲内」にあるか否かにつき）単に法律と条例の対象事項や規定文言を対比するのみではなく、それぞれの**趣旨・目的・内容・効果**を比較し、両者の間に矛盾抵触があるかによって判断すべきである（最大判昭50.9.10）。

（2）「上乗せ条例」「横出し条例」

① 法令よりも厳しい基準を定める条例のことを「**上乗せ条例**」、法令の規制対象以外の事項について規制を行う条例を「**横出し条例**」ということがあります。

② このような条例を制定できるかについては、**【図表21】**のように考えられています。

【図表21】「上乗せ条例」「横出し条例」の制定の可否

法令の規定がない場合		原則として制定は**許される**が、法令が当該事項を**放置**する趣旨であれば許されない
法令の規定がある場合	法令の目的が今回制定する条例と別目的	原則として制定は**許される**が、法令の規定の意図する目的・効果を**阻害**するときは許されない
	法令の目的が今回制定する条例と同じ目的	当該法令が、**全国一律**に規制する趣旨の場合は許されないが、別段の規制を容認している場合は許される

第5章 憲法・その他

【確認問題】

□140. 憲法94条は、「地方公共団体は、その財産を管理し、事務を処理し、及び行政を執行する権能を有し、（ ① ）で（ ② ）を制定することができる。」と定めている。

□141. いわゆる（ ① ）条例とは、法令よりも厳しい基準を定める条例のことをいう。また、（ ② ）条例とは、法令の規制対象以外の事項について規制を行う条例のことをいう。これらの制定の可否については、次のように考えられている。
・法令の規定がない事項について定める場合
　原則として制定は許されるが、法令が当該事項を（ ③ ）する趣旨であれば許されない
・法令の規定があるが、その目的が今回制定する条例と別目的である場合
　原則として制定は許されるが、法令の規定の意図する目的・効果を（ ④ ）するときは許されない
・法令の規定があり、その目的が今回制定する条例と同じ目的である場合
　当該法令が、（ ⑤ ）に規制する趣旨の場合は許されないが、別段の規制を容認している場合は許される

憲法改正

1 憲法改正とは
① **憲法改正**とは、成文憲法について、所定の手続に基づき、その条文を意識的に改変することをいいます。
② 憲法改正の方法としては、憲法を全面的に書き改める**全部改正**と、条項の修正や削除、追加、増補を行う**部分改正**があります。なお、増補とは、アメリカ合衆国憲法のように既存の憲法典になんら変更を加えずに新しい条項を付加していく方法をいいます。
③ 憲法は、96条1項において、「この憲法の改正は、**各議院の総議員の3分の2以上**の賛成で、**国会が、これを発議し、国民に提案してその承認**を経なければならない。この**承認**には、特別の**国民投票**又は国会の定める選挙の際行われる投票において、その**過半数**の賛成を必要とする。」と規定し、同条2項では、「憲法改正について前項の**承認**を経たときは、天皇は、**国民の名**で、この憲法と**一体を成すもの**として、直ちにこれを公布する。」と定めています。

2憲法改正の限界
憲法をどの程度まで改正できるかについては、次の【図表２２】のような考え方があります。

【図表２２】憲法改正の限界

無限界説	限界説	
	論理的限界説	価値的限界説
憲法規範に価値序列を認めず、超憲法的な根本規範の存在を否定し、全く無制約な**制憲権**（憲法制定権力）を想定し、**いかなる改正も許される**	憲法は、**国民の制憲権**によって制定されたものであり、**国民主権**を変更することは、自分の前提を否定することになってしまうことから、**国民主権を変更することは論理的に許されない**	憲法は、**個人の尊重原理**とそれに基づく**人権の体系**を中核としているが、それらはあくまでも、人が生まれながらに有する人権を**確認**したに過ぎない（成文化したに過ぎない）ことから、**人権の基本原則を改変することは許されない**

第5章 憲法・その他

【確認問題】

□142. 憲法96条1項は、「この憲法の改正は、各議院の（　①　）の（　②　）以上の賛成で、国会がこれを発議し、（　③　）に提案してその（　④　）を経なければならない。この（　④　）には、特別の（　⑤　）または国会の定める選挙の際行われる投票において、その（　⑥　）の賛成を必要とする。」と定め、同条2項は、「憲法改正について前項の（　④　）を経たときは、天皇は、（　③　）の名で、この憲法と（　⑦　）を成すものとして、直ちにこれを公布する。」

□143. 憲法改正の限界については、次のような議論がある。
・無限界説…憲法規範に価値序列を認めず、超憲法的な根本規範の存在を否定し、全く無制約な（　①　）を想定し、いかなる改正も許されると考える説
・論理的限界説…憲法は、国民の（　①　）によって制定されたものであり、（　②　）を変更することは、自分の前提を否定することになってしまうことから、（　②　）を変更することは論理的に許されないとする説
・価値的限界説…憲法は、（　③　）原理とそれに基づく（　④　）の体系を中核としているが、それらはあくまでも、人が生まれながらに有する（　④　）を（　⑤　）したに過ぎないことから、（　④　）の基本原則を改変することは許されないとする説

68

第6章　行政法

行政法概論

1　行政法とは
　行政とは、国や地方公共団体が**法律**に基づいて行う、**司法・立法以外**の行為のことをいい、**行政法**とは、行政の作用やこれを行う組織などに関する法の**総称**のことをいいます。

2　法律による行政の原理
　法律による行政の原理とは、行政は、議会が定めた法規に従って行われなければならないことをいいます。この原理の具体的な内容は、【図表２３】のとおりです。

【図表２３】法律による行政の原理の内容

法律の留保	法律の優位
一定の行政活動が行われる際には、必ず**法律の根拠**を必要とすること	行政活動は**法律に違反して**行われてはならず、行政活動と法律が矛盾・衝突する場合には**法律が優先し**、法律に違反する行政活動は**効力を有しない**こと

行政行為

1　行政行為とは
　① **行政行為**とは、行政庁が、**法律**によって認められた権能に基づいて、**一方的に国民の権利義務その他の法律的地位**を具体的に決定する行為のことをいいます。
　② ここでは、次頁以降、行政行為の効力、瑕疵ある行政行為、行政行為の分類について学んでいきます。

【確認問題】

□144. 一般に行政とは、国家の統治作用のうち、（　①　）の作用をいい、行政法とは、その作用やこれを行う組織などに関する法の（　②　）のことをいう。

□145. （　①　）の原理とは、行政は、議会が定めた法律に従って行われなければならないことをいう。具体的な内容は次のとおり。
・法律の（　②　）…一定の行政活動が行われる際には、必ず（　③　）を必要とすること
・法律の（　④　）…行政活動は法律に違反して行われてはならず、行政活動と法律が矛盾・衝突する場合には（　⑤　）し、法律に違反する行政活動は（　⑥　）こと

□146. 行政行為とは、行政庁が、法律によって認められた権能に基づいて、（　①　）に国民の（　②　）その他の法律的地位を具体的に決定する行為のことをいう。

2 行政行為の効力

行政行為には次の【図表24】のような効力があるとされています。

【図表24】行政行為の効力

公定力	行政行為が不当であっても重大かつ明白な瑕疵がなければ、権限ある国家機関（行政庁・裁判所）によって取り消されない限り、一応有効なものとされる効力のこと
自力執行力	行政行為の相手方が、その行政行為によって課された義務を任意に履行しないときに、行政庁が行政行為自体を根拠として、その義務を**強制的**に執行できる効力のこと
不可争力	一定期間内に**行政事件訴訟法**による取消訴訟の提起や、**行政不服審査法**による不服申立てなどをしなければ、行政行為の取消しを争えなくなる効力のこと
不可変更力	行政上の不服申立てに対する決定や裁決など、その性質上または一定の手続きを経た結果として、処分行政庁もこれらを自由に変更できない効力のこと
拘束力	行政行為が外形的に存在する以上、当事者がその行政行為の法律効果に拘束される効力のこと

3 瑕疵ある行政行為

① **瑕疵ある行政行為**とは、その内容や手続において、法律や公益に反する欠陥を抱える行政行為のことをいい、次の【図表25】のように大きく分けることができます。

② 瑕疵ある行政行為のうち、不当な行政行為は違法ではないので、**司法審査の対象とはならない**とされています。よって、行政庁が**自ら職権で取り消す**か、**行政不服審査法の不服申立て**によってのみ、その効力を否定することができます。

【図表25】瑕疵ある行政行為

違法な 行政行為	取り消すことができる行政行為	行政行為に瑕疵があるが、正当な権限を有する行政庁または**裁判所が取り消すまでは一応有効**とされる行為
	無効な 行政行為	**重大かつ明白な瑕疵**があるため、**初めから法的効力が発生していない**とされる行為
不当な行政行為		法律に違反してはいないが、裁量行為を誤ったために、**不適切な判断**をしてしまった行政行為

第6章 行政法

【確認問題】

□147. 行政行為には、次のような効力があるとされる。

（　①　）力	行政行為が不当であっても重大かつ明白な瑕疵がなければ、権限ある国家機関（行政庁・裁判所）によって取り消されない限り、（　②　）なものとされる効力のこと
（　③　）力	行政行為の相手方が、その行政行為によって課された（　④　）を任意に履行しないときに、行政庁が行政行為自体を根拠として、その（　④　）を（　⑤　）に執行できる効力のこと
（　⑥　）力	一定期間内に（　⑦　）法による取消訴訟の提起や、（　⑧　）による不服申立てなどをしなければ、行政行為の取消しを争えなくなる効力のこと
（　⑨　）力	行政上の不服申立てに対する決定や裁決など、その性質上または一定の手続きを経た結果として、処分行政庁もこれらを自由に変更できない効力のこと
（　⑩　）力	行政行為が外形的に存在する以上、当事者がその行政行為の法律効果に拘束される効力のこと

□148. 瑕疵ある行政行為とは、その内容や手続において、法律や公益に反する欠陥を抱える行政行為のことをいい、次のように大別される。

（　①　）な行政行為	（　②　）ことができる行政行為	行政行為に瑕疵があるが、正当な権限を有する行政庁または裁判所が（　②　）までは（　③　）とされる行為
	（　④　）な行政行為	重大かつ明白な瑕疵があるため、初めから法的効力が発生していないとされる行為
（　⑤　）な行政行為		法律に違反してはいないが（　⑥　）行為を誤ったために、不適切な判断をしてしまった行政行為

□149. 上記⑤の行政行為は、（　①　）ではないので（　②　）の対象とはならない。よって、行政庁自らが（　③　）で取り消すか、（　④　）法の不服申立てによってのみ、その効力が否定される。

72

4 行政行為の種類

行政行為は、次の【図表２６】【図表２７】のように、行政庁の**意思表示によって**成立する**法律行為的行政行為**と、行政庁の**意思表示に基づかず**、法律の規定に基づいて効果が発生する**準法律行為的行政行為**に分けられます。

【図表２６】法律行為的行政行為の種類

命令的行為	下命	国民に一定の作為義務を与える行政行為 ex.違法建築の除去命令、納税など
	免除	法令などによって一般的に作為義務が課されている場合に、これを解除すること（下命の解除）　ex.納税の免除
	禁止	国民に一定の不作為義務を与える行政行為 ex.営業停止、通行禁止
	許可	一般的に禁止されている行為につき、これを特定人において解除すること(禁止の解除)　ex.自動車の運転免許、営業許可
形成的行為	特許	国民が有しない権利などを与える行政行為（設権） ex.公益法人設立の許可、帰化の許可
	剥権	特許によって与えられた権利や法的地位を剥奪する行政行為 ex.公益法人認可の取消し
	認可	私人間で行われた契約などの法律行為を補充することによって、その効果を完成させる行政行為　ex.農地の権利移転の許可、公共料金の改定
	代理	第三者がするべき行為を行政が代わって行い、第三者自らが行ったときと同じ効果を発生させる行政行為　ex.土地収用法に基づく収用裁決

【図表２７】準法律行為的行政行為の種類

確認	ある事実や法律関係が存在するか否かを公的に判断する行政行為 ex.当選人の決定、審査請求の裁決、建築確認
公証	ある事実や法律関係の存在を公的に証明する行為のうち、法律によってその法的な効果の発生が予定されている行政行為　ex.証明書の交付
通知	特定の事項を知らせる行政行為　ex.納税の督促
受理	人の行為を有効な行為として受け付けることにより、法的な効果が発生する行政行為　ex.各種申請の受理や届出

第6章 行政法

【確認問題】

□150. 行政行為は、行政庁の意思表示によって成立する（　①　）行政行為と、行政庁の意思表示に基づかず、法律の規定に基づいて効果が発生する（　②　）行政行為とに大別される。前者は、（　①　）行為と、（　②　）行為に分類される。

□151. 上記①のうち、本来国民がもっている自由を制限する（　①　）行為には、次のようなものがある。

（　②　）	国民に一定の作為義務を与える行政行為
（　③　）	法令などによって一般的に作為義務が課されている場合に、これを解除すること
（　④　）	国民に一定の不作為義務を与える行政行為
（　⑤　）	一般的に禁止される行為につき、これを特定人において解除すること

□152. 上記150①のうち、本来国民がもっていない権利などを与える（　①　）行為には、次のようなものがある。

（　②　）	国民が有しない権利などを与える行政行為
（　③　）	特許によって与えられた権利や法的地位を剥奪する行政行為
（　④　）	私人間で行われた契約などの法律行為を補充することによってその効果を完成させる行政行為
（　⑤　）	第三者がするべき行為を行政が代わって行い、第三者自らが行ったときと同じ効果を発生させる行政行為

□153. 上記150の②には、次のようなものがある。

（　①　）	ある事実や法律関係が存在するか否かを公的に判断する行政行為
（　②　）	ある事実や法律関係の存在を公的に証明する行為のうち、法律によってその法的な効果の発生が予定されている行政行為
（　③　）	特定の事項を知らせる行政行為
（　④　）	人の行為を有効な行為として受け付けることによって、法的な効果が発生する行政行為

74

行政裁量

① **行政裁量**とは、行政行為が行われるに際して、根拠法令の解釈や適用について、行政庁に許される**判断の余地**のことをいい、次の【図表２９】ように大別されます。
② なお、準法律行為的行政行為は、法律の規定に基づいて効果が発生するので、行政裁量は認められないとされています。

【図表２８】行政裁量

自由裁量	行政による裁量が認められるもののうち、**当・不当の問題が生ずるのみ**で、原則として**司法審査が及ばず**、裁量権の**踰越や濫用がある場合にのみ司法審査が及ぶもの**
羈束裁量	行政による裁量が認められるもののうち、裁量内の行為であっても**適法・違法の問題が生ずるため、司法審査の及ぶもの**

行政強制

① **行政強制**とは、行政目的を達成させるために、国民の身体や財産に対して**実力を行使**し、行政上必要な状態を実現させることをいいます。
② 行政強制には、次の【図表３０】のようなものがあります。

【図表２９】行政強制の種類

代執行	国民が義務を履行しないときに、行政機関自らが、義務者のなすべき行為を行うこと
強制徴収	行政上の一定の金銭債権について、民事執行法上の強制執行の手続きによらないで行政機関が強制的に徴収すること
執行罰	行政上の義務の不履行に対して過料を課し、間接的に履行を促すもの
直接強制	義務者の身体または財産に直接実力を加えて、義務が履行されたのと同一の状態を実現する作用で、代執行以外のもの
即時強制	国民の義務の存在を前提とせず、目前急迫の障害を除くために、行政機関が直接に国民の身体や財産に実力を加えて行政目的を実現すること

第6章 行政法

【確認問題】

□154. 行政裁量とは、行政行為が行われるに際して、根拠法令の解釈や適用について、行政庁に許される（　①　）のことをいい、次のように大別されるものである。

（　②　）裁量	行政による裁量が認められるもののうち、当・不当の問題が生ずるのみで、原則として（　③　）が及ばず、裁量権の（　④　）や（　⑤　）がある場合にのみ（　③　）が及ぶもの
（　⑥　）裁量	行政による裁量が認められるもののうち、裁量内の行為であっても適法・違法の問題が生ずるため、（　③　）の及ぶもの

□155. 行政強制とは、行政目的を達成させるために、国民の身体や財産に対して実力を行使し、行政上必要な状態を実現させることをいう。行政強制には次のようなものがある。

（　①　）	国民が義務を履行しないときに、行政機関自らが、義務者のなすべき行為を行うこと
（　②　）	行政上の一定の金銭債権について、民事執行法上の強制執行の手続きによらないで行政機関が強制的に徴収すること
執行罰	行政上の義務の不履行に対して過料を課し、間接的に履行を促すもの
（　③　）強制	義務者の身体または財産に直接実力を加えて、義務が履行されたのと同一の状態を実現する作用で、代執行以外のもの
（　④　）強制	国民の義務の存在を前提とせず、目前急迫の障害を除くために、行政機関が直接に国民の身体や財産に実力を加えて行政目的を実現すること

76

国家賠償

① **国家賠償**とは、公務員が**公権力を行使**する職務を行う際に、**故意または過失**によって違法に他人に**損害**を加えた場合や、公の営造物の設置・管理の瑕疵によって他人に**損害**を生じた場合に、その他人に対して、**国や地方公共団体が行う損害賠償の**ことをいいます。

② この場合、違法行為を行った公務員個人に対しては、損害賠償を請求することはできません。但し、国家賠償が行われた場合において、**当該公務員に故意または重大な過失**があれば、当該公務員は国などから**求償権**を行使されることがあります。

損失補償

損失補償とは、**適法**な公権力の行使によって加えられた財産上の**特別の犠牲**に対して、私有財産の保障と平等負担の見地から、これを調整するために行われる**財産的填補**のことをいいます。

行政手続法

（1）目 的
行政手続法は、行政機関が行う**行政処分**や**行政指導**、**届出**などに関する手続きについての共通事項を定めることにより、行政運営における**公正の確保**と**透明性の向上**を図り、国民の権利利益の保護に資することを目的とする法律です。

（2）内 容
① 行政庁は、許認可等の判断をするために必要な**審査基準を定めなければならない**とされています。

② 行政庁は、申請から処分まで通常要する**標準的な期間を定めるよう努めなければならない**とされています。

③ 行政庁は、**不利益処分**をしようとする場合には、不利益処分をしようとする者に対して、**聴聞または弁明の機会**を付与しなければならないとされています。聴聞は、原則として出頭などの形で行われ、許認可の取消しなど不利益処分を下す場合に行われます。弁明は、原則書面の提出によって行われ、上記以外の場合に行われます。

④ **行政指導**とは、行政目的を実現するため一定の作為または不作為を求める指導、勧告、助言その他の行為で、**行政処分に該当しないもの**をいいます。この行政指導は、**相手方（国民）の任意の協力**によってのみ実現されるもので、相手方が行政指導に従わなかったことを理由に、何らかの**不利益な取扱いをしてはならない**と規定されています。また、行政指導に際しては、根拠となる法令の条項などを示さなければならず、行政指導が法律の要件に適応しないと考えられる場合は、行政指導の**中止**を求めることができると規定されています。

第6章 行政法

【確認問題】

□156. 国家賠償とは、公務員が公権力を行使する職務を行う際に、（ ① ）または（ ② ）によって（ ③ ）に他人に損害を加えた場合や、公の営造物の設置・管理の瑕疵によって他人に損害を生じた場合に、その他人に対して国や（ ④ ）が行う損害賠償のことをいう。

□157. 国家賠償が行われた場合において、当該公務員に（ ① ）または（ ② ）があった場合は、当該公務員は国などから（ ③ ）を行使されることがある。

□158. 損失補償とは、（ ① ）な公権力の行使によって加えられた財産上の（ ② ）の犠牲に対して、私有財産の保障と平等負担の見地から、これを調整するために行われる財産的填補のことをいう。

□159. 行政手続法は、行政機関が行う（ ① ）や（ ② ）、（ ③ ）などに関する手続きに関する共通事項を定めることにより、行政運営における（ ④ ）と（ ⑤ ）を図り、国民の権利利益の保護に資することを目的とする。

□160. 行政庁は、許認可等の判断をするために必要な（ ① ）を定め（ ② ）。

□161. 行政庁は、申請から処分まで通常要する（ ① ）を定め（ ② ）。

□162. 行政庁は、（ ① ）をしようとする場合には、次の機会を付与しなければならない。
・（ ② ）…原則（ ③ ）などの形で行われ、許認可の取消しなどを行う場合に行われる
・（ ④ ）…原則書面の提出によって行われ、上記以外の場合に行われる

□163. 行政指導とは、行政目的を実現するため一定の作為または不作為を求める指導、（ ① ）、助言その他の行為で、（ ② ）に該当しないものをいう。

□164. 行政指導は、相手方（国民）の（ ① ）によってのみ実現されるもので、相手方が行政指導に従わなかったことを理由に、何らかの（ ② ）な取扱いをしてはならない。また、行政指導に際しては、根拠となる法令の条項などを示さなければならず、行政指導が法律に規定する要件に適応しないと考えるときは、行政指導の（ ③ ）を求めることができる。

行政不服審査法

（1）目 的
行政不服審査法に基づく**行政不服審査制度**とは、行政庁の行政行為に関し、国民がその見直しを求めて行政庁に不服を申し立てる制度であり、**簡易迅速**な手続きにより、国民の権利・利益の救済を図ることを目的としています。

（2）内 容
① 行政庁の処分に不服がある者は、原則として処分があったことを知った日の翌日から起算して**3ヶ月以内**に、処分庁の上級行政庁に対して**審査請求**をすることができます。なお、正当な理由があるときの当該期間は**1年**となり、また、行政庁の**不作為**についてはその性質上、当該期間の制限はありません。

② 審査請求がされた場合に、当該審査を行う行政庁を**審査庁**といい、審査庁の職員のうち、当該処分に関与しない者（この者を**審理員**という）が、両者の主張を公正に審理します。

③ **審査庁**は、当該審査に必要な**標準審理期間を定めるよう努めなければならない**ものとされています。

④ 審査庁の裁決は、原則として、第三者機関である**行政不服審査会**への諮問・答申に基づかなければならないものとされています。

⑤ 個別法の規定があるときは、**再審査請求**をすることができます。再審査請求は、審査請求に対する裁決があった日の翌日から起算して**1ヶ月以内**に、処分庁の最上級行政庁に対してすることができます。再審査請求の審理手続等は、審査請求と基本的に同じです。

⑥ **再調査の請求**とは、処分庁に対する請求であり、処分庁が簡易な手続きで事実関係の調査をすることによって処分の見直しを行うことをいいます。不服申立てが大量にあるものについて、個別法の規定がある場合に限り、例外的に認められています。

⑦ 再調査では、審理員による審理はされず、行政不服審査会への諮問に関する規定もありません。

（3）審査請求前置主義
① 原則として、審査請求をすることができる処分についても、審査請求をすることなく直ちに（後述する）取消訴訟を提起できるのが原則です。これを**自由選択主義**といいます。

② しかし、一定の行政処分については、**審査請求を経た後でなければ取消訴訟を提起できない**ことになっています。これを**審査請求前置主義**といいます。

③ 審査請求前置主義は、次のような場合に採用されています。
・特許法や電波法など、不服申立ての手続に一審代替性があり（第一審が高裁とされている場合）、国民の手続負担の軽減が図られている場合
・国民年金法や労災保険法、国税通則法など、年間1,000件を超えるような大量の不服申立てがあり、直ちに出訴されると**裁判所の負担が過大**となる場合
・公害健康被害補償法や国家公務員法など、**第三者機関が、高度に専門的・技術的な判断**を行うことなどにより、裁判所の負担が低減される場合

第6章 行政法

【確認問題】

□165.（ ① ）法に基づく（ ① ）制度とは、行政庁の行政処分に関し、国民がその見直しを求めて行政庁に不服を申し立てる制度であり、（ ② ）な手続きにより、国民の権利・利益の救済を図ることを目的とするものである。

□166. 行政庁の処分に不服がある者は、原則として処分があったことを知った日の翌日から起算して（ ① ）以内に、処分庁の上級行政庁に対して（ ② ）をすることができる。なお、正当な理由があるときの当該期間は（ ③ ）となり、また、行政庁の（ ④ ）についてはその性質上、当該期間の制限はない。

□167. 上記の請求がされた場合に、当該審査を行う行政庁を（ ① ）といい、（ ① ）の職員のうち、当該処分に関与しない者（この者を（ ② ）という）が、両者の主張を公正に審理する。

□168. 審査庁は、当該審査に必要な（ ① ）を定め（ ② ）。

□169. 審査庁の裁決は、第三者機関である（　　　）への諮問・答申に基づかなければならない。

□170. 個別法の規定があるときは、（ ① ）をすることができる。（ ① ）は、審査請求に対する裁決があった日の翌日から起算して（ ② ）以内に、処分庁の最上級行政庁に対してすることができる。

□171.（ ① ）とは、（ ② ）に対する請求であり、（ ② ）が簡易な手続きで事実関係の調査をすることによって処分の見直しを行うことをいう。

□172. 法令の規定により（ ① ）をすることができるとされている処分についても、（ ① ）をすることなく直ちに取消訴訟を提起することができるのが原則である。これを（ ② ）主義という。しかしし、（ ① ）に対する裁決を経た後でなければ取消訴訟を提起できないとする定めがある場合は、（ ① ）を経た後でなければ取消訴訟を提起することができない。これを（ ③ ）主義という。

行政事件訴訟法

① **行政事件訴訟法**は、**行政事件訴訟**（行政権の行使の**適法性**や、行政上の法律関係をめぐる紛争に関する訴訟）に関する手続きを定めた法律であり、行政によって権利や利益を侵害された**国民の救済**及び**行政の適法性の確保**などを目的とするものです。

② 行政事件訴訟は、抗告訴訟・当事者訴訟・民衆訴訟・機関訴訟の４つの類型に分けられますが、このうち中心的なものが**抗告訴訟**です。

③ **抗告訴訟**とは、行政庁の公権力の行使に対する不服の訴訟のことであり、これには次の**【図表３２】**のようなものがあります。

【図表３０】抗告訴訟の種類

処分の取消しの訴え	行政庁の処分その他公権力の行使に当たる行為の取消しを求める訴訟
裁決の取消しの訴え	**審査請求**などに対する行政庁の裁決、決定その他の行為の取消しを求める訴訟
無効等確認の訴え	処分や裁決の存否、またはその効力の有無の確認を求める訴訟
不作為の違法確認の訴え	行政庁が法令に基づく申請に対し、相当の期間内になんらかの処分または裁決をすべきにかかわらず、これをしないことについての違法の確認を求める訴訟
義務付けの訴え	行政庁が一定の処分や裁決をすべきであるにかかわらずこれをしないときに、行政庁がその処分または裁決をすべき旨を命ずることを求める訴訟
差止めの訴え	行政庁が一定の処分または裁決をすべきではないにかかわらず、これをしようとしている場合に、行政庁がその処分または裁決をしてはならない旨を命ずることを求める訴訟

④ 上記**【図表３２】**の処分取消しの訴えと**裁決取消しの訴え**を、あわせて**取消訴訟**といいます。

⑤ **取消訴訟**は、処分等の取消しを求めることについて、**法律上の利益を有する者のみ**が提起できます。

⑥ **取消訴訟**は、処分等があったことを知った日から**6ヶ月以内**または処分等があった日から**1年以内**に提起する必要があります。

⑦ なお、取消訴訟の提起があっても、原則として、処分の効力や手続きは停止しないものとされています。

第6章 行政法

【確認問題】

□173. （　①　）法は、（　①　）（行政権の行使の（　②　）や、行政上の法律関係をめぐる紛争に関する訴訟）に関する手続きを定めた法律であり、行政によって権利や利益を侵害された（　③　）及び行政の（　②　）の確保などを目的とするものである。

□174. 抗告訴訟には、次のような種類のものがある。

処分の取消しの訴え	行政庁の処分その他公権力の行使に当たる行為の取消しを求める訴訟
裁決の取消しの訴え	（　①　）等に対する行政庁の裁決、決定その他の行為の取消しを求める訴訟
無効等確認の訴え	処分や裁決の存否、またはその効力の有無の確認を求める訴訟
（　②　）の違法確認の訴え	行政庁が法令に基づく申請に対し、相当の期間内になんらかの処分または裁決をすべきにかかわらず、これをしないことについての違法の確認を求める訴訟
（　③　）の訴え	行政庁が一定の処分や裁決をすべきであるにかかわらずこれをしないときに、行政庁がその処分または裁決をすべき旨を命ずることを求める訴訟
（　④　）の訴え	行政庁が一定の処分または裁決をすべきではないにかかわらず、これをしようとしている場合に、行政庁がその処分または裁決をしてはならない旨を命ずることを求める訴訟

□175. 抗告訴訟うち、（　①　）の訴えと（　②　）の訴えとを、あわせて取消訴訟という。

□176. 取消訴訟は、処分等の取消しを求めることについて、（　①　）を有する者のみ提起することができ、処分等があったことを知った日から（　②　）または処分等があった日から（　③　）に提起しなければならない。

第7章　刑　法

刑法総論

1　刑法とは
① 　**刑法**とは、どのような行為が**犯罪**となって、それに対してどのような**刑罰**が科せられるかを定めた法律の総称のことをいいます。
② 　刑法には、狭義の刑法のほか、軽犯罪法や覚醒剤取締法などの特別刑法、公職選挙法や道路交通法などの行政刑法などがあります。
③ 　本章では、以下、狭義の刑法について学んでいきます。

2　刑法の機能
刑法には、次のような機能があるとされています。
- **規制的機能**…国民が社会の秩序を乱すような行動をしないようコントロールする機能
- **自由保障機能**…国家権力が恣意的に犯罪者をつくり出して国民の人権を侵害することのないよう、国民の自由を保障する機能
- **法益保護機能**…個人や社会、国家の有する法律上の利益を保障する機能
　　　　　　　　（ex. 殺人罪を定めることによって個人の生命を保護する、放火罪を定めることにより社会の安全を保障する）

3　刑　罰
① 　現在、我が国には、重い順に**死刑、懲役、禁錮、罰金**などの刑罰があります。
② 　刑罰の必要性については、次のような議論があります。
- **応報刑論**…刑罰とは、犯罪に対する「報い」であって「償い」であるから、犯罪の結果の大小（被害者の数や被害状況など犯罪の**客観的**側面）に応じて刑罰が科せられるべきとする考え方
- **目的刑論**…刑罰とは、国民一般の犯罪を予防したり（**一般予防**）、犯罪者が再び犯罪を犯すのを予防するもの（**特別予防**）であるから、犯罪者の動機や反省の程度（犯罪の**主観的**側面）を重視して刑罰を科すべきであるとする考え方

4　罪刑法定主義
① 　罪刑法定主義の意義については、第3章を参照して下さい。
② 　罪刑法定主義からは、次のような原則が導き出されるとされています。
- **事後法の禁止**…実行の時に適法であった行為は、後に制定された法律によって処罰してはならない（憲法39条参照）
- **慣習法の禁止**…慣習や条理を刑法の法源とすることはできない
- **明確性の原則**…刑罰法規は明確なものでなければならない
- **犯罪と刑罰の均衡**…犯罪行為とそれに対する刑罰はバランスのとれたものでなければならない
- **絶対的不定期刑の禁止**…刑の種類や期間などの定めない刑は禁止される（cf. 刑期の上限と下限を定める相対的不定期刑は認められる）

第 7 章 刑法

【確認問題】

□177. 刑法とは、どのような行為が（　①　）となって、それに対してどのような（　②　）が科せられるかを定めた法律の総称のことをいう。

□178. 刑法には、次のような機能があるとされる。
・（　①　）機能…国民が、社会の秩序を乱すような行動をしないようコントロールする機能
・（　②　）機能…国家権力が恣意的に犯罪者をつくり出して国民の人権を侵害することのないよう、国民の自由を保障する機能
・（　③　）機能…個人や社会、国家の有する法律上の利益を保障する機能

□179. 現在、我が国の刑罰には、重い順に（　①　）・（　②　）・（　③　）・（　④　）などがある。

□180. 刑罰の必要性については、次のような議論がある。
・（　①　）論…刑罰とは、犯罪に対する「報い」であって「償い」であるから、犯罪の結果の大小（被害者の数や被害状況など犯罪の客観的側面）に応じて刑罰が科せられるべきとする考え方
・（　②　）論…刑罰とは、国民一般の犯罪を予防したり（（　③　））、犯罪者が再び犯罪を犯すのを予防するもの（（　④　））であるから、犯罪者の動機や反省の程度（犯罪の主観的側面）を重視して刑罰を科すべきであるとする考え方

□181. 罪刑法定主義からは、次のような原則が導き出される。
・（　①　）の禁止…実行の時に適法であった行為は、後に制定された法律によって処罰してはならない
・（　②　）法の禁止…慣習や条理を刑法の法源とすることはできない
・（　③　）性の原則…刑罰法規は（　③　）なものでなければならない
・犯罪と刑罰の（　④　）…犯罪行為とそれに対する刑罰はバランスのとれたものでなければならない
・（　⑤　）の禁止…刑の種類や期間などの定めない刑は禁止される

84

犯罪の成立

1 犯罪の成立要件
刑法上の犯罪が成立するためには、【図表３３】にある3つの要件を満たす必要があります。

【図表３１】犯罪の成立要件

構成要件に該当すること	刑法によって犯罪とされた行為をしたこと
違法性阻却事由がないこと	上記の行為を**違法としない理由がない**こと
有責性があること	犯罪を行った者に**刑事責任能力**があること

2 違法性阻却事由
上記【図表３３】の**違法性阻却事由**は、次の【図表３４】のとおりです。構成要件に該当する行為はすべて違法な行為ですが、これに該当する場合でも違法性が阻却されれば違法とはならないので、犯罪は成立しません。

【図表３２】違法性阻却事由

正当行為	法令によって正当行為とされているものであること （ex. 警察官による逮捕（法令行為）や、医師による手術（正当業務行為））
正当防衛	**急迫不正の侵害**に対し、自分または他人の生命・権利を防衛するため、**やむを得ずにした行為**であること
緊急避難	自己または他人の生命や身体、自由、財産に対する**現在の危難**を避けるため、**やむを得ずにした行為**であること

3 有責性
① **心神喪失者**と**刑事未成年者**は、刑事責任能力がない者（**有責性がない**）とされており、これらの者の犯罪行為は罰しない（**無罪となる**）ものとされています。
② **心神喪失者**とは、精神の障害により自己の行為の**是非を弁別**し、または**その弁別に従って行動する能力がない**者をいいます。
③ **刑事未成年者**とは、**14歳未満の者**をいいます。
④ なお、**心神耗弱者**とは、精神の障害により自己の行為の**是非を弁別**し、または**その弁別に従って行動する能力が著しく低い**者をいい、心神耗弱者が行った犯罪行為については、**必要的に減軽する**（**無罪ではない**）ものとされています。

第7章 刑法

【確認問題】

□182. 刑法上の犯罪が成立するためには、次の要件を満たす必要がある。
・（　①　）すること…刑法によって犯罪とされた行為をしたこと
・（　②　）こと…上記の行為を違法としない理由がないこと
・（　③　）こと…犯罪を行った者に刑事責任能力があること

□183. 上記②は次のようなものがあり、次のいずれかの事由が認められる場合は、犯罪は成立しない。
・（　①　）…法令によって正当行為とされているものであること
・（　②　）…急迫不正の侵害に対し、自分または他人の生命・権利を防衛するため、（　③　）にした行為であること
・（　④　）…自己または他人の生命や身体、自由、財産に対する現在の危難を避けるため、（　③　）にした行為であること

□184. （　①　）とは、精神の障害により自己の行為の（　②　）を弁別し、またはその弁別に従って行動する能力が（　③　）者をいう。また、刑事未成年者とは、（　④　）の者をいう。これらの者が行った犯罪行為は（　⑤　）とされている。

□185. （　①　）とは、精神の障害により自己の行為の（　②　）を弁別し、またはその弁別に従って行動する能力が（　③　）者をいう。（　①　）が行った犯罪行為については、（　④　）ものとされている。

4 故意・過失

① 犯罪行為が成立するには、行為者に犯罪を犯す意思が必要であります。この意思のことを**故意**といいます。

② **故意**が認められるためには、行為者に犯罪事実を認識することが必要とされています。

③ 但し、**違法性の認識までは不要**とされています。すなわち、自分の行為が「悪いことである」という認識があればよく、その行為が「違法かどうか」までの認識は不要であるということです。

5 過 失

① 刑法は、故意犯を処罰するのを原則としていますので、**過失犯**を処罰するには、特別の規定があることが必要となります。

② 過失犯が認められるには、行為者に**犯罪事実の認識がない**こと、及び、**注意義務違反がある**ことが必要です。

③ **注意義務違反**とは、法律上、意識を緊張させて結果の発生を予見してそれを回避すべきであったのに、これを怠ったことをいいます。

④ なお、業務上の過失とは、行為者が業務上必要な注意を怠った場合をいい、また、重大な過失とは、行為者の注意義務違反の程度が著しい場合をいいます。

刑法各論

個人的法益に対する罪

1 殺人罪

① 刑法199条は、**殺人罪**を定めた規定であり、「**人を殺した者は、死刑**または**無期もしくは5年以上の懲役に処する。**」と定めています。なお、殺人の故意はあったが死亡させるに至らなかったときは、殺人未遂罪が成立します。

② また、刑法202条は、「人を**教唆**しもしくは**幫助**して**自殺させ**、または人をその**嘱託**を受けもしくはその**承諾**を得て殺した者は、6ヶ月以上7年以下の懲役または禁錮に処する。」と定めています。「教唆」とはそそのかすこと、「幫助」とは手伝うことをいいます。

2 暴行罪

① 刑法208条は、**暴行罪**を定めた規定であり、「**暴行を加えた者が人を傷害するに至らなかったとき**は、2年以下の懲役もしくは30万円以下の罰金または拘留もしくは科料に処する。」と定めています。

② 「**暴行**」とは、直接に他人の身体に向けられた有形力の行使をいいます。

③ 傷害の故意があったが、傷害するに至らなかった場合は、**傷害未遂罪となるのではなく、暴行罪が成立**します。

第7章 刑法

【確認問題】

□186. 犯罪行為が成立するには、行為者に犯罪を犯す意思が必要である。この意思のことを（　①　）という。（　①　）が認められるためには、行為者が犯罪事実を認識することが必要であるが、（　②　）の認識は不要であるとされる。

□187. 刑法は、故意犯を処罰するのが原則であり、（　①　）犯を処罰するには、刑法等に特別の規定があることが必要である。（　①　）が認められるには、行為者に犯罪事実の認識がないこと、及び、（　②　）があることが必要である。

□188. 刑法199条は「人を殺した者は、（　①　）または（　②　）もしくは（　③　）以上の懲役に処する。」と定めている。

□189. 刑法202条は、「人を教唆しもしくは幇助して（　①　）させ、または人をその（　②　）を受けもしくはその（　③　）を得て殺した者は、6ヶ月以上7年以下の懲役または禁錮に処する。」と定めている。

□190. 刑法208条は、「（　①　）を加えた者が人を（　②　）するに至らなかったときは、（　③　）以下の懲役もしくは30万円以下の罰金または拘留もしくは科料に処する。」と定めている。

□191. 傷害の故意があったが、傷害するに至らなかった場合は、（　①　）罪となるのではなく、（　②　）罪が成立する。

3 傷害罪

① 刑法204条は**傷害罪**を定めた規定であり、「人の身体を**傷害**した者は、**15年以下**の懲役または50万円以下の罰金に処する。」と定めています。

② 刑法205条は**傷害致死罪**を定めた規定であり、「身体を**傷害**し、よって人を**死亡**させた者は、**3年以上**の有期懲役に処する。」と定めています。本罪は、**殺人の故意はなかったが、傷害の故意をもって人を死亡させた場合**に成立する犯罪です。

③ 刑法210条は**過失致死罪**を定めた規定であり、「**過失により人を死亡させた者は、50万円以下の罰金に処する。**」と定めています。

④ 刑法211条は**業務上過失致死傷罪**を定めた規定であり、「**業務上必要な注意を怠**り、よって人を死傷させた者は、**5年以下**の懲役もしくは禁錮または100万円以下の罰金に処する。重大な過失により人を死傷させた者も、同様とする。」と定めています。本条の「業務」とは、社会生活上の地位に基づき、**反復継続**して行われうる危険性のある行為をいいます。

4 堕胎罪

① 刑法212条は**堕胎罪**を定めた規定であり、「妊娠中の女子が薬物を用い、またはその他の方法により**堕胎**したときは、**1年以下**の懲役に処する。」と定めています。

② また、刑法214条は、「医師、助産師、薬剤師または医薬品販売業者が**女子の嘱託**を受け、またはその承諾を得て堕胎させたときは、3ヶ月以上5年以下の懲役に処する。よって女子を死傷させたときは、6ヶ月以上7年以下の懲役に処する。」と定めています。

③ 但し、**母体保護法**14条1項の規定により、上記②の犯罪が成立することはほとんどありません。

【条文】母体保護法第１４条第１項

第14条第1項 都道府県の区域を単位として設立された公益社団法人たる医師会の指定する医師…は、次の各号の一に該当する者に対して、**本人及び配偶者の同意**を得て、人工妊娠中絶を行うことができる。
① 妊娠の継続または分娩が**身体的または経済的理由**により母体の健康を著しく害するおそれのあるもの
② **暴行**もしくは**脅迫**によってまたは抵抗もしくは拒絶することができない間に姦淫されて妊娠したもの

5 保護責任者遺棄罪

刑法218条は**保護責任者遺棄罪**を定めた規定であり、「老年者、幼年者、身体障害者または病者を**保護する責任**のある者がこれらの者を**遺棄**し、またはその生存に必要な**保護をしなかった**ときは、3ヶ月以上5年以下の懲役に処する。」と定めています。

6 逮捕・監禁罪

刑法220条は**逮捕・監禁罪**を定めた規定であり、「不法に人を**逮捕**し、または**監禁**した者は、3ヶ月以上7年以下の懲役に処する。」と定めています。

第 7 章 刑法

【確認問題】

□192. 刑法204条は、「人の身体を（　①　）した者は、（　②　）以下の懲役または50万円以下の罰金に処する。」と定めている。

□193. 刑法205条は、「身体を（　①　）し、よって人を（　②　）させた者は、（　③　）以上の有期懲役に処する。」と定めている。本罪は、（　④　）の故意はなかったが、（　①　）の故意をもって人を（　②　）させた場合に成立する犯罪である。

□194. 刑法210条は、「過失により人を（　①　）させた者は、（　②　）に処する。」と定めている。

□195. 刑法211条は、「（　①　）を怠り、よって人を（　②　）させた者は、（　③　）の懲役もしくは禁錮または100万円以下の罰金に処する。重大な過失により人を死傷させた者も、同様とする。」と定めている。

□196. 刑法212条は、「妊娠中の女子が薬物を用い、またはその他の方法により（　①　）したときは、（　②　）以下の懲役に処する。」と定め、また、同214条は、「医師、助産師、薬剤師または医薬品販売業者が女子の（　③　）を受け、またはその（　④　）を得て（　①　）させたときは、3ヶ月以上5年以下の懲役に処する。よって女子を（　⑤　）させたときは、6ヶ月以上7年以下の懲役に処する。」と定めている。

□197. 母体保護法14条1項は、「都道府県の区域を単位として設立された公益社団法人たる医師会の指定する医師…は、次の各号の一に該当する者に対して、（　①　）の同意を得て、人工妊娠中絶を行うことができる。
① 妊娠の継続または分娩が（　②　）または（　③　）理由により母体の健康を著しく害するおそれのあるもの
② 暴行もしくは脅迫によってまたは抵抗もしくは拒絶することができない間に姦淫されて妊娠したもの」と定めている。

□198. 刑法218条は、「老年者、幼年者、身体障害者または病者を（　①　）する（　②　）のある者がこれらの者を（　③　）し、またはその生存に必要な（　①　）をしなかったときは、3ヶ月以上5年以下の懲役に処する。」と定めている。

□199. 刑法220条は、「（　①　）に人を（　②　）し、または（　③　）した者は、3ヶ月以上7年以下の懲役に処する。」と定めている。

7 脅迫罪

刑法222条は**脅迫罪**の規定であり、同条1項は「**生命**、身体、自由、**名誉**または財産に対し害を加える旨を告知して人を**脅迫**した者は、2年以下の懲役または30万円以下の罰金に処する。」と定め、同条2項では「**親族**…に対し害を加える旨を告知して人を脅迫した者も、前項と同様とする。」と定めています。

8 略取・誘拐罪

刑法224条は、「**未成年者**を略取し、または**誘拐**した者は、3ヶ月以上7年以下の懲役に処する。」と定め、225条は、「**営利、わいせつ**、結婚または生命もしくは身体に対する**加害**目的で、人を略取しまたは**誘拐**した者は、1年以上10年以下の懲役に処する。」と定めています。

9 名誉毀損罪

① 刑法230条は名誉毀損罪の規定であり、同条1項では、「**公然**と事実を摘示し、人の**名誉**を毀損した者は、**その事実の有無にかかわらず**、3年以下の懲役もしくは禁錮または50万円以下の罰金に処する。」と定めています。
② 「**公然**」とは、不特定または多人数が**認識することができる状態**をいい、実際に認識されることまでは必要ありません。
③ 「事実の摘示」とは、特定人の社会的評価を害するに足りる事実を、ある程度具体的に示すことをいいます。
④ なお、刑法230条の2では「（上記①の）行為が**公共の利害**に関する事実に係り、かつ、その目的が専ら**公益**を図ることにあったと認める場合には、事実の真否を判断し、**真実であることの証明**があったときは、これを罰しない。」と定めています。

10 窃盗罪

刑法235条は**窃盗罪**の規定であり、「他人の財物を窃取した者は、**窃盗**の罪とし、10年以下の懲役または50万円以下の罰金に処する。」と定めています。

11 強盗罪

① 刑法236条は**強盗罪**の規定であり、同条1項は「**暴行**または**脅迫**を用いて他人の財物を**強取**した者は、**強盗**の罪とし、5年以上の有期懲役に処する。」と定めています。
② また、刑法240条は、「**強盗**が、人を**負傷**させたときは無期または6年以上の懲役に処し、**死亡**させたときは**死刑**または**無期**懲役に処する。」と定めています。

12 恐喝罪

刑法249条は**恐喝罪**の規定であり、同条1項では、「人を**恐喝**して**財物を交付**させた者は、10年以下の懲役に処する。」と定めています。

第 7 章 刑法

【確認問題】

□200. 刑法222条1項は、「（　①　）、身体、自由、（　②　）または財産に対し害を加える旨を告知して人を（　③　）した者は、2年以下の懲役または30万円以下の罰金に処する。」と定めている。

□201. 刑法224条は、「（　①　）を略取し、または（　②　）した者は、3ヶ月以上7年以下の懲役に処する。」と定めている。

□202. 刑法225条は、「（　①　）、（　②　）、結婚または生命もしくは身体に対する（　③　）目的で、人を略取または誘拐した者は、1年以上10年以下の懲役に処する。」と定めている。

□203. 刑法230条1項は、「（　①　）と（　②　）を摘示し、人の（　③　）を毀損した者は、その（　②　）の（　④　）にかかわらず、3年以下の懲役もしくは禁錮または50万円以下の罰金に処する。」と定めている。本条の（　①　）とは、不特定または多人数が（　⑤　）状態をいう。

□204. 刑法230条の2条は、1項で「（上記の）の行為が（　①　）に関する事実に係り、かつ、その目的が専ら（　②　）を図ることにあったと認める場合には、事実の真否を判断し、（　③　）であることの証明があったときは、これを罰しない。」と定めている。

□205. 刑法235条は、「他人の財物を窃取した者は、（　①　）の罪とし、（　②　）以下の懲役または50万円以下の罰金に処する。」と定めている。

□206. 刑法236条1項は、「（　①　）または（　②　）を用いて他人の財物を強取した者は、（　③　）の罪とし、（　④　）以上の有期懲役に処する。」と定め、240条は、「（　③　）が、人を（　⑤　）させたときは（　⑥　）または6年以上の懲役に処し、（　⑦　）させたときは（　⑧　）または（　⑥　）懲役に処する。」と定めている。

□207. 刑法249条1項は、「人を（　①　）して財物を（　②　）させた者は、10年以下の懲役に処する。」と定めている。

１３　詐欺罪

① 刑法246条1項は**詐欺罪**の規定であり、「人を**欺いて**財物を**交付**させた者は、10年以下の懲役に処する。」と定めています。
② 「欺いて」とは、相手方を錯誤に陥らせる行為のことをいいます。
③ 相手方の**任意**による処分行為がなければ、詐欺罪は成立しません。

１４　横領罪

① 刑法252条1項は**横領罪**の規定であり、「**自己の占有する他人の物を横領**した者は、5年以下の懲役に処する。」と定めています。
② 刑法253条は**業務上横領罪**の規定であり、「**業務上自己の占有する他人の物を横領**した者は、10年以下の懲役に処する。」と定めています。
③ 刑法254条は、**遺失物等横領罪**の規定であり、「**遺失物**、漂流物その他**占有を離れた他人の物を横領**した者は、1年以下の懲役または10万円以下の罰金もしくは科料に処する。」と定めています。
④ 「横領」には、他人の物を消費・着服などする事実的処分と、売却するなどの法律的処分の双方が含まれます。

１５　器物損壊罪

刑法261条は**器物損壊罪**の規定であり、「**他人の物を損壊し、または傷害した者は、3年以下の懲役または30万円以下の罰金もしくは科料に処する。**」と定めています。

社会的法益に対する罪

１　放火罪

① 刑法は、108条から118条において、放火及び失火の罪について定めています。
② 刑法108条は、「**放火して、現に人が住居に使用しまたは現に人がいる**建造物、汽車、電車、艦船または鉱坑を焼損した者は、**死刑または無期**もしくは5年以上の懲役に処する。」と定めています。これを**現住建造物等放火罪**といいます。
③ 非現住建造物等放火罪については2年以上の有期懲役、建造物等以外放火罪については1年以上10年以下の懲役となっています。

２　住居侵入罪

刑法130条は**住居侵入罪**の規定であり、「**正当な理由**がないのに、人の住居もしくは人の看守する邸宅、建造物もしくは艦船に**侵入**し、または要求を受けたにもかかわらずこれらの場所から**退去**しなかった者は、3年以下の懲役または10万円以下の罰金に処する。」と定めています。

３　秘密漏示罪

刑法134条1項は**秘密漏示罪**の規定であり、「医師、薬剤師、医薬品販売業者、助産師、弁護士、弁護人、公証人またはこれらの職にあった者が、**正当な理由**がないのに、その**業務上取り扱ったことについて知り得た人の秘密**を漏らしたときは、6ヶ月以下の懲役または10万円以下の罰金に処する。」と定めています。

第7章 刑法

【確認問題】

□208. 刑法246条1項は、「人を（　①　）財物を（　②　）させた者は、10年以下の懲役に処する。」と定めている。

□209. 刑法252条1項は、「自己の（　①　）する（　②　）を（　③　）した者は、5年以下の懲役に処する。」と定め、刑法253条は、「（　④　）（　①　）する（　②　）を（　③　）した者は、10年以下の懲役に処する。」と定めている。

□210. 刑法261条は、「…（　①　）の物を（　②　）し、または傷害した者は、3年以下の懲役または30万円以下の罰金もしくは科料に処する。」と定めている。

□211. 刑法108条は、「（　①　）して、（　②　）が住居に使用しまたは（　②　）がいる建造物、汽車、電車、艦船または鉱坑を焼損した者は、（　③　）または（　④　）もしくは5年以上の懲役に処する。」と定めている。

□212. 刑法130条は、「（　①　）がないのに、人の住居もしくは人の看守する邸宅、建造物もしくは艦船に（　②　）し、または要求を受けたにもかかわらずこれらの場所から（　③　）しなかった者は、3年以下の懲役または10万円以下の罰金に処する。」と定めている。

□213. 刑法134条は、「医師、薬剤師、医薬品販売業者、助産師、弁護士、弁護人、公証人またはこれらの職にあった者が、（　①　）がないのに、その（　②　）取り扱ったことについて知り得た人の（　③　）を漏らしたときは、6ヶ月以下の懲役または10万円以下の罰金に処する。」と定めている。

94

4 通貨偽造罪

① 刑法148条1項は**通貨偽造罪**の規定であり、「**行使の目的**で、通用する貨幣、紙幣または銀行券を**偽造**し、または**変造**した者は、無期または3年以上の懲役に処する。」と定めています。

②「**行使の目的**」とは、実際に偽造・変造したものを使う目的でという意味です。

③「**偽造**」とはゼロから偽物を作り上げることをいい、「**変造**」とは既に存在する物に手を加えて不正な物を作り出すことをいいます。

5 公文書偽造罪

刑法155条1項は**公文書偽造罪**の規定であり、「**行使の目的**で、公務所もしくは**公務員**の印章もしくは署名を使用して、（これらの）作成すべき文書もしくは図画を偽造…した者は、1年以上10年以下の懲役に処する。」と定めています。

6 虚偽公文書作成罪

刑法156条は**虚偽公文書作成罪**の規定であり、「**公務員が、その職務に関し、行使の目的**で、虚偽の文書もしくは図画を作成し、または文書もしくは図画を変造したときは、…（上記5と同様）の例による。」と定めています。

7 公正証書等原本不実記載罪

刑法157条1項は**公正証書等原本不実記載罪**の規定であり、「**公務員に対し虚偽の申立て**をして、登記簿、戸籍簿その他の権利もしくは義務に関する公正証書の原本に**不実の記載をさせ**…た者は、5年以下の懲役または50万円以下の罰金に処する。」と定めています。

8 私文書偽造罪

刑法159条1項は**私文書偽造罪**の規定であり、「**行使の目的で、他人の印章もしくは署名を使用して権利、義務もしくは事実証明に関する文書もしくは図画を偽造し**…た者は、3ヶ月以上5年以下の懲役に処する。」と定めています。

9 虚偽診断書等作成罪

刑法160条は**虚偽診断書等作成罪**の規定であり、「**医師**が公務所に提出すべき診断書、検案書または死亡証書に虚偽の記載をしたときは、3年以下の禁錮または30万円以下の罰金に処する。」と定めています。

10 強制わいせつ罪

刑法176条は**強制わいせつ罪**の規定であり、「**13歳以上**の者に対し、**暴行または脅迫**を用いてわいせつな行為をした者は、6ヶ月以上10年以下の懲役に処する。**13歳未満**の者に対し、わいせつな行為をした者も、同様とする。」と定めています。

11 強制性交等罪

刑法177条は**強制性交等罪**の規定であり、「**13歳以上**の者に対し、**暴行または脅迫**を用いて性交（等）をした者は、強制性交等の罪とし、5年以上の有期懲役に処する。**13歳未満**の者に対し、性交等をした者も、同様とする。」と定めています。

第7章 刑法

【確認問題】

□214. 刑法148条1項は、「（　①　）で、通用する貨幣、紙幣または銀行券を（　②　）し、または（　③　）した者は、（　④　）または3年以上の懲役に処する。」と定めている。

□215. 刑法155条1項は、「刑法第１５５条第１項　（　①　）で、（　②　）もしくは（　③　）の印章もしくは署名を使用して、（これらの）作成すべき文書もしくは図画を（　④　）…した者は、1年以上10年以下の懲役に処する。」と定めている。

□216. 刑法156条は、「（　①　）が、その（　②　）に関し、行使の目的で、（　③　）の文書もしくは図画を作成し、または文書もしくは図画を変造したときは、印章または署名の有無により区別して、前二条の例による。」と定めている。

□217. 刑法157条1項は、「（　①　）に対し（　②　）の申立てをして、登記簿、戸籍簿その他の権利もしくは義務に関する公正証書の原本に（　③　）の記載をさせ…た者は、5年以下の懲役または50万円以下の罰金に処する。」と定めている。

□218. 刑法159条1項は、「行使の目的で、（　①　）の印章もしくは署名を使用して（　②　）、（　③　）もしくは（　④　）に関する文書もしくは図画を偽造し…た者は、3ヶ月以上5年以下の懲役に処する。」と定めている。

□219. 刑法176条は、「（　①　）以上の者に対し、（　②　）または（　③　）を用いてわいせつな行為をした者は、6ヶ月以上10年以下の懲役に処する。（　①　）未満の男女に対し、わいせつな行為をした者も、同様とする。」と定め、また、刑法177条は、「（　①　）以上の者に対し、（　②　）または（　③　）を用いて性交（等）をした者は、強制性交等の罪とし、5年以上の有期懲役に処する。（　①　）未満の者に対し、性交等をした者も、同様とする。」と定めている。

96

国家的法益に対する罪

1 公務執行妨害罪
刑法95条1項は**公務執行妨害罪**の規定であり、「**公務員が職務を執行するに当たり、これに対して暴行または脅迫を加えた者は、3年以下の懲役もしくは禁錮または50万円以下の罰金に処する。**」と定めています。

2 収賄罪
刑法197条1項は**収賄罪**の規定であり、「**公務員が、その職務に関し、賄賂を収受し、またはその要求もしくは約束をしたときは、5年以下の懲役に処する。この場合において、請託を受けたときは、7年以下の懲役に処する。**」と定めています。

3 贈賄罪
刑法198条は**贈賄罪**の規定であり、「…**賄賂を供与し、またはその申込みもしくは約束をした者は、3年以下の懲役または250万円以下の罰金に処する。**」と定めています。

刑事訴訟法

① **刑事訴訟法**とは、逮捕・起訴された**被疑者・被告人**が、実際に**犯罪行為**を行ったのかどうか、**刑罰**を科すべきかどうかなどについて、判断するための手続きを定めた法律のことをいいます。

② 刑事手続きの流れは次のようになっています。

```
警察官が被疑者（容疑者）を逮捕
  ↓ 48時間以内
警察官が検察官に送致（送検）or 釈放
  ↓ 24時間以内
検察官が裁判官に勾留請求 or 釈放
  ↓ 勾留 or 在宅扱い
裁判官が勾留を許可or不許可釈放
  ↓ 10日間（最大10日間延長可能）
検察官が起訴 or 不起訴 or 処分保留で釈放
  ↓
刑事裁判にて有罪（実刑 or 執行猶予）or 無罪
```

③ **（未決）勾留**とは、犯罪容疑で逮捕された者を、裁判で有罪・無罪が決まるまで拘束する処分のこと（留置所・拘置所に入れること）をいいます。被疑者勾留（最大20日間）と被告人勾留（最大2ヶ月（更新可））があります。なお、留置場とは、未決拘禁者（被疑者・被告人）を収容する各都道府県警察内に設置された留置施設のことをいい、拘置所とは主として未決拘禁者を収容する法務省の施設機関のことをいいます。ほとんどの事件では、留置所を勾留の場所として指定し（代用監獄）、起訴後は、拘置所に被告人を移送するという運用が行われています。

④ **起訴**とは、警察・検察の捜査により、被疑者が罪を犯していることが明らかになった場合に、**刑事裁判**を求めることをいいます。

第7章 刑法

【確認問題】

□220. 刑法95条1項は、「（　①　）が（　②　）を執行するに当たり、これに対して（　③　）または（　④　）を加えた者は、3年以下の懲役もしくは禁錮または50万円以下の罰金に処する。」と定めている。

□221. 刑法197条1項は、「（　①　）が、その（　②　）に関し、（　③　）を収受し、またはその（　④　）もしくは（　⑤　）をしたときは、5年以下の懲役に処する。この場合において、請託を受けたときは、7年以下の懲役に処する。」と定めている。

□222. 刑法198条は、「賄賂を（　①　）し、またはその（　②　）もしくは（　③　）をした者は、3年以下の懲役または250万円以下の罰金に処する。」と定めている。

□223. （　①　）法は、逮捕・（　②　）された被疑者・（　③　）が、実際に犯罪行為を行ったのかどうか、刑罰を科すべきかどうかなどについて、判断するための手続きを定めた法律である。

98

第8章　民法・財産編

民法とは

1　民法とは
民法とは、国民の財産関係や家族関係など、国民（私人）相互の関係について規定する法律の総称をいいます。本章では、狭義の民法を中心に学んでいきます。

2　民法の三大原則
　民法は、次の【図表３５】にある3つの原則に基づいて制定されています。

【図表３３】民法の三大原則

所有権絶対の原則	**所有権は絶対**であり、国家権力でもこれを侵害することはできないという原則
私的自治の原則 （契約自由の原則）	自らの私的な生活関係は、**自らの自由な意思で決めることができる**という原則（人が権利を取得したり義務を負担するのは、自分の意思に基づくものでなければならないという原則）
過失責任の原則	**故意または過失**によって他人に損害を与えた場合のみ、損害賠償責任を負うという原則

民法上の能力

1　権利能力
① **権利能力**とは、**私法上の権利義務の帰属主体となることのできる地位または資格**のことをいいます。権利を取得したり、義務を負担することのできる能力です。
② この権利能力は、**自然人と法人**にのみ認められます。
③ 胎児には原則として権利能力は認められません。但し、**不法行為の損害賠償請求、相続、遺贈**の3つの場面においては、例外的に権利能力が認められています。

2　意思能力
① **意思能力**とは、**自己の法律行為の結果を理解できる精神能力のこと**をいいます。例えば、コンビニで商品をレジに持っていけば、その商品の所有権が自分に移る代わりに、代金を支払わなければならないという程度のことが分かる能力であり、通常は7〜10歳程度で備わる精神能力であるとされています。
② この意思能力の有無は具体的な行為ごとに判断され、**意思能力のない者がした法律行為は無効**とされます。
③「**無効**」とは、過去においても未来においても当事者の意図した法律効果は、**一切発生しない**ことをいいます。就学前の幼児や、重度の知的・精神障害者など、意思能力のない者の法律行為は無効とされます。

第8章 民法・財産編

【確認問題】

□224. 民法の三大原則は、次のとおり。
・所有権絶対の原則…所有権は絶対であり、国家権力でもこれを侵害することはできないという原則
・（　①　）の原則…自らの私的な生活関係は、自らの自由な意思で決めることができるという原則（人が権利を取得したり義務を負担するのは、自分の意思に基づくものでなければならないという原則）
・（　②　）の原則…故意または過失によって他人に損害を与えた場合のみ、損害賠償責任を負うという原則

□225. 権利能力とは、（　①　）の（　②　）の帰属主体となることのできる地位または資格のことをいう。権利能力は、（　③　）と（　④　）に認められる。

□226. 胎児には原則として権利能力は認められないが、不法行為の損害賠償請求、相続、遺贈の3つの場面においては権利能力が認められる。

□227. （　①　）とは、自己の法律行為の結果を理解できる精神能力のことをいう。（　①　）の有無は具体的行為ごとに判断され、（　①　）のない者がした法律行為は（　②　）とされる。

100

3 行為能力

① **行為能力**とは、自らの行為による法律行為の効果を**確定的**に自己に帰属させる能力のことをいいます。

② この行為能力は、意思能力を有し、かつ、下記の制限行為能力者以外の者に認められます。

③ 行為能力を有する者が行った契約などの法律行為は、**完全に有効**なものとなります。

制限行為能力者制度

---

1 概　要

① **制限行為能力者**とは、上記3の行為能力が制限されている者のことであり、具体的には、**未成年者・成年被後見人・被保佐人・被補助人**の4者のことをいいます。

② これらの制限行為能力者が**単独**で行った法律行為は**一応有効**なものとされ、**後で取り消すことができる**ものとなります。

③ 「一応有効」な法律行為のことを**「取り消すことができる法律行為」**といいます。

④ 「取り消す」とは、一応有効な法律行為を、行為の時に遡って**無効とすること**をいいます。

⑤ 意思能力の有無は具体的な行為ごとに判断されるため、行為当時に意思能力がなかったことを証明するのは困難です。従って、民法は、判断能力が不十分な者を**制限行為能力者としてパターン化**し、その者の行為を有効としたり無効としたりすることで制限行為能力者の保護と、自己決定の尊重を図っています。

⑥ 制限行為能力者には、それぞれ法律上の保護者が付けられます。法律上の保護者には次のような権限が与えられます。詳細は、以下2から4で学びます。

- **代理権**…本人に代わって法律行為を行うことができる権限
- **同意権**…本人が行う法律行為について、事前に許可をする権限
- **取消権**…本人が行った法律行為を無効にする権限
- **追認権**…本人が行った法律行為について、事後に許可をする権限

---

2 未成年者

① 民法上の**未成年者**とは、**20歳未満の者**のことをいいます。

② 未成年者には、法律上の保護者として、**親権者または未成年後見人**（以下「親権者等」）が付けられます。

③ 親権者等は、**代理権・同意権・取消権・追認権**の4つの権限を有します。

④ 未成年者が単独でした法律行為は**一応有効**なものとされますので、完全に有効な法律行為をする場合には、**親権者等の同意を得るか**、**親権者等が本人に代理してする**必要があります。

⑤ なお、単に**権利を得たり**（ex. 贈与）または**義務を免れる行為**（ex. 債務の免除）をする場合や、**許可された財産の処分**（ex. お小遣い）、**許可された営業に関する行為**については、親権者等の同意は不要です。

第8章 民法・財産編

【確認問題】

□228.（ ① ）とは、自らの行為による法律行為の効果を（ ② ）に自己に帰属
させる能力のことをいい、（ ③ ）の者に認められる。

□229.（ ① ）者とは、上記の能力が制限されている者のことであり、（ ② ）
・（ ③ ）・（ ④ ）・（ ⑤ ）の4者のことをいう。

□230.上記の者が単独で行った法律行為は、（ ① ）なものとされ、後で（ ② ）
ことができる。

□231.民法上の未成年者とは、（ ① ）の者のことをいい、未成年者には、法律上
の保護者として、（ ② ）または（ ③ ）が付される。

□232.未成年者の法律上の保護者は、（ ① ）権・（ ② ）権・（ ③ ）権・（
④ ）権を有する。

□233.未成年者が単独でした法律行為は一応有効なものとされるので、完全に有効な
法律行為をする場合には、（ ① ）を得るか、（ ② ）してする必要がある。

□234.未成年者が、単に（ ① ）または（ ② ）をする場合や、（ ③ ）、許
可された営業に関する行為については、（ ④ ）の同意は不要である。

3 成年後見人

① **成年被後見人**とは、精神上の障害により**判断能力を欠く**者として、**家庭裁判所の審判**を受けた者のことをいいます。

② 成年被後見人が**単独**でした法律行為は一応有効なものとされ、**取り消すことができる**ものとなります。但し、日用品の購入その他**日常生活**に関する行為や、**身分行為**（ex. 結婚）については単独で有効にすることができます。生活必需品の購入などについても取消しの対象としてしまうと、本人の自己決定権に対する過剰な介入となり、また本人の残存能力の活用を妨げて社会からの隔離を助長するためです。

③ 成年被後見人には、法律上の保護者として**成年後見人**が付けられます。

④ 成年後見人は、**代理権・取消権・追認権を有します**が、**同意権は有しません**。成年被後見人は判断能力を欠くので、仮に同意が与えられてもその内容を理解することができず、また、同意のとおりに行動するとも限らないというのがその理由です。

⑤ 成年後見人の有する権限は、日常生活等に関する行為を除き、成年被後見人の行う**全ての法律行為**を対象とします。

4 被保佐人・被補助人

① **被保佐人**とは、精神上の障害により**判断能力が著しく不十分**であるとして**家庭裁判所の審判**を受けた者のことをいい、**被補助人**とは、精神上の障害により**判断能力が不十分**であるとして**家庭裁判所の審判**を受けた者のことをいいます。

② 被保佐人・被補助人が**単独**で行った法律行為は一応有効なものとされ、**取り消すことができる**ものとなります。但し、成年被後見人と同様、日常生活等に関する行為については単独で有効に行うことができます。

③ 法律上の保護者として、被保佐人には**保佐人**が、被補助人は**補助人**が付されます。

④ 保佐人・補助人は、本人が行う**一定の法律行為**について、**同意権・取消権・追認権を有します**が、**代理権は有しません**。但し、**本人の同意**があれば、保佐人・補助人に一定の**代理権を付与**することができます。

⑤ 上記の「**一定の法律行為**」は、金銭の貸借や相続の承認・放棄など、重要な財産などに関する法律行為であり、民法13条1項に掲げられています。保佐人の権限は、この一定の法律行為の**全て**を対象とするのに対し、補助人の権限は、当該行為の**一部**を対象とします。但し、保佐人・補助人に付与される代理権については、一定の法律行為に限定されず、さらに、日常生活に関する行為も対象とすることができます（ex. 介護施設との契約に関する代理権、所有する駐車場の経営に関する代理権）。

【図表３４】制限行為能力者の法律上の保護者の権限　○＝有する、×＝有しない

	親権者等	成年後見人	保佐人・補助人
代理権	○	○	× ※
同意権	○	×	○
取消権・追認権	○	○	○

※ 但し、本人の同意があれば、保佐人・補助人に代理権を付与することができる

【確認問題】

□235. 成年被後見人とは、精神上の障害により判断能力を（ ① ）者として（ ② ）を受けた者のことをいう。

□236. 成年被後見人が単独で行った法律行為は（ ① ）できるものとなるが、法律行為をすることはできないが、日用品の購入その他（ ② ）に関する行為や、（ ③ ）については有効にすることができる。

□237. 成年被後見人には、保護者として（ ① ）がつけられる。（ ① ）は、（ ② ）権・（ ③ ）権・（ ④ ）権を有するが、（ ⑤ ）権は有しない。

□238. 被保佐人とは、精神上の障害により判断能力が（ ① ）であるとして（ ② ）を受けた者のことをいう。被保佐人には、保護者として（ ③ ）が付される。

□239. 保佐人は、（ ① ）権・（ ② ）権・（ ③ ）権を有するが、（ ④ ）権は有しない。但し、（ ⑤ ）があれば保佐人に（ ④ ）権を付与する旨の審判をすることができる。

□240. 被補助人とは、精神上の障害により事理を弁識する能力が（ ① ）であるとして（ ② ）を受けた者のことをいう。被補助人には、保護者として（ ③ ）が付される。

□241. 補助人は、（ ① ）権・（ ② ）権・（ ③ ）権を有するが、（ ④ ）権は有しない。但し、（ ⑤ ）があれば補助人に（ ④ ）権を付与する旨の審判をすることができる。

□242. 保佐人の権限は、民法13条1項に掲げられている法律行為の（ ① ）を対象とするのに対し、補助人の権限は、当該行為の（ ② ）を対象とする。

後見制度

1 概要
① **後見制度**とは、**判断能力が不十分な者**に法律上の保護者を付して、その者を保護する制度のことをいいます。
② 後見制度は、**成年後見**と**未成年後見**に大別されます。そして、成年後見は、**法定後見**と**任意後見**に分けられます。
③ **法定後見**は、前頁までの**制限行為能力者制度**のうち、「後見」「保佐」「補助」のことをいいます。
④ **未成年後見**とは、**親権者がいない場合**などに、当該未成年者を「法律上の親代わり」である**未成年後見人**の保護の下に置く制度のことをいいます。
⑤ 成年後見は、本人の判断能力を問題とする制度であるのに対し、未成年後見制度は、本人の判断能力を問題にしません。従って、本人が未成年者である場合でも、判断能力に問題があれば、「成年」後見制度を利用することができます。

2 法定後見

（1）申立て
① 法定後見を利用とする場合は、**本人・配偶者・4親等内の親族・検察官**などが、**家庭裁判所**に対して申立てをする必要があります。なお、老人福祉法や知的障害者福祉法、精神保健福祉法に基づき、**市町村長**が申立てをする場合もあります。
② **後見**開始の審判及び**保佐**開始の審判の申立てに際して**本人の同意は不要**ですが、**補助**開始の審判の申立てには、**本人（被補助人となる者）の同意が必要**です。
③ なお、**未成年者**や、家庭裁判所で**解任**された成年後見人等や、**破産者**、成年被後見人等に対して**訴訟をした者**などは、成年後見人等になることができません。
④ なお、成年後見人等の員数に制限はなく、また、成年後見人等は自然人のみならず、法人でもよいとされています。

（2）職務等
① **成年後見人**の職務は、**財産管理**に関する事務と**身上監護**に関する事務とに分けられます。**財産管理**とは、本人の財産管理や契約などの法律行為を行うことをいい、**身上監護**とは、生活・医療・介護などに関する契約や手続きを行うことをいいます（成年後見人自らが介護等の事実行為を行う必要はありません）。なお、身上監護（療養看護）の業務には、医療サービスの契約締結は含まれますが、医療行為（ex.延命措置の中止、手術への同意など）に対する同意権は、一身専属性が極めて高いことから、これに含まれないと解されています。
② 成年後見人等は、その職務を行うにあたっては**善管注意義務**を負います。善管注意義務とは、債務者の属する職業や社会的・経済的地位において、一般的な平均人として要求される注意義務をいいます（本人の資質など個人的な能力の差は問題とされません）。なお、行為者自身の職業・性別・年齢など個々の具体的注意能力に応じた注意義務を、**自己の財産におけると同一の注意義務**といいます。
③ 成年後見人等は、その業務を行うに当たっては、**本人の意思を尊重**し、その**心身の状態や生活の状況に配慮**しなければならないとされています。
④ なお、成年後見人等が本人の**居住用不動産を処分**する場合は、**家庭裁判所の許可**が必要とされています。

第8章 民法・財産編

【確認問題】

□243. 後見制度は、（　①　）後見と（　②　）後見に大別され、（　①　）後見は、（　③　）後見と（　④　）後見に分けられる。

□244. 上記③は、（　①　）制度のうち、（　②　）・（　③　）・（　④　）のことをいう。

□245. 法定後見を利用とする場合は、（　①　）・（　②　）・（　③　）・検察官などが、（　④　）に対して申立てをする必要がある。なお、老人福祉法などに基づき、（　⑤　）が申立てをすることもできる。

□246. （　①　）開始の審判及び（　②　）開始の審判の申立てに際して本人の同意は不要であるが、（　③　）開始の審判の申立てには、本人の同意が必要である。

□247. （　①　）や、家庭裁判所で解任された成年後見人等や、（　②　）、成年被後見人等に対して（　③　）をした者などは、成年後見人等になることができない。

□248. 成年後見人の職務は、（　①　）に関する事務と（　②　）に関する事務とに大別されます。（　①　）とは、本人の財産管理及び契約等の法律行為を行うことをいい、（　②　）とは、生活・医療・介護などに関する契約や手続きを行うことをいう。

□249. 成年後見人等は、その職務を行うにあたっては（　①　）義務を負う。この義務については、本人の資質など個人的な能力の差は問題とされない。行為者自身の職業・性別・年齢など個々の具体的注意能力に応じた注意義務は、（　②　）義務という。

□250. 成年後見人等は、その業務を行うに当たっては、（　①　）し、その（　②　）や（　③　）に配慮しなければならない。

□251. 成年後見人等が本人の（　①　）を処分する場合は、（　②　）が必要である。

106

（3）辞任・解任
① 成年後見人等は、**正当な事由**があるときは**家庭裁判所の許可**を得て**辞任**することができます。
② 成年後見人等に不正行為等があるときは、**家庭裁判所**は、請求または**職権**に基づき、成年後見人等を**解任**することができます。

（4）監督人
①成年後見人・保佐人・補助人の業務の監督等を目的として、それぞれ、**成年後見監督人・保佐監督人・補助監督人**が付される場合があります。
② 成年後見人等になることができない者や、成年後見人等の**配偶者・直系血族・兄弟姉妹**は、各監督人になることができません。

（5）利益相反行為
① **利益相反行為**とは、他人の利益を図るべき立場にある者が、自己の利益を図るために、自己の利益になると同時に、他方への不利益になる行為を行うことをいいます。
② 成年後見人等の行為が利益相反行為に当たる場合は、成年後見人等は権限は制限され、次の【図表37】のように、**家庭裁判所が選任した特別代理人または成年後見監督人等**が、本人を代理等することになります。

【図表35】利益相反行為における本人の代理人

	後 見	保 佐	補 助
監督人がいない場合	特別代理人	臨時保佐人	臨時補助人
監督人がいる場合	成年後見監督人	保佐監督人	補助監督人

3 任意後見
① **任意後見**とは、本人が契約締結に必要な**判断能力を有している**間に、**将来**自己の判断能力が不十分になった場合における後見業務の内容及び当該後見業務を行う者を、**事前の契約**で定めておく制度のことをいいます。
② 後見業務を行う者のことを**任意後見人**といい、当該事前の契約のこと**任意後見契約**といいます。なお、この契約は、**公正証書**によらなければならないとされています。
③ 任意後見契約がされた後、本人の判断能力が不十分になったときは、**本人・配偶者・4親等内の親族・任意後見受任者**（任意後見人となる者）等は、**家庭裁判所**に対して、**任意後見監督人**の選任の申立てをする必要があります。法定後見の場合と異なり、任意後見の場合は必ず監督人が選任されます。なお、検察官や市町村長が申立てをすることはできません。
④ 任意後見人の**配偶者・直系血族・兄弟姉妹**は、任意後見監督人になることができません。
⑤ 任意後見人には、任意後見契約に定められた事務を行う限りで**代理権のみ**が認められ、**取消権**などは認められません。

第8章 民法・財産編

【確認問題】

□252. 成年後見人等は、（　①　）があるときは家庭裁判所の（　②　）を得て（　③　）することができる。

□253. 成年後見人等に不正行為等があるときは、家庭裁判所は、請求または（　①　）に基づき、成年後見人等を（　②　）することができる。

□254. 成年後見人・保佐人・補助人の業務の監督等を目的として、それぞれ（　①　）・（　②　）・（　③　）が付される場合がある。なお、成年後見人等になることができない者や、成年後見人等の（　④　）・（　⑤　）・（　⑥　）は、（　①　）・（　②　）・（　③　）になることができない。

□255. 成年後見人の行為が（　①　）行為に当たる場合に、（　②　）がいないときは、（　③　）が成年被後見人を代理する。

□256. 保佐人の行為が（　①　）行為に当たる場合に、（　②　）がいないときは、（　③　）が被保佐人を代理する。

□257. 補助人の行為が（　①　）行為に当たる場合に、（　②　）がいないときは、（　③　）が被補助人を代理する。

□258. （　①　）制度とは、本人が契約締結に必要な判断能力を有している間に、将来自己の判断能力が不十分になった場合における後見事務の内容及び当該後見業務を行う者を、事前の契約で定めておく制度のことをいう。後見業務を行う者のことを（　②　）といい、当該事前の契約のこと（　③　）をいう。（　③　）は、（　④　）によらなければならない。

□259. 任意後見契約がされた後、本人の判断能力が不十分になったときは、本人・配偶者・（　①　）の親族・任意後見受任者（任意後見人となる者）等は、（　②　）に（　③　）選任の申立てをしなければならない。

□260. 任意後見人の（　①　）・（　②　）・（　③　）は任意後見監督人になることができない。

□261. 任意後見人には、任意後見契約に定められた事務を行う限りで（　①　）権が認められるが、（　②　）権などは認められない。

108

意思の欠缺

1 心裡留保
① **心裡留保**とは、意思表示を行う者が、自己の真意と表示内容との相異を認識しながら行う意思表示のことをいいます。
② 心裡留保に基づく法律行為は、**原則として有効**ですが、相手方が**悪意または有過失の場合は無効**となります。
③ 原則として有効となるのは、自分の言ったことには責任をとるべきであり、また、自分の言ったことを信じた相手方も保護されるべきと考えられるからです。
④「悪意」とは、特定の事情を知っていることをいいます。ここでは、真意と異なる意思表示であることを知っていることを意味します。また、「有過失」とは、不注意であったことをいいます。ここでは、真意と異なる意思表示であることを知ることができたにもかかわらず、不注意でこれを知ることができなかったことを意味します。

2 通謀虚偽表示
① **通謀虚偽表示**とは、表意者が、相手方と通謀して、故意に本心と異なる意思表示をすることをいいます。
② 通謀虚偽表示に基づく法律行為は**無効**となります。この場合は、相手方を保護する必要はないため（相手方も真意とは異なることを知っているため）です。
③ また、通謀虚偽表示により無効であることを、**善意の第三者に対抗することはできません**。「対抗」とは、一定の法律効果を主張することをいいます。この場合、通謀虚偽表示により無効であるということを、善意の第三者に主張できないという意味になります。

3 錯誤
① **錯誤**とは、表意者の真意と意思表示とが一致せず、そのことを表意者自身が認識していないこと（いわゆる「勘違い」）をいいます。
② 錯誤に基づく法律行為は、一応有効とされ、**取り消すことができる**法律行為となります。
③ 但し、**表意者に重過失**があるときは、表意者はこれを取り消すことができません。「重過失」とは、通常とるべき注意を著しく欠いていることをいいます。

瑕疵ある意思表示

1 詐欺
① ある意思表示が**詐欺**によるものであるときは、表意者等はこれを取り消すことができます。
② 但し、これを**善意の第三者に対抗する**ことはできません。

2 強迫
① ある意思表示が**強迫**によるものであるときは、表意者等はこれを取り消すことができます。
② 詐欺による場合と異なり、強迫による意思表示の取消しは、善意の第三者にも対抗することができます。

第8章 民法・財産編

【確認問題】

□262. （　①　）とは、意思表示を行う者が、自己の真意と表示内容との相異を認識しながら行う意思表示のことをいう。（　①　）に基づく法律行為は、原則として（　②　）であるが、相手方が（　③　）または（　④　）の場合は（　⑤　）となる。

□263. （　①　）表示とは、表意者が、相手方と通謀して、故意に本心と異なる意思表示をすることをいう。（　①　）表示に基づく法律行為は（　②　）であるが、これを（　③　）に（　④　）することはできない。

□264. （　①　）とは、表意者の真意と意思表示とが一致せず、そのことを表意者自身が認識していない場合をいう。（　①　）に基づく法律行為は（　②　）ができるが、表意者に（　③　）があるときは、表意者は（　②　）はできない。

□265. ある意思表示が（　①　）によるものであるときは、表意者等はこれを（　②　）ことができる。但し、これを（　③　）に対抗することはできない。

□266. ある意思表示が（　①　）によるものであるときは、表意者等はこれを（　②　）ことができる。

110

時 効

1 時効とは

① 時効とは、一定の**事実状態**が一定期間**継続**した場合に、それが真実の権利関係と一致するか否かを問わず、これに**権利の取得（取得時効）**または**権利の喪失（消滅時効）**という法律効果を認める制度のことをいいます。

②「一定の事実状態」とは、取得時効の場合は占有のことをいい、消滅時効の場合は権利の不行使のことをいいます。

③ 時効の制度趣旨としては、次のようなものが挙げられています。

- 永続した事実状態を尊重して、社会の法律関係の**安定**を図る
- 年月の経過による**立証の困難**を救済する
- 権利の上に**眠る者**は保護する必要がない

2 取得時効

① 取得時効が成立するには、次の要件を満たす必要があります。

- **所有の意思**をもって占有すること
- **平穏かつ公然**に占有が行われること
- 善意かつ無過失の場合は**10年間**、悪意または有過失の場合は**20年間**、**占有を継続**すること

② 上記の善意とは、他人の物であることを知らないことをいい、悪意とは、他人の物であることを知っていることをいいます。

3 消滅時効

次の要件を満たした場合に、消滅時効が成立します。

- 債権者が債権を行使できることを**知った時から5年間**、債権を行使しないこと
- 権利を**行使できる時から10年間**、権利を行使しないこと
- 人の生命または身体の侵害による損害賠償請求権については、**損害及び加害者を知った時から5年間**または**権利を行使できる時から20年間**、これを行使しないこと
- 債権または所有権以外の財産権については20年間、その権利を行使しないこと

4 時効の援用

① 時効の援用とは、時効の完成によって**利益を受ける者**が、その**利益を受ける旨の意思を表示**することをいいます。

② この場合の「利益」とは、取得時効であれば権利を取得すること、消滅時効であれば義務を免れることをいいます

③ なお、**時効の援用**がなければ、裁判所は、時効に基づいて裁判をすることはできません。

5 時効の更新

① **時効の更新**とは、時効成立のための事実状態が、それと相容れない事実の発生によって破られ、既に経過した時効期間が消滅することをいいます。

②「それと相容れない事実」とは、取得時効であれば占有の喪失、消滅時効であれば債権者からの請求や債務者による債務の承認などをいいます。

③ 時効が更新されると、既に経過した時効期間の効力が**消滅**し、**新たな時効**が進行することになります。

第 8 章 民法・財産編

【確認問題】

□267. 時効とは、一定の（　①　）が一定期間（　②　）した場合に、それが真実の権利関係と一致するか否かを問わず、これに権利の（　③　）または（　④　）という法律効果を認める制度のことをいう。

□268. 時効の制度趣旨として、次のようなものが挙げられる。
・永続した事実状態を尊重して、社会の法律関係の（　①　）を図る
・年月の経過による（　②　）を救済する
・権利の上に（　③　）は保護する必要がない

□269. 取得時効が成立するには、次のような要件を満たす必要がある。
・（　①　）をもって占有すること
・平穏かつ（　②　）に占有が行われること
・善意かつ無過失の場合は（　③　）年間、悪意または有過失の場合は（　④　）年間、占有を（　⑤　）すること

□270. 次の要件を満たした場合に、消滅時効が成立する。
・債権者が債権を行使できることを知った時から（　①　）、債権を行使しないこと
・権利を行使できる時から10年間、権利を行使しないこと
・人の生命または身体の侵害による損害賠償請求権については、損害及び加害者を知った時から（　①　）または権利を行使できる時から（　②　）、これを行使しないこと
・債権または所有権以外の財産権については（　②　）、その権利を行使しないこと

□271. 時効の（　①　）とは、時効の完成によって（　②　）を受ける者が、その（　②　）を受ける旨の意思を表示することをいう。時効の（　①　）がなければ、裁判所は、時効に基づいて裁判をすることはできない。

□272. 時効の（　①　）とは、時効成立のための事実状態が、それと相容れない事実の発生によって破られ、既に経過した時効期間が（　②　）することをいう。時効が（　①　）されると、既に経過した時効期間の効力が（　②　）し、（　③　）が進行することになる。

112

債権・債務

1　債権・債務とは
① **債権**とは、ある者が他の者に対して、一定の行為を**請求**することができる権利のことをいいいます。この債権を有する者のことを**債権者**といいます。
② **債務**とは、ある者が他の者に対して、一定の行為をすべき**義務**のことをいいます。この義務を負う者のことを**債務者**といいます。
③　例えば、売主Aと買主Bとの間で、Aの所有する自動車をBに売り渡すという契約が成立した場合、A及びBにはそれぞれ次のような債権及び債務が発生します。

	債　権	債　務
売主A	売買代金請求権	売買代金支払義務
買主B	自動車の引渡請求権	自動車の引渡義務

2　債権・債務の発生原因
　債権及び債務は、次の【図表38】を原因として発生します。

【図表36】債権・債務の発生原因

契　約	互いに対立する複数の行為主体の意思表示の合致によって成立する法律行為のこと
事務管理	法律上の義務のない者が他人のためにその事務（業務）を処理すること
不当利得	法律上の原因がないにもかかわらず、本来利益が帰属すべき者の損失と対応する形で利益を受けること
不法行為	ある者が他人の権利や利益を違法に侵害する行為のこと

3　連帯債務
① **連帯債務**とは、数人の債務者が、同一内容の債務について、**各自独立**して全ての責任を負う債務のことをいいます。
② 連帯債務者をABC、債権者D、債権額を900万円とした場合、ABCは、Dに対して**各自900万円を支払う義務**を負います。仮に、Aが全額を支払うとBCも債務を免れますが、AはBCに対して**負担割合**に応じた求償をすることができます。例えば、ABCの負担割合を1:1:1と定めたときは、AはBCに対して、それぞれ300万円ずつ請求することができます。なお、DはABCの**全員または一部**に対して、**全額または一部**を請求することができます。

第8章 民法・財産編

【確認問題】

□273.（　①　）とは、ある者が他の者に対して、一定の行為を（　②　）することができる権利のことをいう。この（　①　）を有する者のことを（　③　）という。

□274.（　①　）とは、ある者が他の者に対して、一定の行為をすべき（　②　）のことをいう。この（　①　）を負う者のことを（　③　）という。

□275. 債権・債務の発生原因は次のとおり。
・（　①　）…互いに対立する複数の行為主体の意思表示の合致によって成立する法律行為のこと
・（　②　）…法律上の義務のない者が他人のためにその業務を処理すること
・（　③　）…法律上の原因がないにもかかわらず、本来利益が帰属すべき者の損失と対応する形で利益を受けること
・（　④　）…ある者が他人の権利や利益を違法に侵害する行為のこと

□276.（　①　）とは、数人の債務者が、（　②　）の債務について、各自独立して（　③　）を負う債務のことをいう。

□277. 連帯債務者をＡＢＣ、債権者Ｄ、債権額を900万円とした場合、ＡＢＣは、Ｄに対して各自（　①　）万円を支払う義務を負う。仮に、Ａが全額を支払うとＢＣも債務を免れることになるが、ＡはＢＣに対して（　②　）に応じた求償をすることができる。ＤはＡＢＣの（　③　）に対して、（　④　）を請求することができる。

4 保証債務

① **保証債務**とは、**債務者が債務を履行しない場合**に、その債務者に代わって履行をする保証人の債務のことをいいます。

② **連帯保証債務**とは、**債務者が債務を履行するかしないかにかかわらず**、その債務者に代わって履行をする保証人（連帯保証人）の債務のことをいいます。

③ 債権者をA、債務者をB、保証人をC、連帯保証人をDとした場合において、BがAに対する債務を履行しないときにAはCに履行を請求できるのに対し、BがAに対する債務を履行するかしないかにかかわらず、AはDに履行を請求できます。

5 債務不履行

① **債務不履行**とは、**正当な事由がないにもかかわらず**、債務者が**債務の本旨に従った履行をしないこと**をいいます。

② 債務不履行は、履行遅滞・履行不能・不完全履行の3つに大別されます。

③ 債務不履行となった場合、債権者は次のような手段をとることができます。

履行の強制 （強制執行）	金銭債務であれば、債務者の財産に対して**差押え**を行った後、その財産から債務の弁済を受けることができる
契約の解除	契約によって生じた債務であれば、債権者は相当の期間を定めてその履行をするよう**催告**を行い、その期間内に履行がないときに契約を解除することができる（履行不能の場合は催告不要）
損害賠償請求	債務者に帰責事由があり、債務不履行と損害の発生との間に**因果関係**があるときは、債権者は損害賠償請求をすることができる

6 不法行為

① 次の要件を満たす場合に、**不法行為による損害賠償責任**が認められます。

・加害者に**故意または過失**があること（過失責任主義）
・被害者の権利または法律上保護される利益を侵害したこと
・被害者に**損害が発生**していること
・加害者の行為と被害者の損害との間に**因果関係**があること

②未成年者や成年被後見人などの**責任無能力者**が、第三者に損害を与えたときは、親権者や成年後見人などの**監督義務者**が、当該第三者に損害を賠償する義務を負うことになります。但し、監督義務者が監督義務を怠らなかったとき、または、義務を怠らなくても損害が生ずべきであったときは責任を負いません。

③ **事業のために他人を使用する者（使用者）**は、**被用者**がその事業の執行について第三者に与えた損害を賠償する責任を負います。これを**使用者責任**といいます。但し、**被用者の選任及びその事業の監督**について**相当の注意**をしたとき、または相当の注意をしても損害が生ずべきであったときは責任を負いません。

④ 例えば、介護施設で介護職員の過失による介護事故が発生した場合、介護職員には上記①の不法行為責任が発生し、施設の設置者等には上記③の使用者責任が発生します。なお、契約に基づき介護サービスを受けている場合は、上記5の債務不履行責任も問題となります。

【確認問題】

□278. （ ① ）とは、（ ② ）が（ ③ ）場合に、その（ ② ）に代わって履行をする保証人の債務のことをいう。

□279. （ ① ）とは、（ ② ）が（ ③ ）、その（ ② ）に代わって履行をする保証人の債務のことをいう。

□280. （ ① ）とは、（ ② ）がないにもかかわらず、債務者が（ ③ ）に従った履行をしないことをいう。

□281. 債務不履行となった場合、債権者は次の手段をとることができる。
・（ ① ）…金銭債務であれば、債務者の財産に対して（ ② ）を行った後、その財産から債務の弁済を受けることができる
・（ ③ ）…契約によって生じた債務であれば、債権者は相当の期間を定めてその履行をするよう（ ④ ）を行い、その期間内に履行がないときに契約を解除することができる
・（ ⑤ ）…債務者に帰責事由があり、債務不履行と損害の発生との間に（ ⑥ ）があるときは、債権者は（ ⑤ ）をすることができる

□282. 不法行為による損害賠償責任が認められるための要件は次のとおり。
・加害者に（ ① ）があること
・被害者の権利または法律上保護される利益を侵害したこと
・被害者に（ ② ）が発生していること
・加害者の行為と被害者の（ ② ）との間に（ ③ ）があること

□283. 未成年者などの（ ① ）者が、第三者に損害を与えたときは、親権者などの（ ② ）者が、当該第三者に損害を賠償する義務を負う。但し、（ ② ）を怠らなかったとき、または、義務を怠らなくても損害が生ずべきであったときは責任を負わない。

□284. 事業のために他人を使用する者は、（ ① ）がその事業の執行について第三者に与えた損害を賠償する責任を負う。これを（ ② ）という。但し、（ ① ）の（ ③ ）及びその事業の（ ④ ）について（ ⑤ ）をしたとき、または（ ⑤ ）をしても損害が生ずべきであったときは責任を負わない。

物　権

1　物権とは
① **物権**とは、**物**に対して、**直接的**かつ**排他的**に利益を受けることができる権利のことをいいます。
② 物権の**種類**と**内容**は**法律**によって定められなければならず、**法律**で定められたもの以外の物権を新たに創設することはできません。これを**物権法定主義**といいます。

2　所有権
所有権とは、物を**使用・収益・処分**することができる権利のことをいいます。

3　用益物権
用益物権とは、他人の**土地**を**使用・収益**することができる物権のことをいいます。

【図表３７】用益物権の種類

地上権	他人の土地において工作物または竹木を所有するため、その土地を使用する権利
永小作権	小作料を支払って他人の土地において耕作または牧畜をする権利
地役権	他人の土地を自己の土地の便益に供する権利
入会権	入会地（村落などが総有に属する入会権が設定されている山林原野や漁場など）を利用する権利

4　担保物権
担保物権とは、目的物の**担保価値**を把握する権利のことをいいます。

【図表３８】担保物権の種類

留置権	その物に関して生じた債権を有するときに、その債権の弁済を受けるまで、その物を留置することができる権利
先取特権	特定の債権を有する債権者が、債務者の財産について、他の債権者に先立って自己の債権の弁済を受ける権利
質　権	債権の担保として債務者または第三者から受け取った物を占有し、その物について他の債権者に先立って自己の債権の弁済を受ける権利
抵当権	債務者または第三者が占有を移転しないで債務の担保に供した**不動産**について、他の債権者に先立って自己の債権の弁済を受ける権利

第8章 民法・財産編

【確認問題】

□285. 物権とは、物に対して、（　①　）的かつ（　②　）的に利益を受けることができる権利のことをいう。

□286. 物権の（　①　）と（　②　）は（　③　）によって定められなければならず、（　③　）で定められたもの以外の物権を新たに創設することはできない。これを（　④　）主義という。

□287. 所有権とは、物を（　①　）・（　②　）・（　③　）する権利のことをいう。

□288. 用益物権とは、他人の土地を（　①　）・（　②　）することができる物権のことをいう。民法上の用益物権には、次の４つがある。
・（　③　）…他人の土地において工作物または竹木を所有するため、その土地を使用する権利
・永小作権…小作料を支払って他人の土地において耕作または牧畜をする権利
・地役権…他人の土地を自己の土地の便益に供する権利
・入会権…入会地（村落などが総有に属する入会権が設定されている山林原野や漁場など）を利用する権利

□289.（　①　）物権とは、目的物の（　①　）価値を把握する権利のことをいう。民法上の（　①　）物権には次の４つがある。なお、（　①　）とは、将来生じるかもしれない不利益に対して、それを補うことを保証すること、または保証する物をいう。
・留置権…その物に関して生じた債権を有するときに、その債権の弁済を受けるまで、その物を留置することができる権利
・先取特権…特定の債権を有する債権者が、債務者の財産について、他の債権者に先立って自己の債権の弁済を受ける権利
・（　②　）…債権の担保として債務者または第三者から受け取った物を占有し、その物について他の債権者に先立って自己の債権の弁済を受ける権利
・（　③　）…債務者または第三者が占有を移転しないで債務の（　①　）に供した（　④　）について、他の債権者に先立って自己の債権の弁済を受ける権利

118

消費者契約法

1 消費者契約法の概要
消費者契約法は、消費者と事業者との間で締結される**すべての契約**（労働契約を除く）を対象として、当該契約のうち不当なものを**無効または取り消すことができる**ものとすることで、**消費者を保護**することを目的とする法律です。

2 消費者契約法による取消し
① 消費者契約法では、次のいずれかの事由があり、その結果、消費者が**誤認**または**困惑**したときは、消費者は消費者契約を**一方的に取り消すことができる**としています。

不実告知	事業者が商品やサービスなどについて、事実と異なる説明をした場合
断定的判断の提供	将来確実に財産上の利得を得られるかどうか判断し難いものについて、事業者が断定的判断を提供した場合
不利益事実の不告知	消費者の利益になることを説明しながら、不利益な部分について意図的に説明しなかった場合
不退去	事業者が、消費者の自宅や職場等で勧誘している場合において、消費者が退去すべき旨の意思を示したにもかかわらず、退去せず勧誘を続けられたために契約をした場合
退去妨害	事業者が勧誘している場所から、消費者が退去する旨の意思を示したにもかかわらず、退去させずに勧誘を続けられたため契約をした場合
過量契約	当該消費者において通常の分量等を著しく超えるものであることを事業者が知りながら契約した場合

② 上記①により当該契約が取り消されたときは、原則として、消費者は受領したものを全て返還し、事業主は受領した代金全額を返還しなければなりません。
③ 当該契約を取り消した場合でも、消費者に**違約金や損害賠償の支払義務はありません**。但し、消費者は事業者の不適切な勧誘行為を立証する必要があります。
④ なお、消費者が取消原因となる事情を**知ったときから1年**を経過するか、**契約締結から5年**を経過すると、本法に基づく取消しはできなくなります。

3 消費者契約法に基づく無効
消費者契約法では、次のような事項を定める契約は**無効**となるとしていいます。
・事業者の損害賠償責任を**免除**する条項
・消費者が支払う**違約金**等の額を過大に設定する条項
・年14.6%を超える遅延損害金を定める条項
・消費者の**解除権を放棄**させる条項
・消費者の利益を一方的に害する条項

第8章 民法・財産編

【確認問題】

□290. 消費者契約法は、消費者と（　①　）との間で締結される（　②　）の契約（労働契約を除く）を対象として、当該契約のうち不当なものを無効または取り消すことができるものとすることで、消費者を（　③　）することを目的とする。

□291. 消費者契約法では、次のいずれかの事由があり、その結果、消費者が誤認または困惑したときは、消費者は消費者契約を（　①　）に取り消すことができるとしている。

（　②　）	事業者が商品やサービスなどについて、事実と異なる説明をした場合
（　③　）の提供	将来確実に財産上の利得を得られるかどうか判断し難いものについて、事業者が（　③　）を提供した場合
（　④　）の不告知	消費者の利益になることを説明しながら、不利益な部分について意図的に説明しなかった場合
不退去	事業者が、消費者の自宅や職場等で勧誘している場合において、消費者が退去すべき旨の意思を示したにもかかわらず、退去せず勧誘を続けられたために契約をした場合
退去妨害	事業者が勧誘している場所から、消費者が退去する旨の意思を示したにもかかわらず、退去させずに勧誘を続けられたため契約をした場合
（　⑤　）契　約	当該消費者において通常の分量等を著しく超えるものであることを事業者が知りながら契約した場合

□292. 消費者契約法による取消しをした場合でも、消費者に（　①　）や（　②　）の支払義務はない。

□293. 消費者が取消原因となる事情を知ったときから（　①　）を経過するか、契約締結から（　②　）を経過すると、消費者契約法に基づく取消しはできなくなる。

□294. 消費者契約法では、次のような事項を定める契約を（　①　）としている。
・事業者の損害賠償責任を（　②　）する条項
・消費者が支払う（　③　）等の額を過大に設定する条項
・年14.6％を超える遅延損害金を定める条項
・消費者の（　④　）させる条項
・消費者の利益を一方的に害する条項

120

クーリング・オフ制度

1 概要
① **クーリング・オフ制度**とは、**訪問販売**や、**電話勧誘販売**、特定継続的役務提供、連鎖販売取引など、トラブルの多い取引において締結された契約について、一定期間**無条件**でその解除を認める制度です。
② クーリング・オフ制度は、特定商取引法や割賦販売法などで採用されています。
③ クーリング・オフ制度を利用して契約を解除した場合に、サービスや商品が提供されているときでも、**その対価や損害賠償、違約金などを支払う必要はありません。**
④ クーリング・オフ制度を利用する場合は、一定期間内に必ず**書面**でその旨を通知する必要があります。通常は、特定記録郵便などを利用して通知します。

2 対象・期間
① クーリング・オフ制度の対象となる取引内容と、クーリング・オフが可能な期間は次のようになっています。

取引内容	適用対象	解除期間
訪問販売	店舗外での訪問販売（キャッチセールスやアポイントメントセールスなどを含む）	8日間
電話勧誘販売	電話勧誘による取引	
特定継続的役務提供	エステ、美容医療、語学教室、学習塾、パソコン教室、結婚相手紹介サービスなど	
訪問購入	事業者が貴金属などの物品を消費者から買い取る契約	
連鎖販売取引	マルチ商法	20日間
業務提供誘因販売取引	内職商法、モニター商法	

② **店舗販売**や**通信販売**などは、いずれも「不意打ち性」が少ないためクーリング・オフ制度の対象外となっています。また、総額が3,000円未満の取引や、自動車・葬儀・電気通信サービス、健康食品や化粧品などの消耗品で使用した部分などについても対象外となっています。

第8章 民法・財産編

【確認問題】

□295. クーリング・オフ制度とは、（　①　）販売や、（　②　）販売、特定継続的役務提供、連鎖販売取引など、トラブルの多い取引において締結された契約について、一定期間（　③　）でその解除を認める制度である。

□296. クーリング・オフ制度を利用する場合は、上記の期間内に必ず（　①　）でその旨を通知しなければならないが、サービスや商品が提供されている場合でも、その（　②　）や（　③　）、（　④　）などを支払う必要はない。

□297. クーリング・オフ制度の対象となる取引内容と、クーリング・オフが可能な期間は次のとおり。

取引内容	適用対象	解除期間
訪問販売	店舗外での訪問販売	（　①　）間
電話勧誘販売	電話勧誘による取引	
特定継続的役務提供	エステ、美容医療、語学教室、学習塾、パソコン教室、結婚相手紹介サービスなど	
訪問購入	事業者が貴金属などの物品を消費者から買い取る契約	
連鎖販売取引	マルチ商法	（　②　）間
業務提供誘因販売取引	内職商法、モニター商法	

□298. （　①　）販売や（　②　）販売などは、クーリング・オフ制度の対象外である。また、総額が（　③　）の取引や、自動車・葬儀・電気通信サービス、健康食品や化粧品などの消耗品で使用した部分などについても、対象外となる。

第9章　民法・家族編

親族

1 親族とは
① **親族**とは、法律上の血縁関係や婚姻関係のある者のことをいいます。
② 民法では、**配偶者・6親等内の血族・3親等内の姻族を親族**であるとしています。
③ **配偶者**とは、法律上の婚姻関係にある相手方のことであり、夫から見た妻、妻から見た夫のことをいいます。
④ **血族**とは、生理学的な血縁者（**自然血族**）または**養子縁組**によって血族間と同一の親族関係を有する者（**法定血族**）のことをいいます。
⑤ **姻族**とは、自己の配偶者の血族または自己の血族の配偶者のことをいいます。

2 婚姻

（1）婚姻の成立
① **婚姻**とは、法律の規定に基づき、1組の男女が合意に基づいて**婚姻届**を提出することで、法律上夫婦となることをいいます。
② **婚姻障碍**とは、法律上、婚姻が**禁止**される事由のことをいいます。婚姻障碍があると婚姻届は受理されません。民法の定める婚姻障碍は次のとおりです。

婚姻不適齢	**男は満18歳以上、女は満16歳以上**でなければ婚姻できない
重　婚	配偶者のある者は重ねて婚姻をすることができない
再婚禁止期間内の再婚	**女は前婚の解消等の日から100日経過後**でなければ婚姻（再婚）できない（但し、女が前婚の解消等の時に懐胎していなかった場合、または、女が前婚の解消等の後に出産した場合は、離婚等から100日を経過していなくても再婚できる）
近親婚の禁止	**直系血族間、直系姻族間、3親等内の傍系血族間**等との間の婚姻が禁止される（但し、傍系姻族間での婚姻は可能（ex. ＡＢ間の婚姻関係が終了すれば、ＡはＢの妹Ｃと婚姻でき、Ａの兄ＤもＢの妹Ｃと婚姻できる）
父母の不同意	**未成年者**が婚姻する場合は、**父母の同意**が必要（但し、父母の一方が同意しないまたはできないときは他の一方の同意だけで足り、父母がいないときに、未成年後見人の同意を得ることは不要）

123

第9章 民法・家族編

【確認問題】

□299. （　①　）とは、法律上の血縁関係や婚姻関係のある者のことをいう。民法では、（　②　）・（　③　）・（　④　）を（　①　）であるとしている。

□300. 婚姻とは、法律の規定に基づき、1組の男女が合意に基づいて（　①　）を提出することで（　②　）となることをいう。

□301. 婚姻障碍とは、法律上、婚姻が（　①　）される事由のことをいう。民法の定める婚姻障碍は次のとおり。
・婚姻不適齢…男は満（　②　）歳以上、女は満（　③　）歳以上でなければ婚姻できない
・（　④　）…配偶者のある者は重ねて婚姻をすることができない
・再婚禁止期間内の再婚…（　⑤　）は前婚の解消等の日から（　⑥　）経過後でなければ再婚できない
・（　⑦　）の禁止…直系血族間、直系姻族間、（　⑧　）の傍系血族間等との間の婚姻が禁止される
・未成年者の婚姻についての（　⑨　）の不同意

124

（2）婚姻の効力

① 婚姻が成立すると、次のような身分上の効力が発生します。

夫婦同姓	夫婦は、**夫または妻の氏を称する**
同居・協力・扶助義務	夫婦は**同居**し、互いに**協力**し**扶助**しなければならない
夫婦間の契約取消権	夫婦間で契約をしたときは、その契約は婚姻中いつでも取り消すことができる

② また、次のような財産上の効力も発生します。

婚姻費用の分担	夫婦は、その資産・収入・その他一切の事情を考慮 して、衣食住費、医療費、子の養育費や教育費などの**婚姻費用を分担**する
夫婦共有財産の推定	夫婦のいずれに属するか明らかでない財産は、その**共有**に属するものと推定する（夫婦の一方が婚姻前から有する財産及び婚姻中自己の名で得た財産は、その特有財産（それぞれ個人の財産）となる）
日常家事債務の連帯責任	夫婦の一方が日常家事に関して第三者と法律行為をしたときは、他の一方は、これによって生じた債務について**連帯して**その責任を負う（ex.共同生活を営む家屋の賃貸借契約の締結や、家族の病気の際の医療に関する契約などは「日常の家事」に含まれるが、他方配偶者の特有財産の処分や巨額の消費貸借契約の締結などは「日常の家事」には含まれない）

③ なお、上記①の夫婦間の契約取消権は、婚姻が実質的に破綻している場合には、それが形式的に継続しているとしても行使することはできませんが、上記②の婚姻費用の分担義務は、婚姻関係が破綻し別居中の場合であっても存続するとするのが判例です。

第9章 民法・家族編

【確認問題】

□302. 婚姻が成立すると、次のような身分上の効力が生ずる。
・夫婦同姓…夫婦は、（　①　）の氏を称する
・（　②　）・協力・（　③　）義務…夫婦は（　②　）し、互いに協力し（　③　）
　　　　　　　　　　　　　　　　　　しなければならない
・夫婦間の契約取消権…夫婦間で契約をしたときは、その契約は婚姻中（　④　）
　　　　　　　　　　　取り消すことができる

□303. 婚姻が成立すると、次のような財産上の効力が生ずる。
・（　①　）の（　②　）…夫婦は、その資産・収入・その他一切の事情を考慮して、
　　　　　　　　　　　　　衣食住費、医療費、子の養育費や教育費などの（　①　）
　　　　　　　　　　　　　を（　②　）する
・夫婦（　③　）財産の推定…夫婦のいずれに属するか明らかでない財産は、その
　　　　　　　　　　　　　　（　③　）に属するものと推定する
・（　④　）債務の連帯責任…夫婦の一方が（　④　）に関して第三者と法律行為を
　　　　　　　　　　　　　　したときは、他の一方は、これによって生じた債務に
　　　　　　　　　　　　　　ついて連帯してその責任を負う

126

3 離婚

① **離婚**とは、夫婦が生存中に法律上の婚姻関係を**解消**することをいいます。

② 離婚の方法としては、**協議離婚・調停離婚・裁判離婚**があります。

③ **調停**とは、裁判所における手続きの1つで、紛争当事者双方の間に第三者（調停委員）が介入して紛争の解決を図ることをいいます。なお、裁判離婚をする前提として離婚調停を申し立てる必要があります。これを**離婚調停前置主義**といいます。

④ 裁判離婚が認められるためには、次のいずれかの原因があることが必要です。

・配偶者に**不貞行為**があったとき
・配偶者から**悪意**で**遺棄**されたとき
・配偶者の生死が**3年以上**明らかでないとき
・配偶者が強度の精神病にかかり回復の見込みがないとき
・その他婚姻を継続し難い**重大な事由**があるとき

---

⑤ **有責配偶者**（離婚に至る原因を生じさせた夫婦の一方のこと）からの離婚請求が認められるためには、次の要件を満たす必要があります。

・別居が夫婦の年齢や同居期間との対比において**相当の長期間**に及んでいること

・当該夫婦間に**未成熟の子が存在しない**こと

・相手方配偶者が離婚により**精神的・社会的・経済的**に極めて過酷な状態におかれるなど離婚請求を認容することが著しく社会正義に反する特段の事情がないこと

⑥ 離婚に際して、夫婦の間に未成熟子（以下「子」）がいる場合は、次の事項を定める必要があります。これらの事項について夫婦間の協議が調わないときは、**家庭裁判所**がこれを定めることになります。

離婚後の親権者の決定	子が**未成年**であるときは、**父母の一方を親権者**と定めなければならない（離婚後の共同親権は認められていない）
離婚後の監護等に関する事項の決定	子の**監護**をすべき者や、父または母と子との**面会交流**に関する事項、子の監護に要する費用（いわゆる**養育費**）の分担などについて定めなければならない

⑦ **監護**とは、未成熟子と共に生活をして日常の世話や教育を行う権利のことをいいます。**未成熟子**とは、成人年齢に達しているかいないかに関係なく、まだ経済的に自立できていない子のことをいいます。

⑧ **面会交流**とは、自分の子と離れて暮らしている親（非監護親）が、子と直接会ったり、それ以外の方法（手紙や写真などの送付や、プレゼントの受け渡しなど）によって親子の交流をすることをいいます。

⑨ 離婚が成立すると、離婚当事者の一方は、相手方に対して**財産分与**を請求することができます。また、離婚に至る原因を生じさせた相手方（有責配偶者）に対しては、**慰謝料**を請求することもできます。なお、離婚に伴う財産分与請求権は、離婚が成立した日から**2年**で時効消滅します。これらの事項につき当事者間に協議が調わないときは、**家庭裁判所**に対して協議に代わる処分を請求できます。

⑩ 婚姻の際に氏を改めた者は、離婚によって**婚姻前の氏に復します**。但し、離婚の日から**3ヶ月以内**に戸籍法の定めるところにより届け出ることによって、婚姻中の氏を称することができます（通常は離婚届に記載して決めます）。

第9章 民法・家族編

【確認問題】

□304. 離婚とは、夫婦が生存中に法律上の婚姻関係を（　①　）することをいう。離婚の方法としては、（　②　）離婚・（　③　）離婚・（　④　）離婚がある。なお、（　④　）離婚をするためには、前提として離婚（　③　）を申し立てなければならない。

□305. 裁判離婚が認められるための原因は次のとおり。
・配偶者に（　①　）があったとき
・配偶者から（　②　）されたとき
・配偶者の生死が（　③　）以上明らかでないとき
・配偶者が強度の精神病にかかり回復の見込みがないとき
・その他婚姻を継続し難い（　④　）があるとき

□306. 有責配偶者からの離婚請求が認められるための要件は次のとおり。
・別居が夫婦の年齢や同居期間との対比において（　①　）に及んでいること
・当該夫婦間に（　②　）が存在しないこと
・相手方配偶者が離婚により（　③　）・社会的・（　④　）に極めて過酷な状態におかれるなど離婚請求を認容することが著しく社会正義に反する特段の事情がないこと

□307. 離婚に際して、夫婦の間に未成熟子（以下「子」）がいる場合は、次の事項を定めなければならない。なお、これらの事項について夫婦間の協議が調わないときは、家庭裁判所がこれを定めることになる。

離婚後の（　①　）の決定	子が未成年であるときは、父母の（　②　）を（　①　）と定めなければならない
離婚後の（　③　）等に関する事項の決定	子の（　③　）をすべき者や、父または母と子との（　④　）に関する事項、子の（　③　）に要する（　⑤　）の分担などについて定めなければならない

□308. 離婚が成立すると、離婚当事者の一方は、相手方に対して（　①　）を請求することができる。また、離婚に至る原因を生じさせた相手方（有責配偶者）に対しては、（　②　）を請求することができる。なお、離婚に伴う（　①　）請求権は、離婚が成立した日から（　③　）で時効消滅する。

□309. 婚姻の際に氏を改めた者は、離婚によって婚姻前の氏に（　①　）。但し、離婚の日から（　②　）以内に戸籍法の定めるところにより届け出ることによって、婚姻中の氏を称することができる。

4 子

（1）嫡出子

① **嫡出子**とは、**法律上の婚姻関係にある男女の間に生まれた子**のこと（法律上も父親の存在する子のこと）をいいます。

② 嫡出子は次のように分けられます。但し、夫が行方不明や長期海外滞在中である場合や、婚姻が破綻し事実上の離婚状態にある場合など、妻が夫によって懐胎する蓋然性が極めて低い場合は、次のような推定は及びません。

推定される嫡出子	婚姻成立の日から200日後または婚姻解消等の日から300日以内に生まれた子
推定されない嫡出子	婚姻成立の日から200日以内に生まれた子

③ 上記②は、いずれも嫡出子ですが、その子の嫡出性を争う場合（父が自分の子ではないと主張する場合）に、次のような違いがあります。

推定される嫡出子	子の出生を知った時から1年以内に限り、嫡出否認の訴えを提起する
推定されない嫡出子	いつでも親子関係不存在確認の訴えを提起できる

（2）非嫡出子

① **非嫡出子**とは、**法律上の婚姻関係にない男女の間に生まれた子**（法律上父がいない子）のことをいいます。

② 非嫡出子と父との間で、法律上の親子関係を発生させるためには、**父が認知**する必要があります（母との親子関係は、母の認知を待たず分娩の事実によって当然に発生します）。

③ **認知**は、非嫡出子と父との間に親子関係を発生させる唯一の方法であり、認知がされると**子の出生の時に遡って**法律上の親子関係（非嫡出子親子関係）が発生します。

④ 認知の方法として、次の2つがあります。

任意認知	非嫡出子の父等が、自ら**認知届**を提出することによってする
強制認知	非嫡出子の父を相手方として認知すべきことを**家庭裁判所**に請求する

⑤ なお、非嫡出子の父がその子の**出生届**を出した場合は、認知届としての効力が生じます。また、生前に認知をすることが憚られるような場合は、**遺言**によって認知をすることもできます。

⑥ 当該父の死亡した日から**3年経過後**は、強制認知（強制認知の訴えの提起）をすることができなくなります。

⑦ 父に認知された非嫡出子は、その父と母が婚姻することで嫡出子たる身分を取得します。これを準正といいます。

第9章 民法・家族編

【確認問題】

□310.（　①　）とは、法律上の婚姻関係にある男女の間に生まれた子のことをいう。（　①　）は次のように分けられる。

推定される（　①　）	婚姻成立の日から（　②　）または婚姻解消等の日から（　③　）に生まれた子
推定されない（　①　）	婚姻成立の日から（　④　）に生まれた子

□311.上記（　①　）の嫡出性を争う父は、次の方法をとることができる。。

推定される（　①　）	（　②　）から（　③　）に限り、（　③　）を提起する
推定されない（　①　）	（　④　）（　⑤　）を提起できる

□312.（　①　）とは、法律上の婚姻関係にない男女の間に生まれた子のことをいう。（　①　）は、法律上（　②　）がいない子であり、（　②　）と法律上の親子関係を発生させるためには、（　②　）が（　③　）する必要があり、（　③　）がされると、（　④　）に遡って法律上の親子関係（非嫡出子親子関係）が発生する。

□313.上記③には、次の2つの方法がある。

（　①　）認知	非嫡出子の父等が、自ら認知届を提出することによってする
（　②　）認知	非嫡出子の父を相手方として認知すべきことを家庭裁判所に請求する

□314.非嫡出子の父がその子の（　①　）を出した場合は、認知届としての効力が生じる。また、（　②　）によって認知をすることもできる。

130

5 縁 組

（1）普通養子縁組
① **養子縁組**とは、血統において親子でない者の間に、**法律上、実の親子と同じ関係**を成立させることをいいます。縁組が成立すると、次のような効果が発生します。
・養子となった者は、養親の**嫡出子**の身分を取得する
・養子が未成年であるときは、**養親の親権**に服する
・養子と、養親及びその血族との間に**親族関係**（相続関係や扶養義務）が生じる
② 未成年者を養子とする場合は、原則として**家庭裁判所の許可**が必要となります。また、未成年者が**15歳未満**の場合は、**親権者等の代諾**による必要があります。。
③ 縁組の当事者（養親・養子）等は、**協議または裁判**によって離縁することができます。離縁が成立すると、法定の親子関係の消滅、養親の血族との親族の消滅、実父母の親権の回復、相続権の消滅などの効果が発生します。

（2）特別養子縁組
① **特別養子縁組**とは、一定の未成年者の福祉のために実親子関係に準じる安定した養親子関係を成立させる縁組制度のことをいいます。特別養子縁組は次の要件を満たす場合に認められるます。

> ・養親となる者の請求に基づく**家庭裁判所の審判**によること
> ・養親となる者は、原則として**配偶者のある25歳以上の者**であること
> ・養子となる者は、原則として**6歳未満の者**であること
> ・**実親の同意**があること（父母が表意不能の場合や、特別養子となる者の利益を**著しく害する**事由がある場合は不要）
> ・子の利益のため**特に必要**なものであること（ex.虐待や育児放棄）
> ・**6ヶ月以上**の試験養育期間があること

② 特別養子縁組が成立すると、次のような効果が発生します。
・養親と特別養子との間に**嫡出子親子関係**が成立する（cf.普通養子縁組の場合は、実親との親族関係は終了せず、実親と養親との二重の親子関係が成立する）
・実親及び実方の血族との親族関係は**終了**する
・戸籍上「**長男**」など、実子と同じ記載がされる（cf.普通養子縁組の場合は、戸籍上「**養子**」と記載される）
③ 特別養子縁組の離縁についても**家庭裁判所の審判**が必要です。当該離縁を請求できるのは、**特別養子・実父母・検察官**であり、特別養子縁組の養親からの離縁の申立ては認められません
④ 特別養子縁組の離縁が認められるための要件は次のとおりです。

> ・養親による虐待や育児遺棄など特別養子の利益を**著しく害する事由**があること
> ・**実父母が相当の監護**をすることができる場合であること
> ・特別養子の利益のため特に離縁をする必要があると認められること
> ・**家庭裁判所の審判**があること

⑤ 特別養子縁組の離縁が認められると、特別養子と養親及びその血族との間の親族関係は**終了**し、実方との親族関係が**復活**します。

第9章 民法・家族編

【確認問題】

□315. （　①　）とは、血統において親子でない者の間に、法律上、実の親子と同じ関係を成立させることをいう。（　①　）が成立すると、次のような効果が生じる。
・養子となった者は、養親の（　②　）の身分を取得する
・養子が未成年であるときは、（　③　）の親権に服する
・養子と、養親及びその血族との間に（　④　）関係が生じる

□316. 未成年者を養子とする場合は、原則として（　①　）が必要とされる。また、未成年者が（　②　）歳未満の場合は、常に（　③　）によらなければならない。

□317. 縁組の当事者（養親・養子）等は、（　①　）または（　②　）によって離縁することができる。離縁が成立すると、法定の親子関係の消滅、養親の血族との親族の消滅、実父母の親権の回復、相続権の消滅などの効果が生じる。

□318. （　①　）とは、一定の未成年者の福祉のため、実親子関係に準じる安定した養親子関係を成立させる縁組制度のことをいう。（　①　）成立の要件は次のとおり。
・養親となる者の請求に基づく（　②　）によること
・養親となる者は、原則として（　③　）のある（　④　）の者であること
・特別養子となる者は、原則として（　⑤　）歳未満の者であること
・（　⑥　）があること（但し、父母が表意不能の場合や、特別養子となる者の利益を（　⑦　）事由がある場合は不要）
・子の利益のため（　⑧　）なものであること。
・（　⑨　）以上の試験養育期間があること。

□319. 特別養子縁組が成立すると、次のような効果が発生する。
・養親と特別養子との間に（　①　）が成立する
・実親及び実方の血族との親族関係は（　②　）する
・戸籍上「長男」など、（　③　）と同じ記載がされる

□320. 特別養子縁組の離縁を請求できるのは、（　①　）・（　②　）・検察官であり、特別養子縁組の（　③　）からの離縁の申立ては認められない。

□321. 特別養子縁組の離縁が認められるための要件は次のとおり。
・養親による虐待、悪意の遺棄、その他特別養子の利益を（　①　）事由があること
・（　②　）が（　③　）をすることができる場合であること
・特別養子の利益のため特に離縁をする必要があると認められること
・（　④　）があること

□322. 特別養子縁組の離縁が認められると、特別養子と養親及びその血族との間の親族関係は（　①　）し、実方との親族関係が（　②　）する。

6 親 権

① **親権**とは、**未成年の子**に対する親の**権利及び義務**のことをいいます。具体的には、次のような内容から構成されます。

財産管理権	子の財産を管理し、子の財産に関する契約などの法律行為を代理する
監護教育権	子の監護及び教育を行う権利・義務を有する
懲戒権	監護・教育に必要な範囲で子を懲戒することができる
職業許可権	子は、親権者である親の許可がなければ、職業を営むことができない
居所指定権	子は、親権者である親の指定する場所に居住しなければならない

② **嫡出子**の親権者は、原則として**実父母**（共同親権）ですが、父母が**離婚**するときは**協議または家庭裁判所**で定めた父母の**一方**が親権者となります。親権者の指定にあたっては、父母側の事情と子の事情とを比較考量して、現状の尊重（継続性）、子の意思の尊重、兄弟姉妹の不分離などの考え方に沿って判断されるのが一般的です。なお、子の**出生前**に父母が離婚したときは、**母の単独親権**となります。

③ 非嫡出子の親権者は、原則として**母**ですが、**協議または家庭裁判所**の審判により、**非嫡出子を認知した父**を親権者とすることができます。

④ 親権者と子の**利益が相反するとき**は、子のために**特別代理人**を選任することを**家庭裁判所**に請求する必要があります。親権者と子の間の不動産売買や、親権者と子の間の遺産分割協議、親権者が子の教育費用を借り入れるにあたり、子を連帯債務者とする契約を債権者と締結する場合などが利益相反に該当します。

⑤ 親権者の子に対する**虐待または悪意の遺棄**があるときや、親権の行使が**著しく困難または不適当**であることにより子の利益を**著しく害する**ときは、子及び子の親族等は、家庭裁判所に対して**親権喪失の申立て**をすることができます。

⑥ 父または母による親権の行使が困難または不適当であることにより子の利益を害するときは、**2年を超えない期間**に限り、子及び子の親族等は、家庭裁判所に対して**親権停止の申立て**をすることができます。当該審判で定められた期間の経過により親権は回復しますが、期間が満了する際に改めて親権停止の審判をすることができるとされています。

⑦ 親権者は**やむを得ない事由**があるときは、**家庭裁判所の許可**を得て、親権を**辞任**することができます。

⑧ 本人またはその親族（子も含む）の請求によって、家庭裁判所は親権喪失・停止の審判を**取り消す**ことができます。また、親権を辞任した父または母は、**家庭裁判所の許可**を得て、親権を回復することができます。

⑨ 親権者がいない場合等は未成年後見が開始します。未成年後見は、**単独親権者の死亡や親権の喪失**などにより開始します。

⑩ 最後に親権を行う者は、**遺言**で未成年後見人を指定することができます。この指定がないとき等は、未成年被後見人やその親族等の請求により、**家庭裁判所**が未成年後見人を選定します。

第9章 民法・家族編

【確認問題】

□323. 親権とは、（　①　）の子に対する親の（　②　）と（　③　）のことをいう。親権は、（　④　）権・（　⑤　）権・懲戒権・（　⑥　）権・（　⑦　）権から構成される。

□324. 嫡出子の親権者は、原則として（　①　）であるが、父母が離婚するときは協議または家庭裁判所で定めた父母の（　②　）が親権者となる。なお、子の出生前に父母が離婚したときは、（　③　）の単独親権となる。

□325. 非嫡出子の親権者は、原則として（　①　）であるが、協議または家庭裁判所の審判により、非嫡出子を（　②　）が親権者となることができる。

□326. 親権者と子の利益が（　①　）するときは、子のために（　②　）を選任することを（　③　）に請求しなければならない。

□327. 親権者の子に対する（　①　）または（　②　）があるときや、親権の行使が（　③　）困難または不適当であることにより子の利益を（　③　）害するときは、子及び子の親族等は、家庭裁判所に対して（　④　）の申立てをすることができる。

□328. 父または母による親権の行使が困難または不適当であることにより子の利益を害するときは、（　①　）を超えない期間に限り、子及び子の親族等は、家庭裁判所に対して（　②　）の申立てをすることができる。

□329. 親権者は（　①　）事由があるときは、家庭裁判所の（　②　）を得て、親権を（　③　）することができる。

□330. 本人またはその親族（子も含む）の請求によって、家庭裁判所は親権喪失・停止の審判を（　①　）ことができる。また、親権を辞任した父または母は、家庭裁判所の（　②　）を得て、親権を回復することができる。

□331. 未成年後見は、単独親権者の（　①　）や（　②　）などにより開始する。

□332. 最後に親権を行う者は、（　①　）で未成年後見人を指定する。この指定がないとき等は、未成年被後見人やその親族等の請求により、（　②　）が未成年後見人を選定する。

134

7 扶 養

① **扶養**とは、自力で生活できない要扶養者に対して、一定の親族関係にある者が行う経済的給付のことをいいます。

② 民法上、上記①の義務を負う者を**扶養義務者**といいます。扶養義務者は、次のように分けられます。

絶対的扶養義務者	法律上当然に扶養義務を負う配偶者・直系血族・兄弟姉妹
相対的扶養義務者	特別な事情がある場合に家庭裁判所の審判によって扶養義務を負う3親等内の親族者

③ 実際、扶養義務者がどの程度の義務を負うのかについては、次のように考えられています。

生活保持義務	自らの生活レベルを下げてでも扶養を行うべき程度の義務（親の未成熟子に対する扶養や夫婦間での扶養など「パンが1枚しかなくてもそれを分け与える義務」）
生活扶助義務	自らの生活レベルに余裕がある場合にのみ扶養を行うべき程度の義務（子の親に対する扶養など、「パンが2枚あればその1枚を分け与える義務」）

相 続

1 相続とは

① **相続**とは、特定の自然人に属する権利義務が、その者の死後に一定の者に**包括的に承継**されることをいいます。

② 相続の開始原因は**死亡のみ**であり、死亡以外によって相続が開始することはありません。

③ 相続される者（死亡した者）を**被相続人**といい、相続する者を**相続人**といいます。

④ 相続には、民法で規定された相続人と相続分に従って相続がされる**法定相続**と、被相続人の遺言の記載に従って相続がされる**遺言相続**があります。

【確認問題】

□333. 扶養とは、自力で生活できない要扶養者に対して、一定の親族関係にある者が行う経済的給付のことをいい、この義務を負う者を扶養義務者という。扶養義務者は、（ ① ）扶養義務者と（ ② ）扶養義務者に分けられる。（ ① ）扶養義務者とは、（ ③ ）扶養義務を負う者のことをいい、（ ④ ）（ ⑤ ）（ ⑥ ）がこれに該当する。（ ② ）扶養義務者とは、（ ⑦ ）がある場合に（ ⑧ ）によって扶養義務を負う者のことをいい、（ ⑨ ）がこれに該当する。

□334. 扶養義務者の扶養義務の程度には、（ ① ）義務と（ ② ）義務に分けられる。（ ① ）義務は、（ ③ ）程度の義務であるとされるのに対し、（ ② ）義務は（ ④ ）程度の義務であると解されている。

□335. 相続とは、特定の自然人に属する（ ① ）が、その者の死後に一定の者に包括的に承継されることをいう。相続の開始原因は（ ② ）のみである。

□336. 相続される者（死亡した者）を（ ① ）といい、相続する者を（ ② ）という。

□337. 相続には、民法で規定された相続人と相続分に従って相続がされる（ ① ）と、被相続人の遺言の記載に従って相続がされる（ ② ）がある。

2 法定相続

① 法定相続の場合の相続人（**法定相続人**）は次のようになっています。

配偶者	**常に相続人**となり、血族相続人と同順位となる
血族相続人	被相続人の**子・直系尊属・兄弟姉妹**の順位で相続人となる

② 上記①の血族相続人のうち、**子を第1順位、直系尊属を第2順位、兄弟姉妹を第3順位**とよんでいます。第1順位の者がいない場合に第2順位の者が相続人となり、第1順位と第2順位の者がいない場合に、第3順位の者が相続人となります。よって、第1順位の者があれば、第2順位・第3順位の者は相続人とはなりませんし、第2順位の者があれば、第3順位の者は相続人とはなりません。

③ 法定相続の場合の、相続分の割合（**法定相続分**）は次のようになっています。

配偶者と子が相続人	配偶者2分の1・子2分の1
配偶者と直系尊属が相続人	配偶者3分の2・直系尊属3分の1
配偶者と兄弟姉妹が相続人	配偶者4分の3・兄弟姉妹4分の1

④ 子が複数の場合は、各自が**同じ割合**で相続します。

⑤ 兄弟姉妹が複数の場合も各自が同じ割合で相続しますが、**半血の兄弟姉妹は全血の兄弟姉妹の2分の1**となります。

3 相続欠格

① **相続欠格**とは、相続人の地位を有する者に、一定の重大な事情（**欠格事由**）があるためその者に相続を認めることが妥当ではない場合に、その者が相続人たる資格を失うことをいいます。民法の定める欠格事由は次のとおりです。

- **故意に**被相続人等を死亡するに至らせ、または至らせようとしたために**実刑に**処せられた者
- 被相続人の殺害されたことを知ってこれを告発・告訴しなかった者
- **詐欺または強迫**によって被相続人が相続に関する遺言をし、撤回、取消、変更することを妨げた者あるいはさせた者
- 相続に関する被相続人の遺言書を**偽造、変造、破棄、隠匿**した者

---

② 被相続人において上記の欠格事由が認められれば、**当然に**相続人たる資格を失うので、家庭裁判所への請求は不要です。

4 廃除

① **廃除**とは、被相続人の意思に基づき、**遺留分を有する推定相続人**（兄弟姉妹以外の推定相続人）の相続分を剥奪する制度のことをいいます。

② 廃除は、被相続人への**虐待**、被相続人への**重大な侮辱**、その他著しい非行のいずれかの事由がある場合に、被相続人または遺言執行者が**家庭裁判所に廃除の請求を**することによって認められます。

第9章 民法・家族編

【確認問題】

□338. 法定相続の場合における、相続人となる者（法定相続人）は次のとおり。
・（　①　）…常に相続人となり、血族相続人の者とは同順位となる
・血族相続人…被相続人の（　②　）、被相続人の（　③　）、被相続人の（　④　）
　　　　　　　の順位で相続人となる

□339. 血族相続人法定相続の場合における、相続分の割合（法定相続分）は次のとおり。
・配偶者と子が相続人の場合…配偶者（　①　）・子（　②　）
・配偶者と直系尊属が相続人の場合…配偶者（　③　）・直系尊属（　④　）
・配偶者と兄弟姉妹が相続人の場合…配偶者（　⑤　）・兄弟姉妹（　⑥　）

□340. 相続欠格とは、相続人の地位を有する者に、一定の重大な事情（欠格事由）があるためその者に相続を認めることが妥当ではない場合に、その者が相続人たる資格を失うことをいう。民法の定める欠格事由は次のとおり。
・（　①　）に被相続人等を死亡するに至らせ、または至らせようとしたために
　（　②　）に処せられた者
・被相続人の殺害されたことを知ってこれを告発・告訴しなかった者
・（　③　）によって被相続人が相続に関する遺言をし、撤回、取消、変更することを妨げた者あるいはさせた者
・相続に関する被相続人の遺言書を（　④　）、変造、破棄、（　⑤　）した者

□341. 廃除とは、被相続人の意思に基づき、（　①　）の相続分を剥奪する制度のことをいう。廃除は、被相続人への（　②　）、被相続人への（　③　）、その他著しい非行のいずれかの事由がある場合に、被相続人または遺言執行者が（　④　）に廃除の請求をすることによって認められる。

138

5 特別受益

① **特別受益**とは、共同相続人中、被相続人から**遺贈**を受け、または、**婚姻・養子縁組・生計の資本**としての**贈与**を受けた者のその利益のことをいいます。

② 各相続人の公平を図るために、相続開始時の財産価格に、特別受益者が受けた贈与の総額を加えたものを「みなし相続財産」とし、これに相続分を乗じた額から、特別受益者が受けた贈与・遺贈の総額を差し引いた額が、当該特別受益者の具体的な相続分となります。

6 寄与分

① **寄与分**とは、共同相続人中、被相続人の財産の維持または**増加**について**特別の寄与**をした者の、その寄与した利益のことをいいます。

② 各相続人の公平を図るために、相続開始時の財産価格から寄与分を差し引いたものを「みなし相続財産」とし、これに相続分を乗じた額に、寄与分を加えた額が具体的な相続分となります。

7 遺産分割

① **遺産分割**とは、共同相続人が遺産を構成する財産を分割して、各自が個別的に取得する手続きのことをいいます。

② 遺産分割は共同相続人**全員の協議**によって行いますが、協議が調わないときは、**家庭裁判所の審判**によることになります。

8 相続の承認・放棄

① **相続の承認**とは、相続人が相続の効果を受け入れることをいい、次のような方法があります。

・**単純承認**…相続人が被相続人の相続財産を承継することを全面的に受け入れること

・**限定承認**…相続によって得た財産の限度においてのみ被相続人の債務及び遺贈を弁済すべきことを留保してする承認のこと

---

② 次のような事由があるときは、**単純承認したものとみなされます**。なお、熟慮期間とは、**自己に相続があったことを知ったときから3ヶ月間**のことをいいます。

・相続人が、**相続財産の全部または一部を処分**したとき

・相続人が、**熟慮期間内に限定承認または相続の放棄をしなかったとき** など

---

③ **相続の放棄**とは、相続の効果を拒否する相続人の単独行為のことをいいます。相続の放棄をするためには、各相続人は、**熟慮期間内に家庭裁判所に申述**する必要があります。

④ 相続の放棄が認められると、その者は、**はじめから相続人とならなかったものとみなされ**、被相続人の権利及び義務を一切承継しないことになります。

⑤ なお、相続開始前（被相続人の生前）に相続を承認したり放棄することは認められていません。

第9章 民法・家族編

【確認問題】

□342. 特別受益とは、共同相続人中、被相続人から（　①　）を受け、または、（　②　）・養子縁組・（　③　）としての（　④　）を受けた者のその利益のことをいう。

□343. 寄与分とは、共同相続人中、被相続人の財産の維持または（　①　）について（　②　）をした者の、その寄与した利益のことをいう。

□344.（　①　）とは、遺産を構成する財産を共同相続人が分割して、各自が個別的に取得する手続きのことをいう。（　①　）は（　②　）によって行うが、協議が調わないときは、（　③　）によることになる。

□345. 相続の承認とは、相続人が相続の効果を受け入れることをいう。相続の承認には次のような方法がある。
・（　①　）承認…相続人が被相続人の相続財産を承継することを（　②　）に受け入れること
・（　③　）承認…相続によって得た財産の限度においてのみ被相続人の債務及び遺贈を弁済すべきことを留保してする承認のこと

□346. 次のような事由があるときは、上記①の承認したものとみなされる。なお、熟慮期間とは、（　①　）のことをいう。
・相続人が相続財産の全部または一部を（　②　）したとき
・相続人が熟慮期間内に限定承認または（　③　）をしなかったとき　など

□347. 相続の放棄とは、相続の効果を拒否する相続人の単独行為のことをいう。相続の放棄をするためには、各相続人は、熟慮期間内に（　①　）に（　②　）をしなければならない。

□348. 相続の放棄が認められると、その者は（　①　）ものとみなされる。なお、相続開始前の承認・放棄は（　②　）。

9 遺 言

① **遺言**とは、一定の方式に従い、死後の法律関係を定めるための（被相続人による）**最終の意思表示**のことをいいます。

② 遺言は、**意思能力を有する15歳以上の者**がすることができます。遺言をすることができる能力のことを**遺言能力**といいます。遺言能力がない者の遺言は**一切無効**となります。

③ 遺言においては、制限行為能力制度は適用されないので、制限行為能力者の保護者が、本人に代理して遺言を作成することはできません。但し、病気その他の理由により、運筆について他人の添え手による補助を受けてされた自筆証書遺言は、遺言者が証書作成時に自書能力を有し、遺言者は添え手をした他人から、単に筆記を容易にするための支えを借りただけであり、かつ、添え手をした他人の意思が介入した形跡のないことが筆跡のうえで判定できる場合であれば、当該遺言は有効となるのが判例です。

④ **成年被後見人**は、判断能力を**一時回復**している場合において、**医師2人以上の立会い**があれば遺言をすることができます。但し、成年被後見人が、後見業務の終了前に、成年後見人等の利益となるべき遺言をしたときは、その遺言は**無効**となります（但し、後見人が被後見人の配偶者・直系血族・兄弟姉妹がである場合は有効）。

⑤ 被保佐人・被補助人が遺言をする場合も、保佐人・補助人の同意は**不要**です。

10 遺留分

① **遺留分**とは、**兄弟姉妹を除く法定相続人に留保された相続財産の一定割合**であり、被相続人の生前処分または死因処分によって奪うことのできない部分のことをいいます。

② 上記の「一定割合」とは、被相続人の全財産に対する割合であり、具体的には次のようになっています。

単独相続の場合	配偶者・直系卑属は2分の1、直系尊属は3分の1
配偶者との共同相続の場合	直系卑属・直系尊属とも2分の1

③ なお、上記の遺留分を侵害するような相続分の指定や、遺贈・贈与も**当然に無効**となるのではなく、遺留分権利者からの遺留分減殺請求の対象となるに過ぎないものとされています。

第9章 民法・家族編

【確認問題】

□349. 遺言とは、一定の方式に従い、死後の法律関係を定めるための（　①　）の意思表示のことをいう。遺言は、意思能力を有する（　②　）以上の者がすることができる。意思能力がない者の遺言は（　③　）である。なお、制限行為能力者の保護者が、本人に代理して遺言を作成することは（　④　）。

□350. 成年被後見人は、事理弁識能力を（　①　）している場合において、（　②　）以上の立会いがあれば遺言をすることができる。但し、被後見人が、後見の計算の終了前に、（　③　）等の利益となるべき遺言をしたときは、その遺言は（　④　）となる。

□351. （　①　）とは、（　②　）を除く法定相続人等に留保された相続財産の一定割合で、被相続人の生前処分または死因処分によって奪うことのできない部分のことをいう。

□352. 遺留分を侵害する相続分の指定や、遺贈・贈与は（　①　）、、遺留分権利者からの（　②　）の対象となるに過ぎないとされている。

第10章　労働法・会社法

労働法とは

労働法とは、労働関係および労働者の**地位の保護や向上**に関する法の総称をいいます。わが国の労働法には、次のようなものがあります。

- 個別的な労働関係に関する法律…**労働基準法、労働契約法**、労働安全衛生法、男女雇用機会均等法、パートタイム労働法、**育児介護休業法、最低賃金法**　など
- 使用者と労働組合との関係に関する法律…**労働組合法**、労働関係調整法　など
- 個別的労働紛争の簡易な解決を目指す法律…労働審判法
- 労働市場の規制に関する法律…職業安定法、労働者派遣法　など

労働基準法

1　総　則

① 労働基準法1条1項は「労働条件は、労働者が**人たるに値する生活**を営むための必要を充たすべきものでなければならない。」と定め、同条2項は「この法律で定める労働条件の基準は**最低のもの**であるから、労働関係の当事者は、この基準を理由として労働条件を**低下させてはならない**ことはもとより、その**向上を図るように努め**なければならない。」と定めています。

② 労働基準法2条1項では「労働条件は、**労働者と使用者が、対等の立場**において決定すべきものである。」と定めた上で、13条で「この法律で定める基準に**達しない**労働条件を定める労働契約は、**その部分については無効**とする。この場合において、無効となった部分は、**この法律で定める基準による。**」と定めています。

2　労働契約

① 労働基準法14条は、労働契約の期間について次のように定めています（期間の定めのないもの（≒正社員）や、一定の事業の完了に必要な期間を定めるものは除く）

- 原則として**3年以内**
- **専門的知識**等を有する労働者または**満60歳以上**の労働者との間の労働契約については**5年以内**

② 労働基準法15条1項は「使用者は、労働契約の締結に際し、労働者に対して賃金、労働時間その他の労働条件を**明示しなければならない。**」と定め、同条2項は「前項の規定によって明示された労働条件が事実と相違する場合においては、労働者は、**即時に**労働契約を**解除**することができる。」と定めています。

③ 労働基準法16条は「使用者は、労働契約の不履行について**違約金**を定め、または**損害賠償額を予定する契約をしてはならない。**」と定め、17条は「使用者は、前借金その他労働することを条件とする前貸の債権と**賃金を相殺してはならない。**」と定めています。

143

第10章 会社法・労働法

【確認問題】

□353. 労働基準法1条1項は、「労働条件は、労働者が（　①　）を営むための必要を充たすべきものでなければならない。」と定め、同条2項は「この法律で定める労働条件の基準は（　②　）のものであるから、労働関係の当事者は、この基準を理由として労働条件を（　③　）させてはならないことはもとより、その向上を図るように努めなければならない。」と定めている。

□354. 労働基準法2条1項は「労働条件は、（　①　）と（　②　）が、（　③　）の立場において決定すべきものである。」と定めている。

□355. 労働基準法13条は「この法律で定める基準に（　①　）労働条件を定める労働契約は、（　②　）については（　③　）とする。この場合において、（　③　）となった部分は、この法律で定める基準による。」と定めている。

□356. 労働基準法14条は、労働契約の期間（有期の場合）について次のように定めている。
・原則として（　①　）以内
・（　②　）等を有する労働者または満（　③　）以上の労働者との間の労働契約については（　④　）以内

□357. 労働基準法15条1項は「使用者は、労働契約の締結に際し、労働者に対して賃金、労働時間その他の労働条件を（　①　）しなければならない。」と定め、同条2項は「前項の規定によって（　①　）された労働条件が事実と相違する場合においては、労働者は、（　②　）に労働契約を（　③　）することができる。」と定めている。

□358. 労働基準法16条は「使用者は、労働契約の不履行について（　①　）を定め、または損害賠償額を（　②　）する契約をしてはならない。」と定め、17条は「使用者は、前借金その他労働することを条件とする前貸の債権と（　①　）を（　②　）してはならない。」と定めている。

3 解雇

① 労働基準法19条1項は「使用者は、労働者が**業務上**負傷し、または疾病にかかり療養のために**休業する期間及びその後30日間**並びに**産前産後の女性**が…**休業する期間及びその後30日間は、解雇してはならない。**」と定めています。

② 労働基準法20条1項は「使用者は、労働者を解雇しようとする場合においては、**少なくとも30日前にその予告をしなければならない。30日前に予告をしない使用者は、30日分以上の平均賃金を支払わなければならない。**但し、天災事変その他やむを得ない事由のために**事業の継続が不可能**となった場合または**労働者の責に帰すべき事由**に基いて解雇する場合においては、この限りでない。」と定めています。

なお、本条は、試用期間中の者などについては適用されません。

4 賃金

① 労働基準法24条1項は「（原則として）賃金は、**通貨で、直接**労働者に、その**全額**を支払わなければならない。」と定め、同条2項は「（原則として）賃金は、**毎月1回以上、一定の期日**を定めて支払わなければならない。」と定めています。これを「**賃金支払いの5原則**」といいます。

② 労働基準法28条は「賃金の**最低基準**に関しては、**最低賃金法**…の定めるところによる。」と定めています。

③ 労働基準法26条は「**使用者の責に帰すべき事由による休業**の場合においては、使用者は、休業期間中当該労働者に、その**平均賃金の100分の60以上**の手当を支払わなければならない。」と定めています。これを「**休業手当**」といいます。

5 労働時間

① 労働基準法32条1項は「（原則として）使用者は、労働者に、**休憩時間を除き1週間について40時間を超えて、労働させてはならない。**」と定め、同条2項は「使用者は、1週間の各日については、労働者に、**休憩時間を除き1日について8時間を超えて、労働させてはならない。**」と定めています。これを「**法定労働時間**」といいます。

② 労働基準法34条1項は「使用者は、労働時間が6時間を超える場合においては**少なくとも45分、8時間を超える場合においては少なくとも1時間**の休憩時間を労働時間の**途中**に与えなければならない。」と定めています。

6 休日・休暇

① 労働基準法35条は**休日**に関する規定であり、使用者は、労働者に対して、毎週少なくとも**1週間に1日以上**または**4週間に4日以上**の休日を与えなければならないと定めています。

② 労働基準法39条は**有給休暇**に関する規定であり、使用者は、その雇入れの日から起算して**6ヶ月間継続勤務**し**全労働日の8割以上出勤**した労働者に対して、**10日間**の有給休暇を与えなければならないと定めています。この日数は、雇い入れ日から1年6ヶ月経過ごとに増加し、最大で**20日間**となります。なお、いわゆる非正社員も有給休暇を取得することができますが、その日数等は正社員の場合と異なります。

145

第１０章 会社法・労働法

【確認問題】

□359. 労働基準法19条1項は「使用者は、労働者が（　①　）負傷し、または疾病にかかり療養のために休業する期間及びその後（　②　）間並びに（　③　）の女性が…休業する期間及びその後（　③　）間は、（　④　）してはならない。」と定めている。

□360. 労働基準法20条1項は「使用者は、労働者を解雇しようとする場合においては、少なくとも（　①　）前にその（　②　）をしなければならない。（　①　）前に（　②　）をしない使用者は、（　①　）分以上の平均賃金を支払わなければならない。但し、天災事変その他やむを得ない事由のために（　③　）が不可能となった場合または（　④　）の責に帰すべき事由に基いて解雇する場合においては、この限りでない。」と定めている。

□361. 労働基準法24条1項は、「（原則として）賃金は、（　①　）で、（　②　）労働者に、その（　③　）を支払わなければならない。」と定め、同条2項は「（原則として）賃金は、（　④　）以上、（　⑤　）を定めて支払わなければならない。」と定めている。

□362. 労働基準法26条は「（　①　）の責に帰すべき事由による休業の場合においては、（　①　）は、休業期間中当該労働者に、その平均賃金の（　②　）以上の手当を支払わなければならない。」と定めている。

□363. 労働基準法28条は「賃金の（　①　）基準に関しては、（　②　）…の定めるところによる。」と定めている。

□364. 労働基準法32条1項は「（原則として）使用者は、労働者に、（　①　）を除き１週間について（　②　）を超えて、労働させてはならない。」と定め、同条2項は「使用者は、１週間の各日については、労働者に、（　①　）を除き１日について（　③　）を超えて、労働させてはならない。」と定めている。

□365. 労働基準法34条1項は「使用者は、労働時間が（　①　）を超える場合においては少なくとも（　②　）、（　③　）を超える場合においては少なくとも（　④　）の休憩時間を労働時間の（　⑤　）に与えなければならない。」と定めている。

□366. 労働基準法35条は、使用者は、労働者に対して、毎週少なくとも（　①　）以上または（　②　）以上の休日を与えなければならないとしている。

□367. 労働基準法39条では、使用者は、その雇入れの日から起算して（　①　）継続勤務し全労働日の（　②　）以上出勤した労働者に対して、（　③　）の（　④　）休暇を与えなければならないとしている。この日数は、雇い入れ日から（　⑤　）経過するごとに増加し、最大で（　⑥　）となる。

7 時間外・休日労働

① 労働基準法36条1項は、使用者は、**労使協定等を締結し、これを行政官庁に届け出る**ことで、労働者に**労働時間の延長（残業）**または**休日労働（休日出勤）**をさせることができるとしています。**労使協定**とは、労働者側と使用者との間で締結される書面による協定のことであり、本条に基づく労使協定を特に「36協定」とよんでいます。

② 上記①の場合、同法37条に基づき、使用者は労働者に対して、**労働時間の延長の場合は通常の賃金の2割5分増以上の割増賃金**を、**休日労働の場合は通常の賃金の3割5分増以上の割増賃金**を支払う必要があります。

8 年少者・女性の保護

① 労働基準法56条は、使用者は、原則として、児童が**満15歳**に達した日以後の最初の3月31日が終了するまで、これを使用してはならないと定めています。

② 労働基準法58条1項は「**親権者**または**後見人**は、未成年者に代わって**労働契約を締結してはならない。**」と定め、同条2項は「**親権者**もしくは**後見人**または行政官庁は、労働契約が未成年者に**不利**であると認める場合においては、将来に向かってこれを**解除**することができる。」と定めています。また、59条は「未成年者は、**独立して賃金を請求**することができる。**親権者**または**後見人**は、未成年者の賃金を代わって受け取ってはならない。」と定めています。

③ 労働基準法65条1項は「使用者は、**6週間**…以内に出産する予定の女性が休業を**請求**した場合においては、その者を就業させてはならない。」と定め、同条2項は「使用者は、**産後8週間**を経過しない女性を就業させてはならない。」と定め、同条3項は「使用者は、**妊娠中の女性**が請求した場合においては、他の軽易な業務に転換させなければならない。」と定めています。

④ 労働基準法66条は、**妊産婦からの請求**があったときは、使用者は**時間外労働や休日労働、深夜労働**をさせてはならないと定めていいます。

⑤ 労働基準法67条は、**1歳未満の子を育てる女性**は、休憩時間のほか、**1日2回各々少なくとも30分、育児時間**を請求することができると定めています。

⑥ 労働基準法第68条は「使用者は、**生理日の就業が著しく困難な女性が休暇を請求**したときは、その者を生理日に就業させてはならない。」と定めています。

9 労災補償

① 労働基準法75条1項は「労働者が**業務上負傷**し、または疾病にかかった場合においては、使用者は、**その費用で必要な療養を行い**、または必要な療養の費用を**負担**しなければならない。」と定めています。本条の責任は**無過失責任**とされています。

② 労働基準法84条1項は「この法律に規定する災害補償の事由について、**労働者災害補償保険法（労災保険）**…に基づいてこの法律の災害補償に相当する給付が行なわれるべきものである場合においては、**使用者は、補償の責を免れる。**」と定めています。よって、労災保険からの給付が行われた場合は、その限度で使用者は上記の責任を免れることになります。労災保険については第14で学びます。また、同条2項は、「使用者は、この法律による補償を行った場合においては、同一の事由については、その価額の限度において**民法**による**損害賠償の責を免れる。**」と定めています。

第１０章 会社法・労働法

【確認問題】

□368. 労働基準法36条1項は「使用者は、（　①　）等を締結し、これを行政官庁に届け出ることで、（　②　）あるいは（　③　）をさせることができるとしている。この場合、37条に基づき、使用者は労働者に対して、（　②　）の場合は、通常の賃金の（　④　）増以上の割増賃金を、（　③　）の場合は通常の賃金の（　⑤　）増以上の割増賃金を支払わなければならない。」と定めている。

□369. 労働基準法56条は、使用者は、原則として、児童が（　①　）に達した日以後の最初の3月31日が終了するまで、これを（　②　）してはならないと定めている。

□370. 労働基準法58条1項は「（　①　）または（　②　）は、未成年者に代わって（　③　）を締結してはならない。」と定め、同条2項は「（　①　）もしくは（　②　）または行政官庁は、（　③　）が未成年者に不利であると認める場合においては、将来に向かってこれを（　④　）することができる。」と定めています。また、59条は「未成年者は、（　⑤　）して（　⑥　）を請求することができる。（　①　）または（　②　）は、未成年者の（　⑥　）を代わって受け取ってはならない。」と定めている。

□371. 労働基準法65条1項は「使用者は、（　①　）…以内に（　②　）する予定の女性が休業を請求した場合においては、その者を就業させてはならない。」と定め、同条2項は「使用者は、（　③　）を経過しない女性を就業させてはならない。」、同条3項は、「使用者は、（　④　）の女性が請求した場合においては、他の軽易な業務に転換させなければならない。」と定めている。

□372. 労働基準法66条は、（　①　）からの請求があったときは、使用者は（　②　）や（　③　）、深夜労働をさせてはならないと定めている。

□373. 労働基準法67条は、（　①　）の子を育てる（　②　）は、前述の休憩時間のほか、一日（　③　）各々少なくとも（　④　）、育児時間を請求することができると定めている。

□374. 労働基準法68条は「使用者は、（　①　）の就業が著しく困難な女性が（　②　）を請求したときは、その者を（　①　）に就業させてはならない。」と定めている。

□375. 労働基準法75条1項は、「労働者が（　①　）負傷し、または疾病にかかった場合においては、使用者は、（　②　）必要な療養を行い、または必要な療養の費用を（　③　）しなければならない。」と定めている。

□376. 労働基準法84条1項は「この法律に規定する災害補償の事由について、（　①　）…に基づいてこの法律の災害補償に相当する給付が行なわれるべきものである場合においては、使用者は、補償の責を（　②　）。」と定め、同条2項は「使用者は、この法律による補償を行った場合においては、同一の事由については、その価額の限度において（　③　）による（　④　）の責を（　②　）。」と定めている。

148

労働契約法

1 概要

① **労働契約法**とは、労働者と使用者の間で結ばれる労働契約の基本原則を定めた法律です。

② 労働契約法3条1項は「労働契約は、労働者及び使用者が**対等の立場**における合意に基づいて締結し、または変更すべきものとする。」と定め、同条3項は「労働契約は、労働者及び使用者が**仕事と生活の調和**にも配慮しつつ締結し、または変更すべきものとする。」、同条4項は「**労働者及び使用者は、労働契約を遵守**するとともに、信義に従い誠実に、権利を行使し、及び義務を履行しなければならない。」と定めています。

③ 労働契約法4条2項は「労働者及び使用者は、労働契約の内容…について、できる限り**書面**により確認するものとする。」と定めています。

2 懲戒・解雇

労働契約法15条は「使用者が労働者を**懲戒**する…場合において、…当該…労働者の行為の性質及び態様その他の事情に照らして、**客観的に合理的な理由**を欠き、社会通念上相当であると認められない場合は、その権利を**濫用**したものとして、当該懲戒は、**無効**とする。」とすると定め、16条は「**解雇**は、**客観的に合理的な理由**を欠き、社会通念上相当であると認められない場合は、その権利を**濫用**したものとして、**無効**とする。」と定めています。

3 有期労働契約

① 労働契約法17条1項は、使用者は、**有期労働契約**を締結している労働者について、**やむを得ない事由**がある場合でなければ、その契約期間が満了するまでの間は、当該労働者を**解雇することはできない**と定めています。

② 労働契約法19条は、一定の場合において、有期労働契約を締結している労働者が、当該契約の**更新の申込み**をした場合等において、使用者が当該申込みを拒絶することが、**客観的に合理的な理由**を欠き、社会通念上相当であると認められないときは、使用者は、**従前の契約内容と同一の労働条件で当該申込みを承諾したものとみなす**と定めています。「一定の場合」とは、当該有期労働契約が過去に反復して更新されたことがあることで、今回更新しないことが解雇と同視される場合や、労働者が（今回も）更新されるものと期待することについて合理的な理由がある場合などをいいます。

③ 労働契約法20条は、有期労働契約を締結している労働者の労働契約の内容である労働条件が、有期契約であることによって、期間の定めのない労働契約を締結している労働者（正社員）の労働条件と相違する場合は、その相違は、労働者の**業務の内容及びこれに伴う責任の程度**その他の事情を考慮して、**不合理と認められるものであってはならない**と定めています。

第10章 会社法・労働法

【確認問題】

□377. 労働契約法3条1項は「労働契約は、労働者及び使用者が（　①　）における合意に基づいて締結し、または変更すべきものとする。」と定め、同条3項は「労働契約は、労働者及び使用者が（　②　）の調和にも配慮しつつ締結し、または変更すべきものとする。」、同条4項は「労働者及び使用者は、労働契約を（　③　）するとともに、信義に従い誠実に、権利を行使し、及び義務を履行しなければならない。」と定めている。

□378. 労働契約法4条2項は「労働者及び使用者は、労働契約の内容…について、できる限り（　　　　）により確認するものとする。」と定めている。

□379. 労働契約法15条は「使用者が労働者を（　①　）する…場合において、…当該…労働者の行為の性質及び態様その他の事情に照らして、（　②　）に（　③　）を欠き、社会通念上相当であると認められない場合は、その権利を（　④　）したものとして、当該（　①　）は、（　⑤　）とする。」と定め、16条は、「（　⑥　）は、（　②　）に（　③　）を欠き、社会通念上相当であると認められない場合は、その権利を（　④　）したものとして、（　⑤　）とする。」と定めている。

□380. 労働契約法17条1項は、使用者は、（　①　）を締結している労働者について、（　②　）がある場合でなければ、その契約期間が満了するまでの間は、当該労働者を（　③　）することはできないと定めている。

□381. 労働契約法19条は、一定の場合において、有期労働契約を締結している労働者が、当該契約の（　①　）をした場合等において、使用者が当該申込みを拒絶することが、（　②　）に（　③　）を欠き、社会通念上相当であると認められないときは、使用者は、従前の契約内容と（　④　）の労働条件で当該申込みを（　⑤　）と定めている。

□382. 労働契約法20条は、有期労働契約を締結している労働者の労働契約の内容である労働条件が、有期契約であることによって、期間の定めのない労働契約を締結している労働者（正社員）の労働条件と相違する場合は、その相違は、労働者の（　①　）及びこれに伴う（　②　）その他の事情を考慮して、（　③　）と認められるものであってはならないと定めている。

150

会社法

1 総論

① **会社法**は、会社の**設立**や**組織**、運営、資金調達、管理、**解散**などについて定めた法律です。

② 一般に、次のような性質を有するものが会社であるとされています。

なお、会社法上、出資者のことを社員（株式会社の場合は株主）といいます。

> ・**営利性**…営利とは、対外的な活動によって利益を得て、その利益を出資者に
> 　　　　　分配することをいう
> ・**法人性**…法人とは、権利義務の帰属主体となる自然人以外の者をいう

③ 会社法上の会社には、次の4種類があります。

> ・**株式会社**…**有限**責任社員のみから構成される
> ・**合同会社**…**有限**責任社員のみから構成される
> ・**合名会社**…**無限**責任社員のみから構成される
> ・**合資会社**…**無限**責任社員と**有限**責任社員から構成される

④ 上記の「責任」とは、強制執行を受ける法的な地位にあることをいいます。例えば、会社が1億円の債務を抱えて倒産した場合、100万円の出資義務を負う有限責任社員は、当該100万円（分）についてのみ責任を負うのに対し、無限責任社員は、当該1億円全額について責任を負うことになります。

2 株式会社

① **株式会社**とは、一定数の**株式**を発行し、**株主**がその有する株式の出資（引受）価額を限度として出資義務を負う会社のことをいいます。

② **株式**とは、株式会社に出資した社員の地位及び権利のことをい、この株式を有する社員のことを**株主**といいます。

③ **株主平等の原則**とは、株主は、株主としての資格に基づく法律関係については、その保有する株式の**内容及び数**に応じて、**平等**に扱われなければならないとするルールのことをいいます。

④ **株式譲渡自由の原則**とは、株主は株式を自由に**譲渡できる**のが原則であることをいいます。但し、会社は**定款**をもって、株式の**譲渡を制限**することができます。譲渡が自由である株式を発行している株式会社を**公開会社**といい、全ての株式の譲渡につき株式会社の承認等を要するなどの制限が付されている株式を発行している株式会社を**非公開会社**といいます。

⑤ 株式会社に設置される主要な機関は、次のとおりです。

> ・**株主総会**…株主を構成員とし、**定款の変更**や、**取締役・監査役の選解任**、会社
> 　　　　　の解散や合併など、株式会社の基本的事項に関する意思決定機関
> ・**取締役**…株式会社の業務執行に関する意思決定などを行う者
> ・**監査役**…取締役の職務の執行や会社の会計を監査する者

第10章 会社法・労働法

【確認問題】

□383. 会社法とは、会社の（　①　）や（　②　）、運営、資金調達、管理、（　③　）などについて定めた法律である。

□384. 会社には、（　①　）性・（　②　）性という性質があるとされる。

□385. 会社法上の会社には、（　①　）会社・（　②　）会社・（　③　）会社・（　④　）会社の4種類がある。

□386. 上記①②は（　①　）社員のみから構成される。（　①　）とは、社員が負担する出資価額の限度においてのみ責任を負うことをいう。これに対し、上記③は（　②　）社員のみで構成される。（　②　）とは、社員が会社債務の全てについて責任を負うことをいう。上記④は、（　①　）社員と（　②　）社員から構成される会社である。

□387. （　①　）とは、株式会社に出資した社員の地位及び権利のことをいい、この（　①　）を有する社員のことを（　②　）という。そして、株式会社とは、一定数の（　①　）を発行し、（　②　）がその有する株式の出資（引受）価額を限度として出資義務を負う会社のことをいう。

□388. 株主（　①　）の原則とは、株主は、株主としての資格に基づく法律関係については、その保有する株式の（　②　）及び（　③　）に応じて、（　①　）に扱われなければならないとするルールのことをいう。

□389. 株式（　①　）自由の原則とは、株主は株式を自由に（　①　）できるのが原則であることをいう。但し、会社は定款をもって、株式の（　①　）を（　②　）することができる。一般に、（　①　）が自由である株式を発行している株式会社を（　③　）会社といい、全ての株式の（　①　）につき株式会社の承認等を要するなどの制限が付されている株式を発行している株式会社を（　④　）会社という。

□390. 株式会社には、主に次のような機関が置かれる。
・（　①　）…株主を構成員とし、（　②　）の変更や、（　③　）・（　④　）の選解任、会社の解散や合併など、株式会社の基本的事項に関する意思決定機関
・（　③　）…株式会社の業務執行に関する意思決定などを行う者
・（　④　）…（　③　）の職務の執行や会社の会計を監査する者

152

第11章　社会保障概論

社会保障とは

1　一般的な意味での「社会保障」

　一般的に**「社会保障」**とは、「病気・けが」「死亡」「出産」「障害」「失業」「老齢」など
生活上の問題により、**生活が不安定になることを予防あるいは救済**し、**健康で文化
的な生活を保障**すること、または、これを目的とした社会制度のことをいいます。

2　「ベヴァリッジ報告書」における「社会保障」の概念

　①「**ベヴァリッジ報告書**」とは、1942年にまとめられたイギリスの社会保障制度に
関する報告書です。正式名称は『**社会保険および関連サービス**』といいますが、報
告書をとりまとめた経済学者ウィリアム・ヘンリー・ベヴァリッジの名前からこの
ようによばれています。
　②　この報告書は、1942年に発表され、第二次大戦後のイギリスの社会保障制度の基
礎となっただけでなく、諸外国の社会保障制度にも影響を及ぼしたとされています。
　③　この報告書では、「社会保障」について次のように述べられています。

> 「失業、疾病もしくは災害によって**収入が中断**された場合にこれに変わるための、
> また**老齢による退職**や本人以外の者の死亡による**扶養の喪失**に備えるための、さ
> らにまた**出生**、および結婚などに関連する特別の支出をまかなうための、**所得の
> 保障**」

3　社会保障制度審議会「50年勧告」による「社会保障」の定義

　①　**社会保障制度審議会**とは、社会保障制度の全般にわたる調査、審議、勧告を行う
ことを目的として、旧総理府に置かれていた内閣総理大臣の諮問機関です。
　②　この審議会から1950年に出された**「社会保障制度に関する勧告」**（「50年勧告」）
では、社会保障制度について次のように述べられています。

> 「社会保障制度とは、疾病、負傷、**分娩**、**廃疾**、死亡、老齢、失業、**多子**その他
> 困窮の原因に対し、**保険的方法**または直接**公の負担**において**経済保障**の途を講じ、
> 生活困窮に陥ったものに対しては、　国家**扶助**によって最低限度の生活を保障する
> とともに、　**公衆衛生**および**社会福祉**の向上を図り、もってすべての国民が文化的
> 成員たるに値する生活を営むことができるようにすることをいう」

第１１章 社会保障概論

【確認問題】

□391. 一般に「社会保障」とは、「病気・けが」「死亡」「出産」「障害」「失業」「老齢」などの生活上の問題で、生活が不安定になることを（　①　）あるいは（　②　）し、（　③　）で（　④　）な生活を保障すること、または、これを目的とした社会制度のことをいう。

□392. いわゆる「ベヴァリッジ報告書」では、社会保障を次のように捉えている。

「失業、疾病もしくは災害によって（　①　）された場合にこれに変わるための、また（　②　）による退職や本人以外の者の死亡による（　③　）の喪失に備えるための、さらにまた（　④　）、および結婚などに関連する特別の支出をまかなうための、（　⑤　）」

□393. 社会保障制度審議会「1950年勧告」では、社会保障制度を次のように捉えている。

「疾病、負傷、（　①　）、（　②　）、死亡、老齢、失業、（　③　）、その他困窮の原因に対し、（　④　）的方法または直接（　⑤　）において（　⑥　）保障の途を講じ、生活困窮に陥った者に対しては、国家（　⑦　）によって最低限度の生活を保障するとともに、（　⑧　）および（　⑨　）の向上を図り、もってすべての国民が文化的成員たるに値する生活を営むことができるようにすること」

154

社会保障の機能

社会保障には、次の【図表41】のような機能があるとされています。

【図表39】社会保障の機能

所得再分配機能	高所得者から低所得者、現役世代から高齢世代などへ再分配することで所得格差を縮小する機能
リスク分散機能	個人の力だけでは対応が難しいリスクに対して、社会全体でリスクの影響を小さくする機能
家庭機能の支援・代替機能	家庭が担ってきた役割（扶養や介護など）を支援あるいは代替する機能
社会及び経済の安定・成長	社会保障給付を通じて景気変動を緩和する機能（ビルトインスタビライザー）、雇用を創出することで経済が安定・成長する機能

社会保障の保障水準

社会保障（制度）は、私たちの生活をどの程度まで保障すべきものなのか、その保障水準については、次の【図表42】のような考え方があります。

【図表40】社会保障の保障水準

最低生活保障	社会保障は、国民の最低生活を保障することを主たる目的とすべきであるという考え方（憲法25条（生存権）や、公的扶助、国民年金などにおいて議論となる）
適正水準保障	社会保障は、各国民に適正な生活を保障すべきであるという考え方（医療保障などにおいて議論となる）
従前生活保障	社会保障は、各国民において、その生活上のリスクを生じる以前までの生活レベルを保障すべきであるという考え方（厚生年金や労災保険などにおいて議論となる）
最高水準保障	社会保障は、国民の有する全ての生活上のニーズを保障すべきであるという考え方（社会福祉との関連において議論となる）

第１１章 社会保障概論

【確認問題】

□394. 社会保障には、次のような機能があるとされる。

(①) 機能	高所得者から低所得者、現役世代から高齢世代などへ再分配することで所得格差を縮小する機能
(②) 機能	個人の力だけでは対応が難しいリスクに対して、社会全体でリスクの影響を小さくする機能
家庭機能の (③) 機能	家庭が担ってきた役割（扶養や介護など）を支援あるいは代替する機能
社会及び経済 の安定・成長	社会保障給付を通じて景気変動を緩和する機能（(④)）、雇用を創出することで経済が安定・成長する機能

□395. 社会保障の保障水準については、次のような考え方がある。

(①) 保障	社会保障は、国民の最低生活を保障することを主たる目的とすべきであるという考え方
(②) 保障	社会保障は、各国民に適正な生活を保障すべきであるという考え方
(③) 保障	社会保障は、各国民において、その生活上のリスクを生じる以前までの生活レベルを保障すべきであるという考え方
(④) 保障	社会保障は、国民の有する全ての生活上のニーズを保障すべきであるという考え方

社会保障制度

我が国の**社会保障制度**は、次の【図表４３】のように分類されます。我が国の社会保障制度は、**社会保険制度を中核**として整備されています。

【図表４１】我が国の社会保障制度

	社会保険（公的保険）	社会扶助
意義	**公的責任**において制度化された、**強制加入**の保険	保険の技術や原理に基づかず、**租税を中心とする公費**によって給付を行う制度
例	年金保険、医療保険、雇用保険、労災保険、介護保険	公的扶助・高齢者福祉・障害者福祉・児童福祉・母子寡婦等福祉・各種手当など

保 険

1 保険とは
① 一般に保険とは、**保険事故**によって生じる財産上の損失に備えて、**被保険者が保険料**を出し合い、その資金によって、**保険事故**が発生した**被保険者**に**保険金**を給付する制度のことをいいます。
② **保険事故**とは、**偶然**に発生する生活上のトラブルうち、**保険金の支払原因**となるものをいいます。
③ **被保険者**とは、保険事故の**発生リスク**を負っており、かつ、保険に**加入**している者のことをいいます。

2 保険の基本原則
保険は、次のような法則や原則を前提として成立するものとされています。

大数の法則	個別に見れば偶然と思われる事象も、大量に観察すれば、そこには一定の法則が見られるという原理のこと
給付反対給付均等の原則	加入者が負担する保険料は、その偶然に受け取る保険金の数学的期待値に等しいこと
収支相等の原則	保険者の収受する保険料の総額は、その支払う保険金の総額に等しいこと

第１１章 社会保障概論

【確認問題】

□396. 我が国の社会保障制度は、（　①　）と（　②　）に分けられる。（　①　）とは、（　③　）責任において制度化された（　④　）の保険のことをいい、（　②　）とは、保険の技術や原理に基づかず、（　⑤　）を中心とする公費によって給付を行う仕組みのことをいう。我が国の社会保障制度は、（　①　）制度を中核としている。

□397. 我が国には、大きく分けて、（　①　）保険・（　②　）保険・（　③　）保険・（　④　）保険・（　⑤　）保険の5つの社会保険がある

□398. 一般に保険とは、（　①　）によって生じる財産上の損失に備えて、（　②　）が（　③　）を出し合い、その資金によって、（　①　）が発生した（　②　）に（　④　）を給付する制度のことをいう。

□399. 上記①とは、（　①　）に発生する生活上のトラブルうち、保険金の（　②　）となるものをいい、上記②とは、保険事故の（　②　）を負っており、かつ、保険に（　③　）している者のことをいう。

□400. 保険は、次のような法則や原則を前提として成立する（保険の基本原則）。

（　①　）の法則	個別に見れば偶然と思われる事象も、大量に観察すればそこには一定の法則が見られるという原理のこと
（　②　）の原則	加入者が負担する保険料は、その偶然に受け取る保険金の数学的期待値に等しいこと
（　③　）の原則	保険者の収受する保険料の総額は、その支払う保険金の総額に等しいこと

158

社会保険

1 社会保険の性質

① **社会保険**は、前頁の保険の基本原則を、国民の生活保障という目的達成の見地から、次のような方法（方式）を用いて**修正**したものであるとされます。社会保険では、給付反対給付均等の原則は成立せず、また、収支相当の原則は、公費負担を含めて成立することになります。

平均保険料	被保険者全体の平均危険率を基に算出した保険料を負担する方法
応能負担	各被保険者の負担能力（所得）を基に算出した保険料を負担する方法
事業主負担	被用者たる被保険者の保険料の一部を、雇用者たる事業主が負担する
公費負担	社会保険に**公費**が投入される

② 上記①の**事業主負担（方式）**の根拠として、次のようなものが挙げられています。

- 年金や医療保険など社会保険の存在が、**事業主にも利益**となる
- 負担能力を有する事業主は、**被用者の負担能力の不足を補うべき**である
- **日本的雇用慣行**を前提とするならば、事業主にも被用者が加入する社会保険の運営に協力すべき**社会的責任**がある
- 労災や失業など、保険事故の発生が**事業主の責任**に帰せられるべき場合がある

---

③ 上記①の**公費負担（方式）**の根拠として、次のようなものが挙げられています。

- 国民の生活保障に対する公的責任を**確実に遂行**すべきである
- 各社会保険における**低所得者の負担能力を補完すべき**である
- 各社会保険における**財政力の格差の調整**が必要である

---

2 社会保険と社会扶助の比較

社会保険と社会扶助を比較すると、次のような特徴が明らかになります。

社会保険（保険方式）	社会扶助（税方式）
・税よりも保険料の方が引上げに際し**国民の合意**を得やすい ・税（目的税は除く）と異なり、保険料は**使途が特定**されているため**財源として安定**している ・社会保険給付の**対価性**及び受給の**権利性**が**明確**である　など	・社会保険における**廃除原理を回避**できる（保険料を提出できない低所得者等が給付を受けられない事態を回避できる） ・保険料徴収に係る膨大な**事務コスト**を削減できる　など

第11章 社会保障概論

【確認問題】

□401. 社会保険は、前述の保険の基本原則を、国民の生活保障という目的達成の見地から、次のような方式を用いて修正したものである。

（　①　）	被保険者全体の平均危険率を基に算出した保険料を負担する方法
（　②　）負担	各被保険者の負担能力（所得）を基に算出した保険料を負担する方法
（　③　）負担	被用者たる被保険者の保険料の一部を、雇用者たる（　③　）が負担する
（　④　）負担	社会保険に（　④　）が投入される

□402. 上記③と④は、次のような根拠に基づくものであるといえる。

上記③の根拠	・年金や医療保険など社会保険の存在が事業主にも利益となる ・負担能力を有する事業主は、（　①　）の負担能力の不足を補うべきである ・（　②　）を前提とするならば事業主にも被用者が加入する社会保険の運営に協力すべき（　③　）がある ・（　④　）や（　⑤　）など保険事故の発生が事業主の責任に帰せられるべき場合がある　など
上記④の根拠	・国民の生活保障に対する公的責任を（　⑥　）に遂行すべきである ・各社会保険における（　⑦　）の負担能力を補完すべきである ・各社会保険における（　⑧　）の調整が必要である

□403. 社会保険と社会扶助を比較した場合、社会保険には次のような特徴があるといえる。
・税よりも保険料の方が引上げに際し（　①　）を得やすい
・税（目的税は除く）と異なり、保険料は（　②　）されているため財源として
　（　③　）している
・社会保険給付の（　④　）及び受給の（　⑤　）が明確である。

□404. 社会保険と社会扶助（税方式）を比較した場合、社会扶助には次のような特徴があるといえる。
・社会保険における（　①　）を回避できる
・保険料徴収に係る膨大な（　②　）を削減できる　など

160

第１２章　年金保険

1　年金とは
① 年金とは、**毎年**支給される一定額の**金銭**のことをいい、社会保障における年金とは、主に老齢や障害など、**長期的**な必要に応じて支給される金銭のことをいいます。
② これに対し**一時金**とは、出産などの**短期的**な必要に応じて支給される金銭のことをいいます。

2　年金保険とは
① 年金保険（公的年金保険）とは、国民の**長期的**な生活の保障を目的として、「老齢」「障害」「遺族」の3つの**保険事故**に対して、年金を給付する社会保険のことをいいます。
② 我が国の主要な年金保険には、全ての国民を対象とした**国民年金**と、主に正社員等を対象とした**厚生年金**があります。なお、公務員や教員を対象とした共済年金は、2015年10月に厚生年金と統合されました。

3　国民年金

（1）概　要
① 国民年金（制度）は、**全ての国民**が、「**老齢**」「**障害**」「**遺族**」により所得を喪失した場合に、その生活を保障することを目的とするものです。なお、「障害」「遺族」については、**業務災害**によるものであるか否かを問いません。
② なお、国民年金は、保険料を負担していない者にも福祉的に給付を行っているので、「保険」とはいわず「**制度**」といっており、また、「保険給付」ではなく「**給付**」という用法を用いています。

（2）保険者
国民年金の**保険者**は、**政府**であり、**厚生労働省**が事業を所管しています。なお、権限の多くは**日本年金機構**に委任されています。

（3）被保険者
国民年金の**被保険者**は、次のように分類されています。

第1号被保険者	満20歳以上の自営業者や非正社員、学生、無職の者など
第2号被保険者	厚生年金保険の被保険者（正社員・正職員など）
第3号被保険者	第2号被保険者の被扶養配偶者のうち、原則として**年収が130万円未満**であり、かつ、被保険者の収入の2分の1未満である満20歳以上の者

161

第12章 年金保険

【確認問題】

□405. 年金とは、（　①　）支給される一定額の（　②　）のことをいい、社会保障における年金は、主に老齢や障害など、（　③　）的な必要に応じて支給される金銭のことをいう。

□406. 年金に対して（　①　）とは、出産などの（　②　）的な必要に応じて支給される金銭のことをいう。

□407. 公的年金保険とは、国民の（　①　）的な生活の保障を目的として、（　②　）（　③　）（　④　）の3つの保険事故に対して、年金を給付する社会保険のことをいう。

□408. 我が国の主要な年金保険には、全ての国民を対象とした（　①　）と、主に正社員等を対象とした（　②　）がある。

□409. 国民年金は、（　①　）が、（　②　）（　③　）（　④　）により所得を喪失した場合に、その生活を保障することを目的とするものである。なお、（　③　）（　④　）については、（　⑤　）によるものであるか否かを問わない。

□410. 国民年金の保険者は、（　①　）であり、（　②　）省が事業を所管する。なお、権限の多くは（　③　）に委任されている。

□411. 国民年金の被保険者は、次のように分類される。

第1号被保険者	満20歳以上の（　①　）や（　②　）、学生、無職の者など
第2号被保険者	（　③　）の被保険者（正社員・正職員など）
第3号被保険者	（　④　）被保険者の被扶養配偶者のうち、原則として年収が（　⑤　）であり、かつ、被保険者の収入の2分の1未満である満20歳以上の者

162

（４）保険料

① 国民年金の基本的な**保険料**は次のようになっています。第2号被保険者については、国民年金保険料と厚生年金保険料とを合わせて徴収します。

第1号被保険者	月額17,000円を負担する
第2号被保険者	標準報酬月額等の**約18%**の額を**労使折半**で負担する
第3号被保険者	負担なし

② **第1号被保険者**については、次のような保険料の**免除・納付猶予**制度があります。

法定免除	**障害基礎年金**や**生活扶助**の受給者等は保険料が当然に**免除**される
申請免除	所得が一定額以下の者については、**申請**により保険料の全部または一部が**免除**される
学生納付特例	20歳以上の学生で所得が一定額以下の場合は、申請により保険料の納付が**猶予**される
若年者納付猶予	50歳未満の者で所得が一定額以下の場合は、申請により保険料の納付が**猶予**される

③ 上記②の免除等を受けていた被保険者は、免除等を受けたときから**10年間**、保険料を遡って支払うことができます。これを**追納**といいます。なお、特段の理由無く保険料を支払っていないことを未納といいます。未納の場合は、保険料を支払うことができるのは、支払うべき時から2年間となっています。

（５）保険給付の概要

① 国民年金から給付される年金を**基礎年金**といいます。
② 基礎年金には、**老齢基礎年金・障害基礎年金・遺族基礎年金**があります。

（６）老齢基礎年金

① 保険料納付済期間等が**10年以上**ある被保険者が、**原則65歳**に達すると、年間約78万円の**老齢基礎年金**が支給されます。
② 老齢基礎年金の年金額の計算では、「**フルペンション減額方式**」という方法が採用されています。これは、被保険者である全期間（40年間）にわたって、保険料が納付された場合の満額（約78万円）を基に、保険料が納付されていない期間の部分を減額し、保険料の納付実績等を年金額に反映させる方式のことをいいます。
③ 上記②の「保険料納付期間等」には、**保険料の免除期間や納付猶予期間は含まれますが、滞納期間は含まれません**（滞納期間分が減額されます）。
④ なお、老齢基礎年金の繰り上げ（65歳未満）受給、繰り下げ（65歳以降）受給のいずれも認められていますが、繰り上げ・繰り下げによる年金額の減額・増額は一生涯続くことになります。

第12章 年金保険

【確認問題】

□412. 国民年金の基本的な保険料は次のとおり。

第1号被保険者	月額（　①　）円を負担する
第2号被保険者	標準報酬月額等の約（　②　）の額を（　③　）で負担する
第3号被保険者	（　④　）

□413.（　①　）被保険者については、次のような保険料の免除・納付猶予制度がある。

法定免除	（　②　）や（　③　）の受給者等は保険料が当然に免除される
（　④　）免除	所得が一定額以下の者については、申請により保険料の全部または一部が免除される
（　⑤　）特例	20歳以上の学生で所得が一定額以下の場合は、申請により保険料の納付が猶予される
若年者納付猶予	（　⑤　）の者で所得が一定額以下の場合は、申請により保険料の納付が猶予される

□414. 上記の免除等を受けていた被保険者は、免除等を受けたときから（　①　）間、保険料を遡って支払うことができる。これを（　②　）という。

□415. 国民年金から給付される年金を（　①　）年金といい、これには、（　②　）年金・（　③　）年金・（　④　）年金がある。

□416. 保険料納付済期間等が（　①　）ある被保険者が、（　②　）に達すると、年間（　③　）の老齢基礎年金が支給される。老齢基礎年金の年金額の計算においては、（　④　）という方法が採用されている。

□417. 上記の「保険料納付期間等」には、（　①　）期間や（　②　）期間は含まれるが、（　③　）期間は含まれない。

164

（7）障害基礎年金

① 一定の障害を有する被保険者に対しては、その**障害等級**に応じて、**障害基礎年金**が支給されます。

② 老齢基礎年金の**障害等級**には、**1級**（重度の障害があり日常生活を送ることができない程度の障害）と**2級**（日常生活が著しい制限を受ける程度の障害）があります。

③ 障害基礎年金は、**初診日から1年6ヶ月を経過した障害認定日**において、障害等級に該当する場合に支給されます。初診日とは、当該傷病について初めて医師の診断を受けた日のことをいいます。

④ 上記の障害認定日において、障害認定基準に定める障害の状態に該当しなかった場合でも、その者が**65歳に達する日の前日**までの間に、当該病気やケガによって障害認定基準に定める程度の障害の状態に至ったときは、障害基礎年金の支給を請求することができます。これを**事後重症制度**といいます。

⑤ 被保険者が20歳になる前までの間に上記の障害認定日がある場合は、特例で障害基礎年金が支給されます（**20歳前障害**）。なお、20歳前にすでに厚生年金保険の被保険者であるときは、障害厚生年金・障害基礎年金ともに支給されます。

⑥ 障害基礎年金の支給額は次のようになっています（**固定額**）。被保険者に**子**がある場合は、第1子・第2子は各22万4,500円、第3子以降は7万4,800円が、それぞれ**加算**されます（**子の加算**）。

障害等級1級に該当	年間約78万円×1.25＋「**子の加算**」
障害等級2級に該当	年間約78万円＋「**子の加算**」

⑦ 上記の「**子**」とは、**満18歳**に達した日以後の最初の3月31日までの者、または、満20歳未満で障害等級1級または2級に該当する者をいいます。

⑧ 児童扶養手当を受給している場合でも、上記の「子の加算」は行われます。この場合、「子の加算」が優先され、「子の加算」額が児童扶養手当の額よりも少ないときは、差額分が児童扶養手当として支給されます。

⑨ 国民年金制度の発展過程における特別な事情により、障害基礎年金等の受給権を有していない一定の障害者のうち、任意加入していなかった期間に初診日があり、障害基礎年金1級または2級相当の障害に該当する者に対しては、**特別障害給付金**が支給されます。「一定の障害者」とは、平成3年3月31日以前に国民年金の**任意加入**対象であった**学生**または、昭和61年3月31日以前に国民年金の**任意加入**対象であった**被用者の配偶者**をいいます。

⑩ **国民（厚生）年金の障害基礎（厚生）年金と、労災保険の障害（補償）年金との併給も認められています。**但し、前者は全額支給されますが、後者は支給調整が行われます。

165

第12章 年金保険

【確認問題】

□418. 一定の障害を有する被保険者に対しては、その（　①　）に応じて障害基礎年金が支給される。（　①　）には、（　②　）（重度の障害があり、日常生活を送ることができない程度の障害）と（　②　）（日常生活が著しい制限を受ける程度の障害）がある。

□419. 障害基礎年金は、（　①　）から（　②　）を経過した（　③　）において、障害等級に該当する場合に支給される。

□420. 上記③において、障害認定基準に定める障害の状態に該当しなかった場合でも、その者が（　①　）の前日までの間に、当該病気やケガによって障害認定基準に定める程度の障害の状態に至ったときは、障害基礎年金の支給を請求することができる。これを（　②　）制度という。

□421. 障害基礎年金の支給額は次のとおり。

障害等級1級に該当	年間約78万円×（　①　）＋「（　②　）」
障害等級2級に該当	年間約78万円＋「（　②　）」

□422. （　　　　）を受給している場合でも、上記②は行われる。この場合、上記②の額が（　　　　）の額よりも少ないときは、差額分が（　　　　）として支給される。

□423. 国民年金制度の発展過程における特別な事情により、障害基礎年金等の受給権を有していない一定の障害者のうち、任意加入していなかった期間に初診日があり、障害基礎年金1級または2級相当の障害に該当する者に対しては、（　①　）が支給される。「一定の障害者」とは、平成3年3月31日以前に国民年金の（　②　）対象であった（　③　）または、昭和61年3月31日以前に国民年金の（　②　）対象であった（　④　）をいう。

□424. 国民（厚生）年金の障害基礎年金と、労災保険の（　　　　）との併給も認められている。

166

（８）遺族基礎年金

① 被保険者が**死亡**した場合、当該被保険者の**配偶者で子のいる者**、または、当該被保険者の**子**に対して**遺族基礎年金**が支給されます。

② 上記の「子」とは、**満18歳**に達した日以後の最初の3月31日までの者、または、満20歳未満で障害等級1級または2級に該当する者をいいます。

③ 遺族基礎年金は、旧母子福祉年金をベースとしていますので、**子がいない場合は、遺族基礎年金は支給されません。**

④ 遺族基礎年金の支給額は、年間約78万円（**固定額**）となっています。なお、受給権者の**子**の分として、第1子・第2子は各22万4,500円、第3子以降は7万4,800円が、それぞれ**加算**されます（**子の加算**）。

⑤ 国民年金の遺族基礎（遺族厚生）年金と、労災保険の遺族（補償）年金とを**併給することも認められています**。但し、前者は全額支給されますが、後者は支給調整が行われます。

（９）寡婦年金

① **寡婦年金**とは、第1号被保険者としての保険料納付済期間等が10年以上ある**夫が、年金を受ける前に死亡**した場合において、当該夫との**婚姻期間が10年以上**あり、かつ**生計を同じくしていた妻**に対して支給される年金をいいます。寡婦とは、夫と死別または離婚し、再婚していない女性のことをいいます。

② 当該妻が60歳から65歳までの間に、当該夫が受け取るはずであった**老齢基礎年金額の4分の3**の額が支給されます。

③ 寡婦年金は、「掛け捨て（保険料を支払ったが全く保険給付を受けられないこと）の防止」と、「65歳までのつなぎ」を目的としています。

（１０）死亡一時金

保険料を3年以上納付していた者が、**年金を受給せずに死亡**した場合において、**遺族基礎年金を受けられない親族等**に対して、**死亡一時金**（12〜33万円）が支給されます。死亡一時金も「掛け捨て防止」を目的としていますので、上記（９）と併給することはできません。

（１１）付加年金

① **付加年金**とは、定額保険料に**付加保険料400円**を上乗せして納付することで、**老齢基礎年金**の額を最大で**年96,000円**まで増やせる制度をいいます。

② **第2号被保険者**や**第3号被保険者、国民年金基金の加入者や国民年金保険料の免除等を受けている者**などは、付加年金を利用することはできません。第2号被保険者等は「2階部分」の厚生年金保険に加入済みであり、また、第3号被保険者や保険料の免除等を受けている者は、基本となる保険料を負担していないからです。

第１２章 年金保険

【確認問題】

□425. 遺族基礎年金は、被保険者が（　①　）した場合において、当該被保険者の（　②　）、または、当該被保険者の（　③　）に対して支給されるものである。

□426. 上記②③の「子」とは、（　①　）に達した日以後の最初の3月31日までの者、または（　②　）未満で障害等級1級または2級に該当する者をいう。

□427. 国民年金の遺族基礎（厚生）年金と労災保険の（　　　）を併給することも認められている。

□428. 寡婦年金とは、第1号被保険者としての保険料納付済期間等が10年以上ある（　①　）が年金を受ける前に（　②　）した場合において、当該（　①　）との（　③　）が10年以上あり、かつ生計を同じくしていた妻に対して支給される年金をいう。当該妻が、（　④　）までの間、当該（　①　）が受け取るはずであった（　⑤　）額の（　⑥　）の額が支給される。

□429. 死亡一時金とは、保険料を（　①　）以上納付していた者が年金を受給せずに（　②　）した場合において、（　③　）を受けられない親族等に対して一定額を支給するものである。

□430. 付加年金制度とは、定額保険料に付加保険料（　①　）円を上乗せして納付することで、受給する（　②　）を最大で年（　③　）円まで増やせる制度をいう。

□431. 国民年金の（　①　）被保険者や（　②　）被保険者、国民年金基金の加入者や国民年金保険料の（　③　）等を受けている者などは、付加年金制度を利用することはできない。

4　厚生年金

（1）概　要
厚生年金保険は、民間企業の正社員や公務員などの**被用者**が、「**老齢**」「**障害**」「**遺族**」により所得を喪失した場合に、**本人及び家族の生活を保障**することを目的とするものです。なお、「障害」「遺族」については、**業務災害**によるものであるか否かを問いません。

（2）保険者
　国民年金の場合と同様です。

（3）被保険者
① 厚生年金保険の被保険者は、**厚生年金保険に加入する事業所（適用事業所）**に**常時使用される70歳未満の者**です。
②「適用事業所」とは、一部の事業を除く個人事業所で常時5人以上の従業員を使用するものや、法人事業所で常時（1人でも）従業員を使用するものなどをいいます。
③「常時使用される」とは、適用事業所で働き、労務の対償として給与や賃金を受けるという使用関係が常用的であること（いわゆる**正社員・正職員**であること）をいいます。
④ パートタイマーやアルバイトなどの**短時間労働者**であっても、次のいずれかの要件を満たす場合は、厚生年金保険の被保険者となることができます。

> ・労働時間及び日数が一般従業員の**4分の3**以上あるなど、**常用的使用関係**にある短時間労働者である場合（パートタイマー等が事業所と常用的使用関係にあるかどうかは、労働日数や労働時間のみならず、就労形態や勤務内容等から総合的に判断される）
> ・厚生年金保険の被保険者の数が**501人以上**である事業所において、1週間の所定労働時間が**20時間以上**あり、月額賃金が**88,000円以上**（年収106万円以上）であって、**1年以上**の雇用見込みがある場合　など

（4）保険料
① 厚生年金保険の被保険者は、国民年金の第2号被保険者として、両保険の保険料を合わせ、標準報酬月額等の**約18%**の額を**労使折半**で負担します。
② 厚生年金保険の保険料は、被保険者が**育児休業期間中**または**産前産後休暇期間中**にあるときは**免除**されます。これらの免除期間中における厚生年金保険の保険料は、**納付したものとみなされます**（年金額は減額されません）。

（5）保険給付の概要
① 厚生年金保険から給付される年金を**厚生年金**といいます。
② 厚生年金には、**老齢厚生年金・障害厚生年金・遺族厚生年金**などがあります。

第１２章 年金保険

【確認問題】

□432. 厚生年金保険とは、民間企業の正社員や公務員などの（　①　）が、（　②　）・（　③　）・（　④　）により所得を喪失した場合に、本人及び家族の生活を保障することを目的とする公的年金保険である。

□433. 厚生年金保険に加入する事業所（適用事業所）に（　①　）される（　②　）の者が、厚生年金保険の被保険者となる。

□434. パートタイマーやアルバイトなどの短時間労働者であっても、次のいずれかの要件を満たす場合は、厚生年金保険の被保険者となることができる。
・労働時間及び日数が一般従業員の概ね（　①　）以上あるなど（　②　）使用関係にある短時間労働者である場合
・厚生年金保険の被保険者の数が501人以上である事業所において、1週間の所定労働時間が（　③　）以上あり、月額賃金が（　④　）以上であって、1年以上の雇用見込みがある者　など

□435. 厚生年金保険の保険料は、被保険者が（　①　）期間中または（　②　）期間中にあるときは免除される。これらの免除期間中における厚生年金保険の保険料は（　③　）。

□436. 厚生年金保険から給付される年金を（　①　）年金といい、（　①　）年金として給付される中心的なものとして、（　②　）年金・（　③　）年金・（　④　）年金がある。

170

（6）老齢厚生年金
① 原則として、**老齢基礎年金の受給要件を満たす被保険者**が65歳に達した場合に、それまでの**報酬に比例**した額が、**老齢厚生年金**として支給されます。
② 老齢基礎年金と同様、老齢厚生年金も繰り上げ受給、繰り下げ受給のいずれも認められています。

（7）障害厚生年金
① 一定の障害を有する被保険者に対しては、**障害等級**に応じて、**障害厚生年金**が支給されます。
② 障害等級には、**1級**（重度の障害があり日常生活を送ることができない程度の障害）、**2級**（日常生活が著しい制限を受ける程度の障害）、**3級**（労働が著しい制限を受けるかまたは労働に著しい制限を加えることを必要とする程度の障害）があります。
③ 障害厚生年金も、障害基礎年金と同様に、**初診日から1年6ヶ月を経過した障害認定日**において、障害等級に該当する場合に支給されます。
④ 障害厚生年金の支給額は次のようになっています。障害等級1級または2級に該当する場合は、**配偶者加給年金**として22万4,500円が支給されます。なお、障害厚生年金には、約58万円の**最低保障額**が設定されています。

障害等級1級に該当	報酬比例支給額×1.25＋配偶者加給
障害等級2級に該当	報酬比例支給額＋配偶者加給
障害等級3級に該当	報酬比例支給額

⑤ 上記④の「配偶者」とは、障害厚生年金の受給権者によって**生計を維持**されている**65歳未満**の者をいいます。
⑥ 障害等級3級よりも障害の程度が軽いときは、**障害手当金**が支給されることがあります。報酬比例支給額の**2倍**の額が一時金として支給されます。なお、約117万円の**最低保障額**が設定されています。

（7）遺族厚生年金
① 被保険者が**死亡**した場合に、その**一定の親族**に対して、報酬比例年金額の**4分の3**の額が、**遺族厚生年金**として支給されます。
② 上記①の「一定の親族」とは、被保険者の妻、子、55歳以上の夫・父母・祖父母などをいいます。子は、**18歳**年度末までの者、または**20歳未満**で障害等級1級または2級に該当する者である必要があります。

第１２章 年金保険

【確認問題】

□437. 老齢厚生年金とは、原則として、（　①　）の受給要件を満たす被保険者が（　②　）に達した場合に、それまでの（　③　）した額を支給するものである。
　①老齢基礎年金、②６５、③報酬に比例。

□438. 障害厚生年金とは、一定の障害を有する被保険者に対して、その（　①　）に応じて一定額の金銭を支給するものである。（　①　）には、（　②　）・（　③　）・（　④　）がある。

□439. 障害厚生年金は、（　①　）から（　②　）を経過した障害認定日において、障害等級に該当する場合に支給される。

□440. 障害厚生年金の支給額は次のとおり。

障害等級1級に該当	（　①　）支給額×（　②　）＋（　③　）加給
障害等級2級に該当	（　①　）支給額＋（　③　）加給
障害等級3級に該当	（　①　）支給額

□441. 障害厚生年金における障害等級3級よりも障害の程度が軽いときは（　①　）が支給されることがある。（　①　）の額は報酬比例支給額の（　②　）となっている。

□442. 遺族厚生年金とは、被保険者が（　①　）した場合に、その一定の親族に対して（　②　）を支給するものである。「一定の親族」とは、被保険者の（　①　）・（　②　）・（　③　）以上の夫・父母・祖父母などをいう。（　②　）は、（　④　）までの者、または（　⑤　）未満で障害等級1級または2級に該当する者でなければならない。

172

5　一人一年金の原則

① **一人一年金の原則**とは、年金の受給権者が**複数**の給付事由に該当し、異なる年金を受けることができる場合でも、**いずれか1つ（1事由）**の年金を選択しなければならず、他の年金は**支給停止**されることをいいます。

② 例えば、65歳になった被保険者が障害年金の障害等級に該当し、さらに遺族年金の受給資格を得たとしても、老齢年金・障害年金・遺族年金すべてを受給できるのではなく、これらのうちから1つ（1事由）を選択しなければなりません。

③ 例外（事由の異なる年金の併給）としては、次のようなものがあります。

・**老齢基礎**年金と**遺族厚生**年金との併給
・**障害基礎**年金と**老齢厚生**年金との併給
・**障害基礎**年金と**遺族厚生**年金との併給　　など

6　年金の財政

（1）賦課方式と積立方式

① 年金財政における**賦課方式**とは、一定期間に支払うべき給付費を、当該期間内の保険料収入などによって賄えうるよう計画する財政方式のことをいいます。現役世代から保険料を徴収して、高齢者に年金を支払うという世代間扶養のことであり「仕送り方式」ともよばれます。この方式は、**インフレーションへの対応が容易**である半面、**少子高齢化の影響**を受けやすく、また**世代間公平の問題**も指摘されています。

② 年金財政における**積立方式**とは、将来の年金給付費の原資を、保険料などによって予め蓄えておく財政方式のことをいいます。各自が年金として支払った保険料分を積み立てておき、将来、必要となったときにこれを受け取る方法です。この方式は、**人口構成の変動の影響を受けない**反面、**インフレーションの影響**を受けやすく、また、年金の**実質的価値の維持が困難**となることがあるとされています。

③ 我が国の年金保険は、**積立方式**を採用していますが、少子高齢化や年金財政の悪化により、事実上の**賦課方式**（修正積立方式）に至っています。

（2）保険料水準固定方式

① 年金保険料の負担水準を定め、その負担の範囲内で保険給付を行うことを基本とする方式のことを**保険料水準固定方式**といいます。「これ以上は払わせませんが、これ以上は払いません」という方法です。

② かつては、現役世代の賃金水準の6割程度を給付水準とし、この水準を維持できる保険料の負担水準を定めるという**給付水準維持方式**を採用していました。

（3）スライド制

① 年金額の**実質的価値**を維持するため、賃金や物価の変動に合わせて年金の支給額を調整する制度のことを、**賃金スライド制・物価スライド制**といいます。

② 現役人口の減少や平均余命の伸びなど、そのときの社会情勢に合わせて、年金の給付水準を**自動的に調整**する仕組みのことを**マクロ経済スライド制**といいます。実質的には、少子高齢化による労働力人口の減少や経済力の低下による保険料の負担能力の低下を、年金の支給額に反映させる（年金額を減らす）制度のことであるといえます。

第12章 年金保険

【確認問題】

□443. 一人一年金の原則とは、年金の受給権者が（　①　）の給付事由に該当し異なる年金を受けることができる場合でも、いずれか１つ（１事由）の年金を選択しなければならず、他の年金は（　②　）されることをいう。

□444. 一人一年金の原則の例外（事由の異なる年金の併給）としては、次のようなものがある。
・（　①　）基礎年金と（　②　）厚生年金との併給
・（　③　）基礎年金と（　①　）厚生年金との併給
・（　③　）基礎年金と（　②　）厚生年金との併給　　など

□445. 年金財政における（　①　）方式とは、一定期間に支払うべき給付費を、当該期間内の保険料収入などによって賄えうるよう計画する財政方式のことをいう。（　①　）方式は、（　②　）への対応が容易である半面、（　③　）の影響を受けやすく、また世代間公平の問題も指摘されている。

□446. 年金財政における（　①　）方式とは、将来の年金給付費の原資を、保険料などによって予め蓄えておく財政方式のことをいう。（　①　）方式は、（　②　）の変動の影響を受けない反面、（　③　）の影響を受けやすく、また、年金の（　④　）の維持が困難となることがあるとされる。

□447. 我が国の年金保険は、（　①　）方式を採用しているが、年金財政の悪化により、事実上の（　②　）方式に至っている。

□448. 年金保険料の負担水準を定め、その負担の範囲内で保険給付を行うことを基本とする方式のことを（　①　）方式という。従来は、現役世代の賃金水準の６割程度を給付水準とし、この水準を維持できる保険料の負担水準を定めるという（　②　）方式を採用していた。

□449. 年金額の（　①　）を維持するため、賃金や物価の変動に合わせて年金の支給額を調整する制度のことを（　②　）制・（　③　）制という。

□450. 現役人口の減少や平均余命の伸びなど、そのときの社会情勢に合わせて、年金の給付水準を（　①　）に調整する仕組みのことを（　②　）制という。実質的には、少子高齢化による労働力人口の減少や経済力の低下による保険料の負担能力の低下を、年金の支給額に反映させる（年金額を減らす）制度のことであるといえる。

第13章　医療保険・医療制度

医療保険

1 概　要
①医療保険（公的医療保険）とは、**被保険者本人やその家族**の病気やケガなどによる**経済的損失**に対して、医療機関等の受診等により発生した医療費等の一部を**保険者**が給付することにより、これを補填する**社会保険**のことをいいます。
② 医療保険と労災保険は保険事故が一部重複（疾病・負傷・死亡）しますが、業務（通勤）災害によるものは**労災保険**から、それ以外のものは医療保険（健康保険）から、それぞれ保険給付が行われます。
③ 我が国の医療保険は、次の【図表44】のように大別されます。

【図表42】我が国の公的医療保険

国民健康保険	主に自営業者などを対象とする医療保険
健康保険	企業の正社員などを対象とする医療保険
共済保険	公務員などを対象とする医療保険
後期高齢者医療制度	一定の高齢者を対象とする医療保険

2 国民健康保険
① 国民健康保険は、**市町村**が保険者となる国民健康保険（以下、市町村国保）と**国民健康保険組合**が保険者となる国民健康保険（以下、組合国保）とがあります。
② 市町村国保の被保険者は、当該市町村に**住所を有する者**であって**他の医療保険のいずれにも加入していない者**、組合国保の被保険者は、一定の事業の自営業者及びその家族です。なお、**生活保護受給者**は、生活保護から医療扶助を受けることになりますので、国民健康保険の被保険者としての要件に該当する場合でも、被保険者とはなりません。
③ 市町村国保の保険料は、保険者によって異なっており、**所得割・平均割・均等割**から計算された一定率または一定額につき、それぞれ**医療分**と**後期高齢者支援金分**を合計した額となっています。なお、当該保険料の納付義務は**世帯主**に課せられています。
④ 特別な理由なく国民健康保険料（税）を**1年以上滞納**したときは、保険証に代わり**被保険者資格証明書**が交付されます。これを提示して療養の給付等を受けたときの費用は**全額自己負担**となり、後日、保険者に申請することで、自己負担分を除いた額が**特別療養費**として払い戻されます（但し、実際は、滞納している保険料と相殺されます）。

第13章 医療保険・医療制度

【確認問題】

□451. 医療保険とは、被保険者本人やその家族の病気やケガなどによる（　①　）に対して、医療機関等の受診等により発生した医療費等の一部を（　②　）が給付することにより、これを補填する社会保険のことをいう。

□452. 我が国の公的医療保険は、自営業者などを対象とする（　①　）保険、企業の正社員等を対象とする（　②　）保険、公務員等を対象とする（　③　）保険、一定の高齢者を対象とする（　④　）に大別される。

□453. 国民健康保険は、（　①　）が保険者となる国民健康保険と（　②　）が保険者となる国民健康保険に大別できる。

□454. 上記①の被保険者は、当該市町村に（　①　）を有する者であって、（　②　）者である。なお、当該被保険者としての要件に該当する場合でも、（　③　）は被保険者とはならない。

□455. 上記①の国民健康保険の保険料は、保険者（各市町村）によって異なっており、（　①　）割・平均割・均等割から計算された一定率または一定額につき、それぞれ（　②　）分と（　③　）分を合計した額となっている。なお、当該保険料の納付義務は（　④　）に課せられている。

□456. 特別な理由なく国民健康保険料（税）を（　①　）以上滞納したときは、保険証に代わり（　②　）が交付される。（　②　）を提示して療養の給付を受けたときの費用は（　③　）となり、後日、保険者に申請することで、自己負担分を除いた額が（　④　）として払い戻される。

2 健康保険

① 健康保険には、**全国健康保険協会管掌健康保険**（以下、**協会けんぽ**）と健康保険組合管掌健康保険（以下、**健保組合**）があります。

② 上記①の各健康保険の保険者・被保険者・保険料は、次のとおりです。

	協会けんぽ	健保組合
保険者	**全国健康保険協会**	健康保険組合
被保険者	主に**中小企業の正社員**など	主に**大企業の正社員**など
保険料	標準報酬月額に**都道府県**ごとに異なる保険料率を乗じた額を**労使折半**で負担 ※1	標準報酬月額に健康保険組合ごとに異なる保険料率を乗じた額を**労使折半**で負担 ※1※2

※1賞与からも保険料が徴収される ※2健保組合の保険料率は1,000分の30から120の間で各組合が自主的に定めたものを**厚生労働大臣が認可**する

③ 各健康保険における被保険者のうち、**介護保険の第2号被保険者**でもある場合は、**介護保険の保険料分も併せて徴収**されます。

④ 各健康保険においては、被保険者のみならず、次の要件を満たす者を**被扶養者**として保険給付の対象とすることができます。なお、各健康保険と共済保険では、保険料徴収の対象とならない被扶養者も保険給付の対象としているのに対し、国民健康保険では被扶養者というものがそもそもなく、すべて被保険者として保険料徴収の対象としています。

> ・被保険者の**直系尊属・配偶者・子・孫・弟妹、同居の3親等内の親族**などであること
> ・原則として、年収が**130万円未満**（**60歳以上**または障害者の場合は**180万円未満**）であり、かつ、被保険者の年収の**2分の1未満**であること　など

⑤ 上記④の要件に該当する場合でも、**後期高齢者医療制度の被保険者**は、各健康保険の被扶養者となることができません。

⑥ なお、各健康保険及び共済保険には、**任意継続被保険者制度**というものがあります。これは、各保険の被保険者が退職後も最長で**2年間**、引き続きそれまでの保険の被保険者となることができる制度のことをいいます。この場合、被保険者は既に退職していますので、保険料は**全額被保険者が負担**することになります。

3 後期高齢者医療制度

① **後期高齢者医療制度**の保険者は**後期高齢者医療広域連合**、被保険者は当該広域連合内の**75歳以上の者**または65〜74歳の者で一定の障害認定を受けた者です。

② 上記①の被保険者としての要件に該当する場合でも、**生活保護受給者**は生活保護から医療扶助を受けることになるので、被保険者とはなりません。

③ 後期高齢者医療制度の保険料は個人単位で計算され、年金額が**年額18万円以上**の場合は**特別徴収**の対象となります。なお、保険料の軽減・免除制度が設けられています。

第13章 医療保険・医療制度

【確認問題】

□457. 健康保険には、（　①　）管掌健康保険（協会けんぽ）と、（　②　）管掌健康保険（健保組合）がある。

□458. 協会けんぽの保険者は（　①　）、被保険者は主に（　②　）等の正社員、保険料は標準報酬月額に（　③　）ごとに異なる保険料率を乗じた額を（　④　）で負担する。

□459. 健保組合の保険者は（　①　）、被保険者は主に（　②　）等の正社員、保険料は標準報酬月額に（　①　）ごとで異なる保険料率を乗じた額を（　③　）で負担する。保険料率は、各組合が自主的に定めたものを（　④　）が認可する。

□460. 各健康保険における被保険者のうち、（　①　）の（　②　）被保険者でもある者については、（　①　）の保険料分も併せて徴収する。

□461. 各健康保険においては、被保険者のみならず（　①　）も保険給付の対象となることができる。（　①　）となることができる要件は、次のとおり。
・被保険者の直系尊属・配偶者・子・孫・弟妹、同居の3親等内の親族であること
・年収が（　②　）未満（60歳以上または障害者の場合は（　③　）未満）であり、
　かつ、同居の場合は被保険者の年収の（　④　）未満であること　など

□462. 上記の要件に該当する場合でも、（　　　　）は、各健康保険の被扶養者となることができない。

□463.（　①　）制度とは、各健康保険及び共済保険の被保険者が退職後も最長で（　②　）年間、引き続きそれまでの保険の被保険者となることができる制度のことをいう。この場合の保険料は（　③　）が負担する。

□464. 後期高齢者医療制度の保険者は（　①　）、被保険者は当該広域連合内の（　②　）の者などである。なお、被保険者としての要件に該当する場合でも（　③　）は被保険者とはならない。

□465. 後期高齢者医療制度の保険料は個人単位で計算され、年金額が（　①　）以上の場合は（　②　）の対象となる。

178

4 保険給付

（1）各医療保険に共通の保険給付
① **療養の給付**とは、診察、薬剤または治療材料の支給、処置・手術その他の治療、病院・診療所への入院、在宅で療養する上での管理・療養上の世話・看護のことをいいます。療養の給付において求められる**自己負担割合**は次のようになっています。

・義務教育就学前の者…**2割**
・義務教育就学から**70歳未満**の者…**3割**
・**70歳以上75歳未満**の者…**2割**（現役並み所得者は**3割**）
・**75歳以上または65歳以上の障害認定者**…**1割**（現役並み所得者は**3割**）

---

② **療養費**とは、保険診療を受けるのが困難なときや、やむを得ない理由で保険医療機関以外を受診したときなどに給付されるものをいいます。
③ **入院時食事療養費**とは、入院時の食事の費用のうち、**標準負担額**を除いた部分につき給付されるものをいいます。
④ **入院時生活療養費**とは、療養病床に長期入院する**65歳以上**の者の**生活費**（食費及び光熱水費）につき、**標準負担額**を超える部分につき給付されるものをいいます。
⑤ **保険外併用療養費**とは、保険外診療のうち、厚生労働大臣が定める**評価療養・選定療養・患者申出療養**を受けたときに、**保険診療相当部分**につき給付されるものをいいます。**評価療養**とは、先進医療（高度医療を含む）や、医薬品の治験に係る診療、薬事法承認後で保険収載前の医薬品の使用など、療養の給付の対象とするかどうかを評価中ものをいい、**選定療養**とは、特別の療養環境や予約診療など、被保険者が自ら選んだものをいいます。**患者申出療養**とは、患者からの申し出を起点として、国内未承認の医薬品等を使用することをいいます。
⑥ **高額療養費**とは、1ヶ月あたりの医療費（食費・居住費等は除く）が、一定額を超えた場合に、その超過額につき給付されるものをいいます。
⑦ **被保険者**または被扶養者が出産した場合は、**出産育児一時金・家族出産育児一時金**として、**1児につき42万円**が給付されます（産科医療補償制度加入医療機関において出産した場合）。

（2）各医療保険に固有の保険給付
① **国民健康保険**から給付される**特別療養費**とは、保険料の**滞納**により、**被保険者資格証明書**の交付を受けて、保険医療機関等で療養を受けた後に給付されるものをいいます。
② **健康保険・共済保険**から給付される**出産手当金**とは、**被保険者**が出産のため仕事を休み、報酬を受けられない場合において、出産の日（実際の出産が予定日以後のときは予定日）以前42日から、出産の日以後56日までの期間、欠勤1日につき**標準報酬日額の3分の2**を給付するものです。
③ **健康保険・共済保険**から給付される**傷病手当金**とは、**被保険者**が病気やけがのために仕事を休み、報酬が受けられない場合において、会社を休んだ日が**3日間**あった以降、**最大で1年6ヶ月**を経過するまでの間、欠勤1日につき**標準報酬日額の3分の2**を給付するものです。

第13章 医療保険・医療制度

【確認問題】

□466. 療養の給付における自己負担割合は次のとおり。
・義務教育就学前の者…（　①　）
・義務教育就学から（　②　）未満の者…（　③　）
・（　②　）以上（　④　）未満の者…（　⑤　）
・（　④　）以上または65歳以上の障害認定者…（　⑥　）
　なお、⑤⑥については、現役並み所得者は（　⑦　）となる。

□467. （　　　）とは、保険診療を受けるのが困難なときや、やむを得ない理由で保険医療機関以外を受診したときなどに支給されるものをいう。

□468. （　①　）費とは、入院時の食事の費用のうち、（　②　）を除いた部分を支給されるものをいう。

□469. （　①　）費とは、（　②　）に長期入院する（　③　）以上の者の生活費につき、（　④　）を超える場合に支給されるものをいう。

□470. （　①　）費とは、保険外診療のうち、厚生労働大臣が定める（　②　）・（　③　）・（　④　）を受けたときに、保険診療相当部分につき給付されるものをいう。（　②　）とは、先進医療（高度医療を含む）や、医薬品の治験に係る診療、薬事法承認後で保険収載前の医薬品の使用など、療養の給付の対象とするかどうかを評価中ものをいい、（　③　）とは、特別の療養環境など、被保険者が自ら選んだものをいう。（　④　）とは、患者からの申し出を起点として、国内未承認の医薬品等を使用することをいう。

□471. （　①　）とは、（　②　）あたりの医療費（食費・居住費等は除く）が、一定額を超えた場合に、その超過額につき支給されるものをいう。

□472. 出産育児一時金・家族出産育児一時金とは、（　①　）が出産した場合に、1児につき（　②　）を支給するものである（産科医療補償制度加入医療機関において出産した場合）。

□473. 国民健康保険の（　①　）とは、保険料の（　②　）により、（　③　）書の交付を受けて、保険医療機関等で療養を受けた後に支給されるものをいう。

□474. 出産手当金とは、（　①　）が出産のため仕事を休み、報酬が受けられない場合において、出産の日（実際の出産が予定日以後のときは予定日）以前（　②　）から、出産の日以後（　③　）までの期間、欠勤1日につき標準報酬日額の（　④　）を支給するものである。

□475. 傷病手当金とは、（　①　）が病気やけがのために仕事を休み、事業主から報酬が受けられない場合において、会社を休んだ日が連続して（　②　）あった以降、最大で（　③　）を経過するまでの間、欠勤1日につき標準報酬日額の（　④　）を支給するものである。

高齢者医療確保法

1 概要

① この法律は、前期高齢者を対象とする特定健康診査、**前期高齢者に関する費用負担の調整、後期高齢者医療制度、医療費適正化計画**などについて規定しています。

② 高齢者医療について定めていた老人保健法では、現役世代と高齢者世代の負担関係や、高齢者医療の財政運営が不明確であるといった問題があったため、この法律が制定されました。

2 前期高齢者に関する費用負担の調整

① **前期高齢者**とは、**65歳から74歳までの者**をいいます。

② 前期高齢者の多くが、退職等に伴い国民健康保険に加入することによって、国民健康保険の医療費が増大していることから、各医療保険者間の医療費の負担を調整する制度が作られました。

③ 実際には、現役世代が多く前期高齢者の少ない健康保険等が、現役世代が少なく前期高齢者が多い国民健康保険の費用を負担する形になります。

3 医療費適正化計画

① **厚生労働大臣**は、**医療費適正化基本方針**を定めるとともに、**6年を一期**とする**全国医療費適正化計画**を定めなければならないとされています。

② **都道府県**は、上記の基本方針に即して、**6年を一期**とする**都道府県医療費適正化計画**を定めなければならないとされています。

③ 上記②では、当該計画に基づく事業の実施による病床の機能の分化及び連携の推進の成果、住民の健康の保持の推進、医療の効率的な提供の推進により達成が見込まれる医療費適正化の効果を踏まえて、一定期間における医療に要する費用の見込みに関する事項を定めなければならないものとされています。

④ また、都道府県医療費適正化計画は、**医療計画、都道府県介護保険事業支援計画、都道府県健康増進計画と調和**が保たれたものでなければならないものとされています。

第１３章 医療保険・医療制度

【確認問題】

□476. 高齢者医療確保法は、前期高齢者を対象とする特定健康診査、（　①　）、（　②　）、（　③　）などについて規定している。前期高齢者とは、（　③　）をいう。

□477. 高齢者医療確保法に基づき、（　①　）は、（　②　）を定めるとともに、（　③　）を一期とする（　④　）計画を定めなければならない。

□478. （　①　）は、上記②に即して、（　②　）を一期とする（　③　）計画を定めなければならない。（　③　）計画では、当該計画に基づく事業の実施による病床の機能の分化及び連携の推進の成果並びに住民の健康の保持の推進及び医療の効率的な提供の推進により達成が見込まれる医療費適正化の効果を踏まえて、一定期間における医療に要する費用の見込みに関する事項を定めなければならない。

□479. 上記③の計画は、医療計画、（　①　）計画、（　②　）計画と（　③　）でなければならない。

182

医療法

1 概　要
医療法とは、医療を受ける者による医療に関する**適切な選択**を支援するために必要な事項、**医療の安全**を確保するために必要な事項、病院・診療所等の開設・管理や整備に関する事項、医療提供施設相互間の**機能の分担**及び**業務の連携**を推進するために必要な事項を定めること等により、医療を受ける者の利益の保護及び**良質かつ適切**な医療を**効率的**に提供する体制の確保を図り、国民の健康の保持に寄与することを目的とする法律です。

2 医療提供施設
医療法上の**医療提供施設**とは、**病院・診療所・介護老人保健施設・介護医療院・調剤を実施する薬局**その他の医療を提供する施設をいいます。

病院	基本形態	医師等が、公衆または特定多数人のため医業等を行う場所であって、**20人以上**の患者を**入院**させるための施設を有するもの
	地域医療支援病院	病院のうち**200人以上**の患者を**入院**させるための施設を有し、地域医療支援のため、他の病院・診療所からの**紹介患者**に医療を行い、建物・設備等を外部の医師等に利用させ、研修を行い、**救急医療の提供**や、集中治療室その他一定の施設を有するもので、**都道府県知事の承認**を得たもの
	特定機能病院	病院のうち**400人以上**の患者を**入院**させるための施設を有し、定められた診療科のうち**10以上の診療科**があり、通常の病院の基準以上の医療従業者および施設をもち、高度の医療提供能力、高度の医療技術の開発・評価能力、高度の医療に関する研修能力を有するものとして、**厚生労働大臣の承認**を得たもの
診療所	基本形態	医師等が、公衆または特定多数人のため医業等を行う場所であって、患者を**入院**させるための施設を有しないもの、または、**19人以下**の患者を**入院**させるための施設を有するものをいう。
	在宅療養支援診療所	**24時間往診**や**訪問看護**が可能な体制の確保や、緊急入院受入体制の確保など一定要件を満たした診療所

3 医療法人
① **医療法人**とは、病院、医師等が常勤する診療所、介護老人保険施設の開設・所有を目的して、**都道府県知事の認可**を受けて設立する法人のことをいいます。なお、病院、診療所または介護老人保険施設の業務に支障のない限りで、**有料老人ホーム**の設置等を行うこともできます。
② 医療法人は、自主的にその**運営基盤の強化**を図るとともに、提供する医療の質の向上およびその運営の**透明性の確保**を図り、その地域における医療の重要な担い手としての役割を積極的に果たすことに努めなければならないとされています。

第１３章 医療保険・医療制度

【確認問題】

□480. 医療法は、医療を受ける者による医療に関する（　①　）を支援するために必要な事項、（　②　）を確保するために必要な事項、病院、診療所等の開設・管理・整備に関する事項、医療提供施設相互間の（　③　）及び（　④　）を推進するために必要な事項を定めること等により、医療を受ける者の利益の保護及び（　⑤　）な医療を（　⑥　）に提供する体制の確保を図り、もって国民の健康の保持に寄与することを目的とするものである。

□481. 医療法上の医療提供施設とは、（　①　）・（　②　）・（　③　）・（　④　）・調剤を実施する薬局その他の医療を提供する施設をいう。

□482. 医療法上の病院とは、医師等が、公衆または特定多数人のため医業等を行う場所であって、（　①　）人以上の患者を（　②　）させるための施設を有するものをいう。

□483. 医療法上の（　①　）病院とは、病院のうち（　②　）人以上の患者を入院させるための施設を有し、（　①　）のため、他の病院・診療所からの（　③　）に医療を行い、建物・設備等を外部の医師等に利用させ、研修を行い、（　④　）を提供することなどの能力があり、かつ、（　⑤　）その他一定の施設を有するもので、（　⑥　）を得たものをいう。

□484. 医療法上の（　①　）病院とは、病院のうち（　②　）人以上の患者を入院させるための施設を有し、定められた診療科のうち（　③　）以上の診療科があり、かつ、通常の病院の基準以上の医療従業者および施設をもち、高度の医療提供能力、高度の医療技術の開発・評価能力、高度の医療に関する研修能力を有するものとして、（　④　）を得たものをいう。

□485. 医療法上の診療所とは、医師等が、公衆または特定多数人のため医業等を行う場所であって、患者を（　①　）させるための施設を有しないもの、または、（　②　）人以下の患者を（　①　）させるための施設を有するものをいう。

□486. 医療法上の診療所のうち、（　①　）とは、（　②　）や（　③　）が可能な体制の確保や、緊急入院受入体制の確保など一定要件を満たした診療所のことをいう。

□487. 医療法人とは、病院、医師等が常勤する診療所、（　①　）の開設・所有を目的して、（　②　）を受けて設立する法人のことをいう。なお、病院、診療所または（　①　）の業務に支障のない限りで、（　③　）の設置等を行うことができる。

□488. 医療法人は、自主的にその（　①　）を図るとともに、提供する医療の質の向上およびその運営の（　②　）を図り、その地域における医療の重要な担い手としての役割を積極的に果たすことに努めなければならない。

184

4 医療計画

① **医療計画**とは、**医療法**に基づき、**都道府県**における医療提供体制の確保を図ることを目的として策定されるものです。
② **都道府県**は、**厚生労働大臣**の定める基本方針に即し、かつ、**地域の実情**に応じて**医療提供体制の確保を図るための計画**（医療計画）を作成する必要があります。
③ 医療計画では、次の事項を定める必要があります。

医療圏の設定	・**一次医療圏**…**市町村**を単位として設定される ・**二次医療圏**…特殊な医療を除く**一般的な医療サービス**の提供を目的として、**複数の市町村**を1つの単位として設定される ・**三次医療圏**…高度な技術を提供する特殊な医療を提供することを目的として、原則として**都道府県**を1つの単位として設定される
基準病床数の設定	二次医療圏における**一般病床**と療養病床、都道府県の区域における**精神病床・感染症病床・結核病床**の病床数について定める
医療体制の確保	**5疾病**（がん・脳卒中・急性心筋梗塞・糖尿病・精神疾患）と**5事業**（救急医療・災害時における医療・へき地の医療・周産期医療、小児医療）並びに**在宅医療**の体制確保について定める
地域医療構想	構想区域ごとに、将来（2025年）の医療需要及び必要病床数を推計して定める
その他	地域医療支援病院の整備、医療連携体制や医療機能に関する情報提供の推進、医療従事者の確保、居宅等における医療の確保、医療の安全の確保など

5 薬事法

① **薬事法**とは、**医薬品**や医療機器等の品質や有効性、安全性の確保のために必要な規制を行い、また、医薬品及び医療機器の**研究開発**の促進のために必要な措置を講ずることにより、保健衛生の向上を図ることを目的とする法律です。
② 薬事法上の**薬局**とは、**薬剤師**が販売等の目的で**調剤の業務**を行う場所であり、薬局として**都道府県知事の許可**を受けたものをいいます。
③ 薬事法上の**医薬品**（一般用）は次のように分類されています。

> ・**第一類医薬品**…副作用などにより日常生活に支障をきたす健康被害が生ずるおそれがある医薬品で、その使用に関し特に注意が必要なものとして厚生労働大臣が指定したもの
> ・**第二類医薬品**…副作用などにより日常生活に支障をきたす程度の健康被害が生ずるおそれがある医薬品（第一類を除く）で厚生労働大臣が指定するもの
> ・**第三類医薬品**…第一類・第二類以外のもの

④ **第一類医薬品**については**薬剤師**が、**第二類及び第三類医薬品**については**薬剤師または登録販売者**が販売しなければならないものとされています。

第１３章 医療保険・医療制度

【確認問題】

□489. 医療法に基づき、（　①　）における医療提供体制の確保を図ることを目的として、（　①　）は、（　②　）の定める基本方針に即して、かつ、（　③　）に応じて（　④　）を作成しなければならない。

□490. 上記④の計画では、次の事項を定めるものとする。
・（　①　）の設定
　・一次（　①　）…（　②　）を単位として設定される
　・二次（　①　）…特殊な医療を除く一般的な医療サービスの提供を目的として、
　　　　　　　　　　複数の（　②　）を1つの単位として設定される
　・三次（　①　）…高度な技術を提供する特殊な医療を提供することを目的として、
　　　　　　　　　　原則として（　③　）を1つの単位として設定される
・基準病床数の設定…二次（　①　）における一般病床と療養病床、（　③　）の
　　　　　　　　　　区域における精神病床・感染症病床・結核病床について定める
・医療体制の確保…5疾病（（　④　）・（　⑤　）・（　⑥　）・（　⑦　）・（　⑧　））
　　　　　　　　　と5事業（（　⑨　）・災害時における医療・へき地の医療・
　　　　　　　　　（　⑩　）・（　⑪　））並びに（　⑫　）について定める
・地域医療構想…構想区域ごとに、将来の医療需要及び必要病床数を推計して定める
・その他…地域医療支援病院の整備、医療連携体制や医療機能に関する情報提供の
　　　　　推進、医療従事者の確保、居宅等における医療の確保、医療の安全の確保

□491. 薬事法とは、（　①　）や医療機器などの品質、有効性及び安全性の確保のために必要な規制を行うとともに、指定薬物の規制に関する措置を講ずるほか、医療上特にその必要性が高い医薬品及び医療機器の（　②　）の促進のために必要な措置を講ずることにより、保健衛生の向上を図ることを目的とする法律である。

□492. 薬事法上の薬局とは、（　①　）が販売または授与の目的で（　②　）の業務を行う場所であり、薬局として（　③　）を受けたものをいう。薬局ではすべての医薬品を販売できるが、薬局以外で医薬品を販売するには、医薬品販売業者として（　③　）が必要となる。

□493. 薬事法上の医薬品については、（　①　）医薬品については（　②　）が、（　③　）医薬品については（　④　）が販売しなければならない。

186

6 医療従事者

（1）医師法
① **医師法**は、医師の職務や義務など医業全般に関する法律です。
② 医師法では、次のような医師の義務を定めています。なお、医師の守秘義務については、医師法には直接の規定はなく、刑法等に規定されています。
- **応招義務**…診療に従事する医師は、診察・治療の求めがあった場合には、**正当な理由**（医師の不在や病気等）がなければこれを拒んではならない
- **証明文書の交付**…診察や出産に立ち会った医師は、診断書や出生証明書などの求めがあった場合には、**正当な理由**がなければこれを拒むことができない
- **無診察治療等の禁止**…医師は、自ら診察しないで治療をし、診断書や処方箋などを交付することはできない

（2）保健師助産師看護師法
① **看護師**とは、**厚生労働大臣の免許**を受けて、傷病者や褥婦に対する**療養上の世話**または**診療の補助**を行う者をいいます。「褥婦」とは、分娩後母体が正常に戻るまでの期間にある女性のことをいい、「療養上の世話」とは、療養中の患者等に対して、その症状に応じて行う医学的知識や技術を必要とする世話のことをいい、「診療の補助」とは医師が患者を診断・治療する際に行う補助行為のことをいいます。
② **助産師**とは、**厚生労働大臣の免許**を受けて、助産または妊婦（受胎後分娩開始までの期間ある女性）・褥婦・新生児（出生後約1か月の間までの子ども）の保健指導を行う女性をいいます。「助産」とは、分娩の介助を行うことで、妊婦に分娩の徴候が現れてから後産が終了して完全に分娩が終わるまでの間、分娩の世話をすることをいいます。
③ **保健師**とは、**厚生労働大臣の免許**を受けて、保健師の名称を用いて、保健指導に従事する者をいいます。

（3）その他
① **診療放射線技師**とは、厚生労働大臣の免許を受けて、**医師の指示**のもとに、放射線を用いた画像診断などを行う者をいい、**臨床検査技師**とは、**医師の監督指導**のもと、血液や尿、便などの検体を使って検査をしたり、心電図、エコーなどによって検査する者をいいます。
② **理学療法士・作業療法士**とは、厚生労働大臣の免許を受けて、**医師の指示**のもとに、理学療法・作業療法を行う者をいいます。**理学療法**とは、身体に障害のある者に対し、主にその基本的動作能力の回復を図るため、治療体操など運動を行わせたり、電気刺激やマッサージ、温熱、その他の物理的手段を加えることをいい、**作業療法**とは、身体や精神に障害のある者に対し、主にその応用的動作能力または社会的適応能力の回復を図るため、手芸、工作などの作業を行わせることをいいます。
③ **義肢装具士**とは、**厚生労働大臣の免許**を受けて、**医師の指示**のもとに、義肢および装具の装着部位の採型、装具の製作、身体への適合を行う者をいいます。
④ **言語聴覚士**とは、**厚生労働大臣の免許**を受けて、音声機能、言語機能または聴覚に障害のある者について、その機能の維持向上を図るため、言語訓練その他の訓練、これに必要な検査・助言・指導その他の援助を行う者をいいます。

第１３章 医療保険・医療制度

【確認問題】

□494. 医師法では、次のような義務を定めている。
・（　①　）…診療に従事する医師は、診察・治療の求めがあった場合には、（　②　）がなければこれを拒んではならない
・（　③　）…診察や出産に立ち会った医師は、診断書や出生証明書などの求めがあった場合には、（　②　）がなければこれを拒むことができない
・（　④　）等の禁止…医師は、自ら診察しないで治療をし、診断書や処方箋などを交付することはできない

□495. 看護師とは、（　①　）を受けて、傷病者や（　②　）に対する（　③　）または（　④　）を行うことを業とする者をいう。

□496. 助産師とは、（　　　　）を受けて、助産または妊婦・褥婦・新生児の保健指導を行うことを業とする女性をいう。

□497. 保健師とは、（　　　　）を受けて、保健師の名称を用いて、保健指導に従事することを業とする者をいう。

□498. （　①　）とは、厚生労働大臣の免許を受けて、（　②　）のもとに、放射線を用いた画像診断などを行う者をいう。（　③　）とは、医師の監督指導のもと、血液や尿、便などの検体を使って検査をしたり、心電図、エコーなどによって検査する者をいう。

□499. （　①　）士・（　②　）士とは、厚生労働大臣の免許を受けて、（　③　）のもとに、（　①　）・（　②　）を行うことを業とする者をいう。（　①　）とは、身体に障害のある者に対し、主にその基本的動作能力の回復を図るため、治療体操その他の運動を行わせたり、電気刺激やマッサージ、温熱、その他の物理的手段を加えることをいい、（　②　）とは、身体や精神に障害のある者に対し、主にその応用的動作能力または社会的適応能力の回復を図るため、手芸、工作その他の作業を行わせることをいう。

□500. （　①　）とは、（　②　）を受けて、（　③　）のもとに、義肢および装具の装着部位の採型、装具の製作、身体への適合を行うことを業とする者をいう。

□501. （　①　）とは、（　②　）を受けて、音声機能、言語機能または聴覚に障害のある者について、その機能の維持向上を図るため、言語訓練その他の訓練、これに必要な検査・助言・指導その他の援助を行うことを業とする者をいう。

188

第14章　雇用保険・労災保険

雇用保険

1　概　要
① 雇用保険は、労働者が失業した場合や、雇用の継続が困難となる事由が生じた場合に必要な給付を行うほか、労働者が職業に関する教育訓練を受けた場合に必要な給付を行うことにより、労働者の生活及び雇用の安定、就職の促進、失業の予防、雇用状態の是正及び雇用機会の増大、労働者の能力の開発及び向上その他労働者の福祉の増進を図ることを目的とする社会保険です。
② 雇用保険では、失業等給付などの保険給付と、と各種助成や教育訓練などの雇用保険二事業（雇用安定事業・能力開発事業）を行っています。

2　保険者・被保険者
① 雇用保険の保険者は政府であり、業務は公共職業安定所が行っています。
② 雇用保険の被保険者は、適用事業所に雇用されている労働者ですが、1週間の所定労働時間が20時間未満の者や、31日以上引き続いて雇用される見込みのない者、学生の者などは被保険者とはなりません。

3　保険料
雇用保険の保険料は次のようになっています。保険料率は事業の種類によって異なります。
　・失業等給付に係る保険料…賃金総額に保険料率を乗じた額を労使折半で負担
　・雇用保険二事業に係る保険料…賃金総額に保険料率を乗じた額を事業主が全額負担

4　保険給付

（1）概　要
① 失業等給付には、失業者の生活の安定を図る求職者給付、失業者の再就職の促進を図る就職促進給付、労働者の能力開発の支援を図る教育訓練給付、高年齢労働者や育児・介護休業者の雇用の継続を促進する雇用継続給付があります。
② 失業等給付の保険事故である「失業」とは、被保険者が離職し、労働の意思及び能力を有するにもかかわらず職業に就くことができない状態にあることをいいます。

（2）求職者給付
① 求職者給付とは、失業者が求職活動をする間の生活の安定を目的とした給付であり、基本手当のほか、技能習得手当や傷病手当、寄宿手当などがあります。
② 基本手当は、原則として、離職の日以前の2年間に12ヶ月以上の被保険者期間を有する者に対して、離職前の賃金日額の5〜8割の額を支給するものです。基本手当の給付日数は、離職理由、年齢、被保険者期間によって異なり、原則として90日から360日間となっています。なお、倒産や解雇等による離職の場合は、上記の2年間が1年間に、12ヶ月が6ヶ月に、それぞれ短縮されます。
③ 上記の「賃金日額」は、離職以前の6ヶ月間の賃金を180で除して算出されます。

第14章 雇用保険・労災保険

【確認問題】

□502. 雇用保険とは、労働者が（　①　）した場合や、（　②　）が困難となる事由が生じた場合に必要な給付を行うほか、労働者が自ら職業に関する（　③　）を受けた場合に必要な給付を行うことにより、労働者の（　④　）の安定、（　⑤　）の促進、（　①　）の予防、雇用状態の是正及び雇用機会の増大、労働者の能力の開発及び向上その他労働者の福祉の増進を図ることを目的とする社会保険である。

□503. 雇用保険では、（　①　）などの保険給付と、各種助成や教育訓練などの（　②　）を行っている。

□504. 雇用保険の保険者は（　①　）であり、業務は（　②　）が行っている。

□505. 雇用保険の被保険者は、適用事業所に雇用されている労働者であるが、1週間の所定労働時間が（　①　）の者や、（　②　）引き続いて雇用される見込みのない者、学生の者などは被保険者とはならない。

□506. 雇用保険の保険料は次のようになっている。
・失業等給付に係る保険料…賃金総額に保険料率を乗じた額を（　①　）で負担
・雇用保険二事業に係る保険料…賃金総額に保険料率を乗じた額を（　②　）負担

□507. 失業等給付には、失業者の生活の安定を図る（　①　）給付、失業者の再就職の促進を図る（　②　）給付、労働者の能力開発の支援を図る（　③　）給付、高年齢労働者や育児・介護休業者の雇用の継続を促進する（　④　）給付がある。

□508. 失業等給付の保険事故である「失業」とは、被保険者が（　①　）し、労働の（　②　）及び（　③　）を有するにもかかわらず、職業に就くことができない状態にあることをいう。

□509. （　①　）給付とは、（　②　）が求職活動をする間の生活の安定を目的とした給付であり、（　①　）給付には（　③　）のほか、技能習得手当や傷病手当、寄宿手当などがある。

□510. 基本手当は、原則として、離職の日以前の（　①　）間に、（　②　）以上の被保険者期間を有する者に対して、離職前の（　③　）の一定割合の額を支給するものである。基本手当の給付日数は、（　④　）や（　⑤　）、（　⑥　）によって異なっている。なお（　③　）は、離職以前の（　⑦　）の賃金を180で除して算出される。

（3）就職促進給付
① 就職促進給付は、失業者の再就職の促進を図る給付であり、就業促進手当や移転費、求職活動支援費があります。
② 就業促進手当は、基本手当に一定の支給残日数がある場合に支給されます。

（4）教育訓練給付
教育訓練給付は、労働者の能力開発の支援を図る給付であり、被保険者期間が3年以上（初回は1年以上）ある被保険者が指定の教育訓練を修了した場合に、これに必要な費用の20％（上限10万円）が支給されます。

（5）雇用継続給付
① 雇用継続給付には、高年齢雇用継続給付・育児休業給付・介護休業給付があります。
② 高年齢雇用継続給付とは、60歳以降も引き続き雇用された者について、その賃金が60歳時に比べて一定割合以上低下した場合に支給されるものです。
③ 育児休業給付は、一定要件を満たす育児休業制度を利用した被保険者に対して、休業開始前賃金の50％（休業開始後180日間は67％）に当たる額を支給するものです。
④ 育児休業給付は、被保険者の子が1歳になるまでの間支給されます。但し、父母ともに育児休業を取得する場合（「パパママ育休プラス制度」を利用する場合）は、当該子が1歳2ヶ月になるまでの間支給されます。また、保育所への入所ができない場合や、配偶者の病気や死亡、離婚などやむを得ない事情で養育が困難となった場合は、最大でその子が2歳になるまでの間支給されます。
⑤ 介護休業給付は、一定要件を満たす介護休業制度を利用した被保険者に対して、休業開始前賃金の67％に当たる額を支給するものです。
⑥ 介護休業給付の支給期間は、同一の対象家族についての介護休業開始日から通算して93日までとなっています。

第１４章 雇用保険・労災保険

【確認問題】

□511. （　①　）給付とは、失業者の再就職の促進を図る給付であり、（　②　）手当や移転費、求職活動支援費がある。このうち、（　②　）手当は、（　③　）手当に一定の支給残日数がある場合に支給されるものである。

□512. （　①　）給付とは、労働者の能力開発の支援を図る給付であり、被保険者期間が3年以上（初回は1年以上）ある被保険者が指定の教育訓練を修了した場合に、これに必要な費用の（　②　）を支給するものである。

□513. 雇用継続給付には、（　①　）給付・（　②　）給付・（　③　）給付がある。

□514. 高年齢雇用継続給付とは、（　　　）以降も引き続き雇用された者について、その賃金が（　　　）時に比べて低下した場合に支給されるものである。

□515. 育児休業給付とは、一定要件を満たす育児休業制度を利用した被保険者に対して、休業開始前賃金の（　①　）（（　②　）は（　③　））に当たる額を支給するものである。

□516. 育児休業給付は、原則として被保険者の子が（　①　）になるまでの間支給される。但し、父母ともに育児休業を取得する場合（「パパママ育休プラス制度」を利用する場合）は、当該子が（　②　）になるまでの間支給される。また、保育所への入所ができない場合や、配偶者の病気や死亡、離婚などやむを得ない事情で養育が困難となった場合は、その子が（　③　）になるまでの間支給される。

□517. 介護休業給付とは、介護休業制度を利用した一定要件を満たす被保険者に対して、休業開始前賃金の（　　　）に当たる額を支給するものである。

□518. 介護休業給付の支給期間は、同一の対象家族についての介護休業開始日から通算して（　　　）までとなっている。

労災保険

1 概要
① 労災保険（労働者災害補償保険）とは、**業務上**または**通勤**による**労働者**の負傷、疾病、障害、死亡等につき、当該**労働者及びその家族**に対して必要な保険給付を行うことを目的とする社会保険です。
② 労災保険法の制定当初は、**労働基準法の災害補償**（第10章参照）と同一水準の補償しか行われていませんでしたが、その後、通勤災害補償制度の導入や特別加入制度の導入、障害・死亡給付の年金化など、手厚い補償を行う制度となりました。

2 保険者・対象者・保険料
① 労災保険の保険者は**政府**であり、現業業務は都道府県労働局及び**労働基準監督署**が行っています。
② 労災保険は**すべての労働者**を対象とします。代表権等がある役員や個人事業主は対象外ですが、一定の要件を満たせば労災保険への**特別加入**が認められます。労災保険は労働基準法上に定められている事業主の責任を肩代わりするものなので、その性質上「被保険者」という概念がありません。
③ 労災保険の保険料は、**総賃金額**に事業の種類により異なる保険料率を乗じた額を、**事業主が全額負担**します。なお、個々の事業における労働災害の多寡などにより、保険料率が**増減**します。これを**メリット制**といいます。

3 保険事故

（1）業務災害
① **業務災害**とは、**使用者**の**指揮命令監督下**における業務が原因となって被災した労働者の負傷、疾病、障害または死亡のことをいいます。心理的負荷による精神障害についても、業務との間に**相当因果関係**が認められれば業務災害となります。
② 業務災害として認定されるためには、**業務遂行性**（労働災害の発生時に当該労働者が労働契約に基づき事業主の支配下にあること）と**業務起因性**（当該労働災害が業務に起因して発生したものであること）の2つが認められる必要があります。
③ 就業時間外や休憩時間、私的行為における場合は業務災害とはならないのが原則です。
④ 事業主が**安全配慮義務**を十分に履行していなかった場合等は、労災保険給付の**価額の限度を超える損害**について、労働者から使用者に対する**損害賠償請求が認められ**ます。**安全配慮義務**とは、**事業主**は、作業内容や作業場所、施設の器具などの管理や設置などに関して、**労働者**の生命や健康を、職場における**危険**から保護することについて**法的な義務**があることをいいます。

（2）通勤災害
① **通勤災害**とは、就業に関し、住居と就業場所との往復や、就業場所から他の就業場所への移動などにおいて、労働者が被災した場合をいいます。
②「通勤」は、**合理的**な経路及び方法で行うもので、**業務の性質**を有する移動を除くものである必要があります。通勤途中で**中断や逸脱**があった場合はその後は通勤とはならないが、日常生活上の行為をやむを得ない理由で行う場合で再び合理的な経路に復した後は再び「通勤」となります。

第１４章 雇用保険・労災保険

【確認問題】

□519. 労災保険（労働者災害補償保険）とは、（　①　）または（　②　）による労働者の負傷、疾病、障害、死亡等につき、当該（　③　）に対して必要な保険給付を行うことを目的とする社会保険である。

□520. 労災保険の保険者は（　①　）であり、現業業務は都道府県労働局及び（　②　）が行っている。

□521. 労災保険は（　①　）を対象とする。代表権等がある役員や個人事業主は対象外となるが、一定の要件を満たせば労災保険への（　②　）が認められる。

□522. 労災保険の保険料は、（　①　）に事業の種類により異なる保険料率を乗じた額を（　②　）負担する。

□523. 個々の事業における労働災害の多寡などにより、労災保険料率を（　①　）させる制度のことを（　②　）という。

□524. 業務災害とは、（　①　）の（　②　）下における業務が原因となって被災した労働者の負傷、疾病、障害または死亡のことをいう。心理的負荷による精神障害についても、業務との間に（　③　）関係が認められれば業務災害となりうる。

□525. 業務災害として認定されるためには、（　①　）性と（　②　）性が認められる必要がある。

□526. 事業主が（　①　）義務を十分に履行していなかった場合等は、労災保険給付の価額の限度を超える損害について、労働者から使用者に対する（　②　）が認められる。（　①　）義務とは、（　②　）は、作業内容や作業場所、施設の器具などの管理や設置などに関して、（　③　）の生命や健康を、職場における（　④　）から保護することについて（　⑤　）な義務があることをいう。

□527. 通勤災害とは、就業に関し、住居と就業場所との往復や、就業場所から他の就業場所への移動などにおいて、労働者が被災した場合をいう。当該通勤は、（　①　）な経路及び方法で行うもので、（　②　）を有する移動を除くものでなければならない。通勤途中で（　③　）や（　④　）があった場合は、その後は通勤とはならないが、日常生活上の行為をやむを得ない理由で行う場合で再び（　①　）な経路に復した後は再び通勤となる

194

4 保険給付

① 労災保険における保険事故と保険給付は次のとおりです。なお、**業務災害**による給付を「○○補償給付」、**通勤災害**による給付を「○○給付」といいます。

負傷・疾病	療養（補償）給付、休業（補償）給付、傷病（補償）年金
要介護状態	介護（補償）給付
障　害	障害（補償）給付（年金・一時金）
死　亡	遺族（補償）給付（年金・一時金）、葬祭料（葬祭給付）
異常の所見	二次健康診断等給付

② **療養（補償）給付**とは、業務災害または通勤災害による傷病等について、労災病院等の医療機関等で療養を受けた場合に支給されるものです。なお、労災病院等以外の医療機関で給付を受けた場合は**療養費**が支給されます。

③ **休業（補償）給付**とは、業務災害または通勤災害による傷病よる療養のため労働することができず賃金を受けられない場合、**休業4日目**から休業1日につき**給付基礎日額の60%**の額を支給するものです。なお、給付基礎日額は、当該業務上の災害等が発生した日の直前の**3か月**間の賃金を、当該期間の日数で除して算出されます。

④ **障害（補償）年金**とは、業務災害または通勤災害による傷病が**治ゆ**した後に、**障害等級1級から7級**までに該当する障害が残った場合、**給付基礎日額の313日分から131日分**に相当する額を**年金**として支給するものです。「治ゆ」とは、身体の諸器官や組織が健康時の状態に完全に回復した状態だけでなく、傷病の症状が安定し、医学上、一般的と認められた医療を行ってもその効果が期待できなくなった状態（症状固定の状態）をいいます。

⑤ **障害（補償）一時金**とは、業務災害または通勤災害による傷病が**治ゆ**した後に、**障害等級8級から14級**までに該当する障害が残った場合、給付基礎日額の**503日分から56日分**に相当する額を**一時金**として支給するものです。

⑥ **傷病（補償）年金**とは、業務災害または通勤災害による傷病が**1年6か月経過後においても治ゆせず**、傷病による障害の程度が傷病等級に該当する場合、傷病の程度に応じて給付基礎日額の313日分（1級）から245日分（3級）に相当する額を**年金**として支給するものです。

⑦ **介護（補償）給付**とは、障害（補償）年金または傷病（補償）年金の1級から2級に該当する当該年金の受給者が介護を受けている場合に、介護の必要度に応じて介護費用を支給するものです。介護費用は、常時介護か随時介護かによって、また、サービス等を利用しているか家族介護かによって異なります。但し、**介護保険**における施設や障害者施設等に入所している場合には支給されません。

⑧ **遺族（補償）年金**とは、業務災害または通勤災害により労働者が**死亡**した場合、その遺族の数に応じて給付基礎日額の153日分（遺族が1人）から245日分（4人以上）に相当する**年金**を支給するものです。**遺族（補償）年金**を受け取る遺族がいない場合は、**遺族（補償）一時金**として、一定の者に給付基礎日額の1,000日分が支給されます。

第14章 雇用保険・労災保険

【確認問題】

□528. （ ① ）とは、業務災害または通勤災害による傷病等について、労災病院等の医療機関等で療養を受けた場合に支給されるものである。なお、労災病院等以外の医療機関で給付を受けた場合は（ ② ）が支給される。

□529. （ ① ）とは、業務災害または通勤災害による傷病よる療養のため労働することができず（ ② ）を受けられない場合、休業（ ③ ）から休業1日につき給付基礎日額の（ ④ ）の額を支給するものである。なお給付基礎日額は、当該業務上の災害等が発生した日の直前の（ ⑤ ）間の賃金を、当該期間の日数で除して算出される。

□530. （ ① ）とは、業務災害または通勤災害による傷病が（ ② ）した後に、障害等級（ ③ ）までに該当する障害が残った場合、給付基礎日額の313日分から131日分に相当する額を年金として支給するものである。

□531. （ ① ）とは、業務災害または通勤災害による傷病が（ ② ）した後に、障害等級（ ③ ）までに該当する障害が残った場合、給付基礎日額の503日分から56日分に相当する額を一時金として支給するものである。

□532. （ ① ）とは、業務災害または通勤災害による傷病が（ ② ）経過後においても（ ③ ）せず、傷病による障害の程度が傷病等級に該当する場合、傷病の程度に応じて給付基礎日額の313日分（1級）から245日分（3級）に相当する額を年金として支給するものである。

□533. （ ① ）とは、障害（補償）年金または傷病（補償）年金の1級から2級に該当する当該年金の受給者が介護を受けている場合に、介護の必要度に応じて介護費用を支給するものである。介護費用は、常時介護か随時介護かによって、また、サービス等を利用しているか家族介護かによって異なる。但し、（ ② ）施設や障害者施設等に入所している場合には支給されない。

□534. （ ① ）とは、業務災害または通勤災害により労働者が死亡した場合、その遺族の数に応じて給付基礎日額の153日分（遺族が1人）から245日分（4人以上）に相当する年金を支給するものである。（ ① ）を受け取る遺族がいない場合は、（ ② ）として一定の者に給付基礎日額の1,000日分が支給される。

196

第15章　介護保険・高齢者・障害者福祉

介護保険

1 概　要
介護保険とは、介護を必要とする状態と認定された**高齢者など**が、一定の介護サービスなどを利用した場合に、必要な給付を行うことを目的とした社会保険です。

2 保険者等
① 介護保険の保険者は**市町村**です。なお、介護サービス基盤の整備やサービス提供の効率化、保険財政の安定化を目的とする場合には、**広域連合**や**一部事務組合**を介護保険の保険者とすることができます。
② なお、市町村及び都道府県には、次のような役割が課せられています。

市町村（保険者）	都道府県
・3年を1期とする**介護保険事業計画**の策定 ・**介護認定審査会**の設置 ・**地域密着型サービス**や**介護予防支援事業者、居宅介護支援事業者**の指定及び監督	・3年を1期とする**介護保険事業支援計画**の策定 ・**介護保険審査会**及び**財政安定化基金**の設置 ・**居宅サービス**や**施設サービス**等を提供する事業者の指定及び監督

3 被保険者
① 介護保険の被保険者は、次のとおりです。

第1号被保険者	当該市町村内に住所を有する**65歳以上**の者
第2号被保険者	当該市町村内に住所を有する**40歳以上65歳未満**の者で、（公的）**医療保険**に加入している者

② 障害者総合支援法や、身体障害者福祉法、知的障害者福祉法、児童福祉法、生活保護法などに基づく施設等に入所等している者は、介護保険の被保険者とはなりません。
③ なお、介護保険の被保険者が、住所地以外の市町村にある施設などに入所等をした場合において、前住所地の市町村が引き続き被保険者となる特例措置のことを**住所地特例**といいます。これは、施設等が特定の市町村に偏在することによる、市町村間の**財政上の不均衡**を防ぐことを目的とする制度です。

第１５章 介護保険・高齢者・障害者福祉

【確認問題】

□535. 介護保険の保険者は（　①　）である。なお、介護サービス基盤の整備やサービス提供の効率化、保険財政の安定化を目的とする場合には、（　②　）や（　③　）を介護保険の保険者とすることもできる。

□536. 介護保険事業における市町村の主な役割は、次のとおり。
・（　①　）を1期とする（　②　）計画の策定
・（　③　）審査会の設置
・（　④　）サービスや（　⑥　）事業者、（　⑦　）事業者の指定及び監督

□537. 介護保険事業における都道府県の主な役割は、次のとおり。
・（　①　）を1期とする（　②　）計画の策定
・（　③　）審査会及び（　④　）の設置
・（　⑤　）サービスや（　⑥　）サービス等を提供する事業者の指定及び監督

□538. 介護保険の被保険者は、次のとおり。

第1号被保険者	当該市町村内に住所を有する（　①　）の者
第2号被保険者	当該市町村内に住所を有する（　②　）の者で、（　③　）に加入している者

□539. 次の者は、介護保険の被保険者とはならない。
・（　①　）上の生活介護および施設入所支援を受けている指定障害者支援施設の入所者や、指定障害福祉サービス事業者である病院（療養介護を行うものに限る）に入院している者
・（　②　）または（　③　）に基づく措置により（　①　）上の障害者支援施設に入所している者（前者の場合は生活介護を行うものに限る）
・（　④　）上の医療型障害児入所施設の入所者、医療型児童発達支援を行う医療機関の入院者
・（　⑤　）上の救護施設の入所者
・労働者災害補償保険法上の被災労働者の受ける介護の援護に関する施設の入所者など

□540. 介護保険の被保険者が、住所地以外の市町村にある施設等に入所等をした場合において、前住所地の市町村が引き続き被保険者となる特例措置のことを（　①　）という。これは、施設等が特定の市町村に偏在することによる、市町村間の（　②　）の不均衡を防ぐことを目的とする。

198

4 保険料

（1）第1号被保険者の保険料
① 第1号被保険者の保険料は、**基準額に賦課率を乗じて**計算されます。
② **基準額**とは、当該市町村の**介護保険事業計画**に基づいて算定される1年間の介護給付等に要する費用の23％相当額を、その市町村の**第1号被保険者の見込み総数**で除した平均額をいいます。
③ **賦課率**とは、前年の所得に賦課される住民税について、世帯または本人ごとに非課税か課税かにより区分された一定率のことをいい、**第1段階から第9段階**（0.35〜1.7）に区分されています。なお、各市町村の条例によってこれをさらに細分化することもできます。
④ 第1号被保険者の保険料の徴収方法は、次のようになっています。
・**普通徴収**…無年金者や低年金者などを対象に、納付書などによって徴収する方法
・**特別徴収**…**年額18万円以上**の年金受給者を対象に、年金から「天引き」する方法
なお、特別徴収の対象となる年金は、老齢年金だけでなく、障害年金や遺族年金も含まれます。

（2）第2号被保険者の保険料
① 第2号被保険者の保険料は、概ね次のようになっています。
・**国民健康保険加入者**…**所得割・資産割・被保険者均等割・世帯別平等割の組合せ**から、世帯ごとに算出された保険料（税）を**世帯主**が負担する
・**健康保険（共済保険）加入者**…標準報酬月額に介護保険料率を乗じた額を、**労使折半**で負担する
② 第2号被保険者の保険料は、**医療保険の保険者**が医療保険の保険料と**一体的に徴収**し、**介護給付費納付金**等として**社会保険診療報酬支払基金**に納付します。そして、社会保険診療報酬支払基金は、**各市町村**に対して**介護給付費交付金**等を交付します。このような方法を採っているのは、市町村ごとの介護給付費等に左右されることなく、全国規模で安定的な介護保険財源を確保できるようにするためです。

（3）保険料の滞納等
① 第1号被保険者が特別な事情がないにもかかわらず、保険料を滞納している場合は、被保険者証に**支払方法変更**の記載がなされ、**現物給付から償還方式**になります。**償還方式**とは、要介護等の保険者が、介護サービス事業者に対して利用料の全額を支払った後、市町村に対してその支払った額を請求をする方法のことをいいます。また、市町村は、保険料を滞納している要介護被保険者に対する保険給付の全部または一部の支払いを**差し止める**こともできます。そして、市町村は、**支払方法変更**の記載を受け、かつ、**差し止め**を受けている要介護被保険者が、なお保険料の滞納を続けるときは、当該**差し止め**に関わる保険給付の額から、当該滞納額を**控除**することもできます。
② 上記にかかる要介護被保険者が、要介護（更新）認定等をした場合において、保険料徴収権が**時効により消滅**している期間があるときは、被保険者証に**給付額減額の記載**がなされ、保険料徴収権の消滅した期間に応じ、その給付割合が**7割に引き下げられます**。また、**高額介護サービス費**の支給も行われないことになります。

第１５章 介護保険・高齢者・障害者福祉

【確認問題】

□541. 第1号被保険者の保険料は、（　①　）に（　②　）を乗じて計算される。（　①　）とは、当該市町村の（　③　）計画に基づいて算定される1年間の介護給付等に要する費用の23％相当額を、その市町村の第1号被保険者の（　④　）で除した平均額をいい、（　②　）とは、前年の所得に賦課される住民税について、世帯または本人ごとに非課税か課税かにより区分された一定率をいう。

□542. 第1号被保険者の介護保険料の徴収方法は、次のようになっている。
・（　①　）徴収…無年金者や低年金者などを対象に、納付書などによって徴収する方法
・（　②　）徴収…（　③　）上の年金受給者を対象に、年金から「天引き」する徴収方法

□543. 第2号被保険者の介護保険料は、概ね次のようになっている。
・国民健康保険加入者…（　①　）・資産割・被保険者均等割・世帯別平等割の組合せから、世帯ごとに算出された保険料（税）を（　②　）が負担する
・健康保険（共済保険）加入者…標準報酬月額に介護保険料率を乗じた額を、（　③　）で負担する

□544. 第2号被保険者の保険料は、（　①　）の保険者が（　①　）の保険料と一体的に徴収し、（　②　）等として（　③　）に納付する。（　③　）は、当該納付金から、各（　④　）に対して（　⑤　）等を交付する。

□545. 第1号被保険者が特別な事情がないにもかかわらず、保険料を滞納している場合は、被保険者証に（　①　）の記載がなされ、（　②　）から（　③　）方式によることになる。また、市町村は、保険料を滞納している要介護被保険者に対する保険給付の全部または一部の支払いを（　④　）ることができる。そして、市町村は、（　①　）の記載を受け、かつ、（　④　）を受けている要介護被保険者が、なお保険料の滞納を続けるときは、当該（　④　）に関わる保険給付の額から、当該滞納額を（　⑤　）することができる。

□546. 上記にかかる要介護被保険者が、要介護（更新）認定等をした場合において、保険料徴収権が（　①　）により消滅している期間があるときは、被保険者証に（　②　）の記載がなされ、保険料徴収権の消滅した期間に応じ、その給付割合が（　③　）に引き下げられる。また、（　④　）の支給も行われないことになる。

5 介護保険の財源

① 介護保険の財源構成は、次のようになっています。

	保険料		公　費		
	第1号 被保険者	第2号 被保険者	国	都道府県	市町村
居宅給付費	23%	27%	25%	12.5%	12.5%
施設等給付費	23%	27%	20%	17.5%	12.5%
介護予防・日常生活支援総合事業	23%	27%	25%	12.5%	12.5%
包括的支援事業	23%		38.5%	19.25%	19.25%

② 保険者である市町村は、介護保険のための**特別会計**を設ける必要があります。**特別会計**とは、行政が特定の事業を進めるための主要な経費を扱う会計のことをいいます。なお、一般会計とは、一般行政を行なうための主要な経費を扱う会計のことをいいます。

③ **財政安定化基金**とは、介護保険制度の財政を安定させるために、**都道府県**に設置される基金のことをいいます。介護保険料の収納不足や介護給付費の増加によって、市町村の介護保険特別会計が赤字になりそうな場合などに、資金の交付や貸付を行います。国・都道府県・市町村（第1号被保険者の保険料）が**3分の1ずつ**負担して基金の積み立てを行うことになっています。

④ **調整交付金**とは、市町村ごとの介護保険財政の調整を行うため、国が負担する費用のうち**5%**を標準として、市町村に交付するものをいいます。

6 保険事故

① 介護保険の保険事故は、**要介護状態**または**要支援状態**と認定されることです。

② **要介護状態**とは、**身体上**または**精神上**の障害があるために、入浴、排せつ、食事等の日常生活における**基本的な動作**の全部または一部について、一定期間にわたり継続して、**常時介護を要すると見込まれる状態**であって、要介護状態区分のいずれかに該当するものをいいます。

③ **要支援状態**とは、**身体上**または**精神上**の障害があるために入浴、排せつ、食事等の日常生活における**基本的な動作**の全部若しくは一部について一定期間にわたり継続して常時介護を要する状態の**軽減若しくは悪化の防止に特に資する支援を要する**と見込まれ、または**身体上**若しくは**精神上**の障害があるために一定期間にわたり継続して**日常生活を営むのに支障がある**と見込まれる状態であって、要支援状態区分のいずれかに該当するものをいいます。

第１５章 介護保険・高齢者・障害者福祉

【確認問題】

□547. 介護保険の財源構成は、次のようになっている。

	保険料		公　費		
	第1号 被保険者	第2号 被保険者	国	都道府県	市町村
居宅給付費	（　①　）	（　②　）	（　③　）	（　④　）	（　⑤　）
施設等給付費	（　①　）	（　②　）	（　⑥　）	（　⑦　）	（　⑤　）
介護予防・日常生活支援総合事業	（　①　）	（　②　）	（　③　）	（　④　）	（　⑤　）
包括的支援事業	（　①　）		38.5％	19.25％	19.25％

□548. （　①　）とは、介護保険制度の財政を安定させるために、（　②　）に設置される基金のことをいう。介護保険料の収納不足や介護給付費の増加によって、市町村の介護保険特別会計が赤字になりそうな場合などに、資金の交付や貸付を行う。（　①　）財源は、国・都道府県・市町村（第1号被保険者の保険料）が（　③　）ずつ負担して積み立てる。

□549. （　①　）とは、市町村ごとの介護保険財政の調整を行うため、国が負担する費用の他に（　②　）を標準として、市町村に交付されるものをいう。

□550. 要介護状態とは、（　①　）または（　②　）の障害があるために、入浴、排せつ、食事等の日常生活における（　③　）の全部または一部について、一定期間にわたり継続して、（　④　）であって、要介護状態区分のいずれかに該当するものをいう。

□551. 要支援状態とは、（　①　）または（　②　）の障害があるために入浴、排せつ、食事等の日常生活における（　③　）の全部若しくは一部について一定期間にわたり継続して常時介護を要する状態の（　④　）と見込まれ、または（　①　）若しくは（　②　）の障害があるために一定期間にわたり継続して（　⑤　）と見込まれる状態であって、要支援状態区分のいずれかに該当するものをいう。

7　給付対象

① 被保険者のうち、**要介護者**または**要支援者**と認定された者に対して、給付が行われます。

② **要介護者・要支援者**とは、次のいずれかに該当する者をいいます。

> ・**要介護状態or要支援状態**にある**65歳以上**の者
> ・**要介護状態or要支援状態**にある**40歳以上65歳未満**の者であって、その要介護状態の原因である身体上または精神上の障害が**加齢**に伴って生ずる心身の変化に起因する一定の疾病（「**特定疾病**」）によって生じたものであるもの

③ 65歳以上の者については、要介護・要支援状態となった原因は問われませんが、40歳以上65歳未満の者については、要介護・要支援状態となった原因が、末期がんやアルツハイマー病などの**特定疾病**によるものであることが必要です。

8　給付申請

① 介護給付・予防給付を受けようとする被保険者は、**市町村**から**要介護認定・要支援認定**を受ける必要があります。

② 上記①の認定（認定の更新・区分変更も同様）を受けるためには、被保険者は、被保険者証及び**主治医の意見書**等を添付して、**市町村**に**申請**をする必要があります。なお、当該申請は、一定の事業者や親族が被保険者に代わって行うことができます。

③ 上記②の申請がされると、心身の状況に関する調査が実施されます。認定調査の項目は、**身体機能・起居動作、生活機能、認知機能、精神・行動障害、社会生活への適応**（「薬の内服」「金銭の管理」「日常の意思決定」「集団への不適応」「買い物」「簡単な調理」）の**5群**と、特別な医療及び日常生活自立度とのカテゴリーに分類される**74の項目**から構成されています。

④ **一次判定**（コンピューター判定）は、**要介護認定等基準時間**を基礎として行われます。これは、認定調査票の各項目を、食事、排せつ、清潔保持などの8分野に分けてそれぞれに必要な時間を計算し、合計して算出された時間のことをいいます。

⑤ **二次判定**（審査判定）は、**介護認定審査会**において行われます。当該二次判定によって、**要支援1から2、要介護1から5、非該当（自立）**のいずれに該当するかの判定を受けます。

⑥ **市町村**は、上記審査会による審査判定結果通知を受けて**認定**し、申請した被保険者にその結果を通知します。当該通知は申請日から**30日以内**にしなければならず、認定は申請日にさかのぼって有効となります。

⑦ 上記の認定には、次のような有効期間があります。
・**新規認定の場合**…原則6ヶ月間、特に必要と認める場合は、3〜12ヶ月間までの範囲内で定める期間
・**更新認定の場合**…原則12ヶ月間、特に必要と認める場合は、3〜36ヶ月間までの範囲内で定める期間

9　不服申立て

要介護等の認定や保険給付、保険料などに関する保険者の処分に不服があるときは、**都道府県**に設置される**介護保険審査会**に**審査請求**をすることができます。

第１５章 介護保険・高齢者・障害者福祉

【確認問題】

□552. 要介護者・要支援者とは、次のいずれかに該当する者をいう。
・（　①　）にある（　②　）の者
・（　①　）にある（　③　）の者であって、その要介護状態の原因である身体上または精神上の障害が（　④　）に伴って生ずる心身の変化に起因する一定の疾病（これを「（　⑤　）」という）によって生じたものであるもの

□553. 介護給付・予防給付を受けようとする被保険者は、（　①　）から（　②　）・（　③　）を受けなければならない。当該認定（認定の更新・区分変更も同様）を受けるためには、被保険者は、被保険者証及び（　③　）等を添付して、（　①　）に（　④　）をしなければならない。

□554. 上記の申請がされると、心身の状況に関する調査が実施される。認定調査の項目は、（　①　）、（　②　）、（　③　）、（　④　）、（　⑤　）の5群と、特別な医療及び日常生活自立度とのカテゴリーに分類される（　⑥　）の項目から構成される。

□555. 一次判定（コンピューター判定）は、（　　　　　）を基礎として行われる。（　　　　　）とは、認定調査票の各項目を、食事、排せつ、清潔保持などの8分野に分けてそれぞれに必要な時間を計算し、合計して算出された時間のことをいう。

□556. 二次判定（審査判定）は、（　①　）において行われる。当該二次判定によって、（　②　）、（　③　）、（　④　）のいずれに該当するかの判定を受ける。なお、（　①　）の委員は、保健医療福祉の学識経験者から（　⑤　）が任命する。なお、委員の任期は原則（　⑥　）となっている。

□557. （　①　）は、上記審査会による審査判定結果通知を受けて認定し、申請した被保険者にその結果を通知する。当該通知は申請日から（　②　）にしなければならず、認定は申請日にさかのぼって有効となる。

□558. 要介護・要支援認定には、次のような有効期間がある。
・新規認定の場合…原則（　①　）、市町村が特に必要と認める場合にあっては、
　　　　　　　　　　（　②　）までの範囲内で定める期間
・更新認定の場合…原則（　③　）、市町村が特に必要と認める場合にあっては、
　　　　　　　　　　（　④　）までの範囲内で定める期間

□559. 要介護認定や保険給付、保険料などに関する保険者の処分に不服があるときは、（　①　）に設置される（　②　）に（　③　）をすることができる。

10 保険給付

（1）概 要

① 被保険者の要介護状態に関する保険給付を**介護給付**といい、被保険者の要支援状態に関する保険給付を**予防給付**といいます。

② 上記の保険給付は、**居宅サービス・地域密着型サービス・施設サービス・ケアマネジメント**に大別されます。

③ **居宅サービス**の指定・監督等は都道府県が、**地域密着型サービス**については**市町村**が、**施設**サービスについては**都道府県**が、それぞれ行います。

④ 各市町村は**条例**で定めることにより、要介護状態等の軽減または悪化の防止に資する上記以外の保険給付を行うことができます。これを**市町村特別給付**といいます。居宅サービスなどの支給限度額に独自で上乗せを行ったり、独自のサービス（紙おむつの給付や食事、理髪サービスなど）を設けたりするなどの給付が行われています。なお、**市町村特別給付**は、**第1号被保険者の保険料**のみで賄う必要があります。

⑤ 要介護・要支援状態について、**労災保険**による**療養（補償）給付**等のうち、介護給付等に相当するものを受けることができるとき等は、介護給付・予防給付は行われません。

⑥ 保険給付を受けるにあたっては、原則として**1割**の利用者負担（自己負担）が求められます。一定額以上の所得がある場合は**2割または3割**負担となります。なお、居宅介護支援及び介護予防支援については、利用者負担は求められていません。

⑦ 介護施設等における**食費や居住費**、日常生活費などは保険給付の対象とはなっていません。これらは、施設・在宅を問わず、どこで生活していてもかかる費用だからです。但し、低所得者については、標準的な生活費用の額と負担限度額の差額が**特定入所者介護サービス費（補足給付）**として給付されます。

⑧ **区分支給限度基準額（限度額）**とは、利用者の**要介護・要支援**状態に応じて設定された、保険給付の対象となるサービスの上限金額（上限単位）のことをいいます。当該限度額は、**1ヶ月単位**での単位数により設定されており、これを超過すると保険給付の対象とならず**全額自己負担**となります。これは、給付総額にもマンパワーにも供給限度があり、利用者の生活ニーズに全て対応することは不可能であるから、公平にサービスを利用できるようにすることを目的とするものです。なお、当該上限額は、**訪問系や通所系**、短期入所サービス、福祉用具購入・貸与などにおいて適用されますが、**入所・入居系**サービスや居宅療養管理指導などには適用されません。

第１５章 介護保険・高齢者・障害者福祉

【確認問題】

□560. 被保険者の要介護状態に関する保険給付を（　①　）といい、被保険者の要支援状態に関する保険給付を（　②　）という。

□561. 上記の保険給付は、（　①　）サービス・（　②　）サービス・（　③　）サービス・ケアマネジメントに大別される。

□562. 上記①についての指定・監督等は（　①　）が、上記②は（　②　）が、上記③については（　①　）がそれぞれ行う。

□563. 各市町村は（　①　）で定めることにより、要介護状態等の軽減または悪化の防止に資する上記以外の保険給付を行うことができる。これを（　②　）という。なお、（　②　）の財源は（　③　）のみで賄わなければならない。

□564. 要介護・要支援状態について、（　①　）による（　②　）等のうち、介護給付等に相当するものを受けることができるとき等は、介護給付・予防給付は行われない。

□565. 保険給付を受ける際の利用者負担（自己負担）は、原則として（　①　）であるが、一定額以上の所得がある場合は（　②　）負担となる。なお、（　③　）及び（　④　）については利用者負担は求められない。

□566. 介護施設における（　①　）や（　②　）、日常生活費などは、保険給付の対象とはなっていない。但し、低所得者については、標準的な費用の額と負担限度額の差額が（　③　）費（補足給付）として給付される。

□567. （　①　）とは、利用者の（　②　）状態に応じて設定された、保険給付の対象となるサービスの上限金額（上限単位）のことをいう。（　①　）は、1ヶ月単位での単位数により設定されており、これを超過すると保険給付の対象とならず（　③　）となる。なお、当該上限額は、（　④　）系や（　⑤　）系サービス、短期入所サービス、福祉用具購入・貸与などにおいて適用されるが、（　⑥　）系サービスや居宅療養管理指導などには適用されない。

（2）給付内容
① 介護保険の給付内容は、次のようになっています。

		要介護者を対象とする介護給付	要支援者を対象とする予防給付
居 宅 サービス		**訪問介護**（ホームヘルプサービス）	
		訪問入浴介護（訪問入浴サービス）	介護予防訪問入浴介護（同左）
		訪問看護（訪問看護サービス）	介護予防訪問看護（同左）
		訪問リハビリテーション	介護予防訪問リハビリテーション
		居宅療養管理指導	介護予防居宅療養管理指導
		通所介護（デイサービス）	
		通所リハビリテーション（デイケア）	介護予防通所リハビリテーション（同左）
		短期入所生活介護（ショートステイ）	介護予防短期入所生活介護（同左）
		短期入所療養介護（療養ショートステイ）	介護予防短期入所療養介護（同左）
		特定施設入居者生活介護	介護予防特定施設入居者生活介護
		福祉用具貸与	介護予防福祉用具貸与
		特定福祉用具販売	特定介護予防福祉用具販売
地域密着型 サービス		認知症対応型通所介護	介護予防認知症対応型通所介護
		小規模多機能型居宅介護	介護予防小規模多機能型居宅介護
		認知症対応型共同生活介護（グループホーム）	介護予防認知症対応型共同生活介護（同左）
		定期巡回・随時対応型訪問介護看護	
		夜間対応型訪問介護	
		地域密着型通所介護（小規模デイサービス）	
		地域密着型特定施設入居者生活介護	
		地域密着型介護老人福祉施設入所者生活介護	
		看護小規模多機能型居宅介護（複合型サービス）	
施 設 サービス		介護老人福祉施設での介護サービス	
		介護老人保健施設での介護サービス	
		介護医療院での介護サービス	
ケアプラン		居宅介護支援	介護予防支援

② **訪問介護**の訪問先（居宅）には、養護老人ホームなど一定の施設も含まれます。
③ 自宅の浴槽で入浴サービスをうけるときは、訪問入浴介護ではなく、**訪問介護**となります。
④ **通所介護**と**短期入所生活介護**は、施設を利用するサービスですが、居宅（在宅）での介護を一時的に支援するという意味合いから、**居宅サービス**として位置づけられています。
⑤ **特定施設**とは、**養護老人ホーム・有料老人ホーム・軽費老人ホーム**のうち、一定基準を満たした施設として**都道府県**から指定された施設のことをいいます。当該指定を受けることで、介護保険から給付を受けることができるようになります。なお、特定施設は居宅として扱われるので、当該サービスは**居宅サービス**に分類されます。
⑥ **特定福祉用具販売**とは、居宅要介護者について福祉用具のうち**入浴**または**排せつ**の用に供するものその他一定の用具を販売することをいいます。なお、特定福祉用具販売の支給限度基準額は、年間10万円となっています。
⑦ **看護小規模多機能型居宅介護（複合型サービス）**は、「通所」「訪問（介護・看護）」「宿泊」のサービスを一体的に提供することを目的とするものです。小規模多機能型居宅介護においては、常勤・専任の看護師が配置されていないため、医療ケアが常に必要な利用者は当該サービスを利用できないことから設けられました。

第１５章 介護保険・高齢者・障害者福祉

【確認問題】

□568.（　①　）と短期入所生活介護は、施設を利用するサービスであるが、、（　②　）として位置づけられている。

□569.特定施設入居者生活介護の特定施設とは、（　①　）・（　②　）・（　③　）のうち、一定基準を満たした施設として（　④　）から指定された施設のことをいう。なお、特定施設入居者生活介護は（　⑤　）に分類される。

□570.特定福祉用具販売とは、居宅要介護者について福祉用具のうち（　①　）または（　②　）の用に供するものその他一定の用具を販売することをいう。特定福祉用具販売の支給限度基準額は、年間（　③　）となっている。

208

１１　介護保険施設

介護保険法における介護保険施設には、次の3つがあります。

介護老人福祉施設	**老人福祉法**に規定する**特別養護老人ホーム**のうち、**介護保険法**に基づく**指定**を受けた施設であって、身体上または精神上著しい障害があるために**常時の介護**を必要とし、かつ、居宅においてこれを受けることが困難な要介護者を入所させ、入浴、排せつ、食事等の介護その他の日常生活上の世話、機能訓練、健康管理及び療養上の世話を行うことを目的とする施設
介護老人保健施設	**介護保険法**に基づく**許可**を受けた施設であって、**病状安定期**にある要介護者に対し、看護や医学的管理の下における介護及び機能訓練その他必要な医療並びに日常生活上の世話を行うことを目的とする（施設慢性期医療と機能訓練による在宅への復帰を目的とした施設であり、中間施設（医療と福祉の中間、病院と在宅の中間）ともよばれる）
介護医療院	**医療法**に基づく病院等のうち、**介護保険法**に基づく**指定**を受けた施設であって、**病状安定期**にあり、療養上の管理・看護・介護・機能訓練が必要な要介護者に対し、療養上の管理、看護、医学的管理の下における介護その他の世話及び機能訓練その他必要な医療を行うことを目的とする施設

１２　地域支援事業

（１）概　要

① 介護保険法に基づく**地域支援事業**とは、高齢者が**要介護・要支援状態となることを予防**するとともに、要介護状態等となった場合でも、可能な限り自立した日常生活を営むことができるよう支援することを目的として、**市町村**が実施する事業です。

② 介護保険からの保険給付である介護予防サービス（予防給付）は、あくまで**要支援者と認定された者を対象**とするものであるため、非該当（自立）と判定された者（保険給付を行わないとされた者）に対する（本来的な意味での）介護予防（要介護・要支援に至らないこと）が求められることから行われている事業です。

③ 当該事業は、**介護予防・日常生活支援総合事業、包括的支援事業、任意事業**に大別されます。

④ なお、要支援者を対象とする予防給付のうち、（旧）**介護予防訪問介護**と（旧）**介護予防通所介護**が、当該事業に移管されました。

第１５章 介護保険・高齢者・障害者福祉

【確認問題】

□571. 介護保険法における介護保険施設は、次のとおり。

（　①　） 施　設	（　②　）に規定する（　③　）のうち、（　④　）に基づく（　⑤　）を受けた施設であって、身体上または精神上著しい障害があるために（　⑥　）を必要とし、かつ、居宅においてこれを受けることが困難な要介護者を入所させ、入浴、排せつ、食事等の介護その他の日常生活上の世話、機能訓練、健康管理及び療養上の世話を行うことを目的とする施設
（　⑦　） 施　設	（　④　）に基づく（　⑦　）を受けた施設であって、（　⑧　）にある要介護者に対し、看護や医学的管理の下における介護及び機能訓練その他必要な医療並びに日常生活上の世話を行うことを目的とする施設
（　⑩　） 施　設	（　⑪　）に基づく病院等のうち、（　④　）に基づく（　⑤　）を受けた施設であって、（　⑧　）にあり、療養上の管理・看護・介護・機能訓練が必要な要介護者に対し、療養上の管理、看護、医学的管理の下における介護その他の世話及び機能訓練その他必要な医療を行うことを目的とする施設

□572. 地域支援事業とは、高齢者が要介護・要支援状態となることを予防するとともに、要介護状態となった場合でも、可能な限り自立した日常生活を営むことができるよう支援することを目的として、（　①　）が実施する事業である。この事業は、（　②　）事業・（　③　）事業・（　④　）事業に大別される。

□573. 上記の事業は、介護保険給付である介護予防サービスは、あくまで（　①　）と認定された者を対象とするものであるため、（　②　）と判定された者に対する介護予防（要介護・要支援に至らないこと）が求められることから行われている

□574. 要支援者を対象とする予防給付とされていたもののうち、（　①　）と（　②　）が、当該事業に移管された。

210

（2）介護予防・日常生活支援総合事業

① 介護予防・日常生活支援総合事業は、**要支援者と当該事業対象者（非該当者）**を対象とする**介護予防・生活支援サービス事業**と、第1号被保険者を対象とする**一般介護予防事業**に分けられます。

② **介護予防・生活支援サービス事業**には次のようなものがあります。

訪問型サービス	要支援者等に対して、掃除や洗濯等の日常生活上の支援を提供するサービス
通所型サービス	要支援者等に対して、機能訓練や集いの場など日常生活上の支援を提供するサービス
生活支援サービス	要支援者等に対して、栄養改善を目的とした配食や一人暮らし高齢者等への見守りを提供するサービス
介護予防ケアマネジメント	要支援者等に対して、総合事業によるサービス等が適切に提供できるようにケアマネジメントを行うサービス

③ **一般介護予防事業**には次のようなものがあります。

介護予防把握事業	収集した情報等を活用し、引きこもり等の何らかの支援を要する高齢者を把握し、介護予防活動へと繋げる事業
介護予防普及啓発事業	介護予防活動の普及啓発を行う事業
地域介護予防活動支援事業	住民主体の介護予防活動の育成や支援を行う事業
一般介護予防事業評価事業	**介護保険事業計画**に定める目標値の達成状況などを検証し、一般介護予防事業の**評価**を行う事業
地域リハビリテーション活動支援事業	通所・訪問・地域ケア会議・住民主体の集いの場などに対して、**リハビリテーション**の専門職による助言等を行う事業

第15章 介護保険・高齢者・障害者福祉

【確認問題】

□575. 介護予防・日常生活支援総合事業は、（　①　）と当該事業対象者（非該当者）を対象とする（　②　）事業と、第1号被保険者を対象とする（　③　）事業に分けられる。

□576. 介護予防・生活支援サービス事業には次のようなものがある。

（　①　）サービス	要支援者等に対して、掃除や洗濯等の日常生活上の支援を提供するサービス
（　②　）サービス	要支援者等に対して、機能訓練や集いの場など日常生活上の支援を提供するサービス
（　③　）サービス	要支援者等に対して、栄養改善を目的とした配食や一人暮らし高齢者等への見守りを提供するサービス
介護予防（　④　）	要支援者等に対して、総合事業によるサービス等が適切に提供できるように（　④　）を行うサービス

□577. 一般介護予防事業には次のようなものがある。

介護予防（　①　）事業	収集した情報等を活用し、引きこもり等の何らかの支援を要する高齢者を把握し、介護予防活動へと繋げる事業
介護予防（　②　）事業	介護予防活動の（　②　）を行う事業
地域介護予防活動支援事業	住民主体の介護予防活動の育成や支援を行う事業
一般介護予防事業（　③　）事業	（　④　）に定める目標値の達成状況などを検証し、一般介護予防事業の（　③　）を行う事業
地域（　⑤　）活動支援事業	通所・訪問・地域ケア会議・住民主体の集いの場などに対して、（　⑤　）の専門職による助言等を行う事業

（3）包括的支援事業

　包括的支援事業には、次のようなものがあります。

介護予防ケアマネジメント業務	**基本チェックリスト**該当者等に対して、訪問型・通所型・その他の生活支援サービス等が、包括的・効率的に実施されるよう必要な援助を行う業務
包括的・継続的ケアマネジメント支援業務	被保険者の居宅・施設サービス計画の検証、その心身の状況や介護給付等の対象サービスの利用状況などに関する定期的な協議等を通じて、当該被保険者が地域において自立した日常生活を送ることができるよう包括的かつ継続的な支援を行う業務
総合相談支援業務	被保険者の心身の状況や、居宅における生活実態等の把握、保健医療や社会福祉その他の関連施策に関する総合的な情報の提供、関係機関との連絡調整などの総合的な支援を行う業務
権利擁護業務	被保険者に対する**虐待**の防止及びその早期発見のための事業その他の被保険者の権利擁護を目的とした業務
在宅医療・介護連携推進事業	地域の医療・介護関係者による会議の開催や、**在宅**医療・介護関係者の研修等を行い、**在宅**医療と介護サービスを一体的に提供する体制の構築を推進する事業
生活支援体制整備事業	**生活支援コーディネーター**の配置や協議体の設置等により、その担い手やサービスの開発等を行い、高齢者の社会参加及び生活支援の充実を推進する事業
認知症総合支援事業	初期集中支援チームの関与による**認知症**の早期診断・早期対応や、地域支援推進員による相談対応等を行い、**認知症**である者本人の意思が**尊重**され、可能な限り住み慣れた地域で暮らし続けることができる地域の構築を推進する事業
地域ケア会議推進事業	地域包括支援センター等において、多職種協働による個別事例の検討等を行い、地域のネットワークの構築やケアマネジメント支援、地域課題の把握などを推進する事業

（4）任意事業

任意事業には、介護給付費適正化事業や、家族介護支援事業、成年後見制度利用支援事業などがあります。

第15章 介護保険・高齢者・障害者福祉

【確認問題】

□578. 包括的支援事業には、次のようなものがある。

（ ① ） 業務	（ ② ）該当者等に対して、訪問型・通所型・その他の生活支援サービス等が、包括的・効率的に実施されるよう必要な援助を行う業務
（ ③ ） 業務	被保険者の居宅・施設サービス計画の検証、その心身の状況や介護給付等の対象サービスの利用状況などに関する定期的な協議等を通じて、当該被保険者が地域において自立した日常生活を送ることができるよう包括的かつ継続的な支援を行う業務
（ ④ ） 業務	被保険者の心身の状況や、居宅における生活実態等の把握、保健医療や社会福祉その他の関連施策に関する総合的な情報の提供、関係機関との連絡調整などの総合的な支援を行う業務
（ ⑤ ） 業務	被保険者に対する（ ⑥ ）の防止及びその早期発見のための事業その他の被保険者の権利擁護を目的とした業務
（ ⑦ ） 医療・介護連携推進事業	地域の医療・介護関係者による会議の開催や、（ ⑦ ）医療・介護関係者の研修等を行い、（ ⑦ ）医療と介護サービスを一体的に提供する体制の構築を推進する事業
生活支援体制整備事業	（ ⑧ ）の配置や協議体の設置等により、その担い手やサービスの開発等を行い、高齢者の社会参加及び生活支援の充実を推進する事業
（ ⑨ ）総合支援事業	初期集中支援チームの関与による（ ⑨ ）の早期診断・早期対応や、地域支援推進員による相談対応等を行い、（ ⑨ ）である者本人の意思が尊重され、可能な限り住み慣れた地域で暮らし続けることができる地域の構築を推進する事業
（ ⑩ ） 推進事業	地域包括支援センター等において、多職種協働による個別事例の検討等を行い、地域のネットワークの構築やケアマネジメント支援、地域課題の把握などを推進する事業

[高齢者福祉]

1 老人福祉法

（1）概 要
① 老人福祉法は、老人の福祉に関する原理を明らかにするとともに、老人に対し、その心身の健康の保持及び生活の安定のために必要な措置を講じ、もつて老人の福祉を図ることを目的として制定された法律です。
② 老人福祉法上は「老人」についての定義はありません。但し、65歳以上の者または65歳未満の者であって特に必要があると認められる者を本法に基づく措置の対象者としています。
③ 老人福祉法に基づき、市町村は市町村老人福祉計画を、都道府県は都道府県老人福祉計画を作成する必要があります。これらの計画は、介護保険法における市町村介護保険事業計画、都道府県介護保険事業支援計画と一体のものとして作成しなければならず、また、社会福祉法における地域福祉計画と調和のとれたものとして作成されなければなりません。

（2）老人福祉施設
老人福祉法上の老人福祉施設には、次の7つがあります。なお、特別養護老人ホーム、養護老人ホーム、老人デイサービスセンター、老人短期入所施設については、同法に基づく措置の対象となっています。

特別養護老人ホーム	65歳以上で、身体上または精神上著しい障害があるために常時の介護を必要とし、かつ、居宅において介護を受けることが困難な者を入所させ、必要な援助を行う施設
養護老人ホーム	65歳以上で、環境上の理由および経済的理由により、居宅において養護を受けることが困難な者を入所させ、必要な援助を行う施設
軽費老人ホーム	60歳以上の者を対象に、無料または低額な料金で、食事の提供その他日常生活上必要な便宜を提供する施設
老人福祉センター	無料または低額な料金で、高齢者に関する各種の相談に応ずるとともに、高齢者に対して、健康の増進、教養の向上およびレクリエーションのための便宜を総合的に提供する施設
老人介護支援センター	高齢者や介護者、地域住民等からの相談に応じ、助言を行うとともに、関係機関との連絡調整その他の援助を総合的に行う施設
老人デイサービスセンター	特別養護老人ホームその他の施設等に通わせて、入浴、排泄、食事等の介護、機能訓練、介護方法の指導等を供与する事業を行う施設
老人短期入所施設	特別養護老人ホームその他の施設に短期間入所させて養護する事業を行う施設

第１５章 介護保険・高齢者・障害者福祉

【確認問題】

□579. 老人福祉法に基づき、（ ① ）は（ ② ）計画を、（ ③ ）は（ ④ ）計画を作成しなければならない。これらの計画は、介護保険法における市町村介護保険事業計画、都道府県介護保険事業支援計画と（ ⑤ ）として作成しなければならず、また、社会福祉法における（ ⑥ ）計画と（ ⑦ ）として作成しなければならない。

□580. 老人福祉法上の、老人福祉施設を7つ答えよ。また、これらのうち、老人福祉法上の措置の対象となるものを答えよ。

□581. 特別養護老人ホームは、（ ① ）で、（ ② ）があるために（ ③ ）を必要とし、かつ、（ ④ ）な者を入所させ、必要な援助を行う施設である。

□582. 養護老人ホームは、（ ① ）で、（ ② ）の理由および（ ③ ）理由により、（ ④ ）者を入所させ、必要な援助を行う施設である。

□583. 軽費老人ホームは、（ ① ）の者を対象に、（ ② ）または（ ③ ）で、食事の提供その他日常生活上必要な便宜を提供する施設である。

□584. 老人福祉センターは、無料または低額な料金で、高齢者に関する各種の（ ① ）に応ずるとともに、高齢者に対して、（ ② ）、（ ③ ）および（ ④ ）のための便宜を総合的に提供する施設である。

□585. 老人介護支援センターは、高齢者や介護者、地域住民等からの（ ① ）に応じ、（ ② ）を行うとともに、関係機関との（ ③ ）その他の援助を総合的に行う施設である。

□586. （ ① ）は、特別養護老人ホームその他の施設等に通わせて、入浴、排泄、食事等の介護、機能訓練、介護方法の指導その他の便宜を供与する事業を行う施設である。また、（ ② ）は、特別養護老人ホームその他の施設に短期間入所させて養護する事業を行う施設である。

（3）老人居宅生活支援事業

老人福祉法に定める**老人居宅生活支援事業**には次のようなものがあります。なお、以下の事業は**全て同法に基づく措置の対象**となっています。

老人居宅介護等事業	居宅において、入浴、排せつ、食事等の介護その他の日常生活を営むのに必要な一定の便宜を供与する事業
小規模多機能型居宅介護事業	心身の状況、置かれている環境等に応じて、居宅において、またはサービスの拠点に通わせ、もしくは短期間宿泊させ、入浴排泄、食事等の介護、機能訓練等を供与する事業
認知症対応型老人共同生活援助	グループホームなど共同生活を営むべき住居において入浴、排泄、食事等の介護その他の日常生活上の援助を行う事業
複合型サービス	小規模多機能型居宅介護事業と訪問看護などの複数のサービスを組み合わせて提供する事業

（4）有料老人ホーム

① 老人福祉法上の**有料老人ホーム**とは、老人を**入居**させ、入浴、排せつ、食事の介護、食事の提供その他の日常生活上必要な一定の便宜を供与をする事業を行う施設であって、**老人福祉施設**、認知症対応型老人共同生活援助事業を行う住居等ではないものをいいます。

② 有料老人ホームを設置するときは、予め**都道府県**に対する**届出**が必要です。また、有料老人ホームの事業を休止・廃止する場合は、**1ヶ月前**までに**都道府県**に対する**届出**が必要となっています。

③ 有料老人ホームは、次のような類型に分けられます。

・**介護付型**…介護保険法による**特定施設入居者生活介護**の指定を受けたもの
・**住宅型**…**外部の介護サービス**を利用するもの
・**健康型**…介護が必要になった場合**退去**するもの

2 高齢者の居住の安定確保に関する法律

① この法律は、高齢者が日常生活を営むために必要な**福祉サービスの提供**を受けることができる良好な居住環境を備えた高齢者向けの**賃貸住宅等の登録制度**を設けるとともに、良好な居住環境を備えた**高齢者向けの賃貸住宅**の供給を促進するための措置を講じ、また、高齢者に適した良好な居住環境が確保され高齢者が安定的に居住することができる賃貸住宅について**終身建物賃貸借制度**を設ける等の措置を講ずることにより、高齢者の居住の安定の確保を図ることを目的とするものです。

② **高齢者向けの賃貸住宅**または**有料老人ホーム**であって居住の用に供する専用部分を有するものに高齢者を入居させ、**状況把握サービス**、**生活相談サービス**その他の高齢者が日常生活を営むために必要な福祉サービスを提供する事業を行う者は、当該建築物ごとに**サービス付き高齢者向け住宅**として**都道府県の登録**を受けることができます。

217

第１５章 介護保険・高齢者・障害者福祉

【確認問題】

□587. 老人福祉法に定める老人居宅生活支援事業は次のとおり。
・（　①　）事業…居宅において、入浴、排せつ、食事等の介護その他の日常生活を営むのに必要な一定の便宜を供与する事業
・（　②　）事業…心身の状況、置かれている環境等に応じて、居宅において、またはサービスの拠点に通わせ、もしくは短期間宿泊させ、入浴排泄、食事等の介護、機能訓練等を供与する事業
・（　③　）事業…グループホームなど共同生活を営むべき住居において入浴、排泄、食事等の介護その他の日常生活上の援助を行う事業
・複合型サービス…（　②　）事業と訪問看護などの複数のサービスを組み合わせて提供する事業

□588. 老人福祉法上の有料老人ホームとは、老人を（　①　）させ、入浴、排せつ、食事の介護、食事の提供その他の日常生活上必要な一定の便宜を供与をする事業を行う施設であって、（　②　）、認知症対応型老人共同生活援助事業を行う住居等ではないものをいう。

□589. 有料老人ホームを設置するときは、予め（　①　）に対する（　②　）が必要である。また、有料老人ホームの事業を休止・廃止する場合は、（　③　）前までに（　①　）に対する（　②　）が必要である。

□590. 有料老人ホームは、次のような類型に分けられる。
・介護付型…介護保険法による（　①　）の指定を受けたもの
・住宅型…（　②　）の介護サービスを利用するもの
・健康型…介護が必要になった場合（　③　）するもの

□591. 高齢者の居住の安定確保に関する法律は、高齢者が日常生活を営むために必要な（　①　）を受けることができる良好な居住環境を備えた高齢者向けの（　②　）を設けるとともに、良好な居住環境を備えた（　③　）の供給を促進するための措置を講じ、併せて高齢者に適した良好な居住環境が確保され高齢者が安定的に居住することができる賃貸住宅について（　④　）を設ける等の措置を講ずることにより、高齢者の居住の安定の確保を図り、もってその福祉の増進に寄与することを目的とするものである。

□592. 高齢者向けの賃貸住宅または（　①　）であって居住の用に供する専用部分を有するものに高齢者を入居させ、（　②　）、（　③　）その他の高齢者が日常生活を営むために必要な福祉サービスを提供する事業を行う者は、当該建築物ごとに（　④　）として（　⑤　）の登録を受けることができる。

218

3 高齢者虐待防止法

① 高齢者虐待防止法は、**65歳以上**の高齢者と同居している**家族**や、施設等の**介護職員**などの**養護者**による虐待を防止することを目的するものです。
② 高齢者虐待防止法では、**虐待**を次のように定めています。

身体的虐待	高齢者の身体に外傷が生じ、または生じる恐れのある暴行を加えること
心理的虐待	高齢者に対する著しい暴言または著しく拒絶的な対応をするなど著しい**心理的外傷**を与える言動を行うこと
性的虐待	高齢者にわいせつな行為をすることまたは高齢者にわいせつな行為をさせること
ネグレクト (介護放棄・怠慢)	高齢者を衰弱させるような著しい減食または長時間の放置
経済的虐待	高齢者の財産を不当に処分することその他当該高齢者から不当に財産上の利益を得ること

③ この法律では、高齢者虐待を**発見した者**は、**高齢者の生命または身体に重大な危険が生じている場合**は、速やかに**市町村へ通報しなければなならない**と定めています。また、高齢者虐待が**あったと思われる場合**は、**通報するよう努めなければならない**と定めています。但し、介護施設等の職員等については、この場合でも通報するものとされています。
④ 上記③の通報がなされた後の対応等については、次のように定めています。

> ・**居室の確保**…市町村は、虐待を受けた高齢者を保護するための施設等を確保することができる
> ・**立入調査**…市町村は、虐待により**高齢者の生命または身体に重大な危険が生じている恐れがあると認める**ときは、(裁判所の許可なくして)地域包括支援センターの職員などに**立入調査**をさせることができる(当該立入調査にあたって、必要な場合は、警察に援助を求めることができる)
> ・**面会制限**…市町村や介護施設は、虐待を行った養護者について、高齢者との面会を制限できる
> ・**養護者の支援**…高齢者虐待が起こる原因として**養護者**に様々な負担が生じていることが考えられることから、**養護者**の負担を軽減するため、指導や助言をしたり、高齢者を短期間施設に入所させるなどの措置をとることができる

⑤ なお、この法律では、高齢者虐待が起こる原因の1つとして、介護職員の**人手不足**があることから、**市町村**は、介護職員を確保するように**努めなければならない**と規定しています。

第１５章 介護保険・高齢者・障害者福祉

【確認問題】

□593. 高齢者虐待防止法は、（　①　）歳以上の高齢者と同居している家族や施設等の介護職員など（これらの者を（　②　）という）による虐待を防止することを目的

□594. 高齢者虐待防止法では、虐待を次のように定めている。
・（　①　）虐待…高齢者の身体に外傷が生じ、または生じる恐れのある暴行を加えること
・（　②　）虐待…高齢者に対する著しい暴言または著しく拒絶的な対応をするなど著しい（　②　）外傷を与える言動を行うこと
・（　③　）虐待…高齢者にわいせつな行為をすることまたは高齢者にわいせつな行為をさせること
・（　④　）…高齢者を衰弱させるような著しい減食または長時間の放置
・（　⑤　）虐待…高齢者の財産を不当に処分することその他当該高齢者から不当に財産上の利益を得ること

□595. 高齢者虐待を発見した者は、（　①　）場合は、速やかに（　②　）へ通報（　③　）。高齢者虐待があったと思われる場合は、通報（　④　）。但し、介護施設等の職員等はこの場合でも通報するものとされている。

□596. 上記通報がなされた後の対応等については、次のように定めている。
・居室の確保…市町村は、虐待を受けた高齢者を保護するための施設等を確保することができる
・（　①　）…市町村は、虐待により（　②　）ときは、地域包括支援センターの職員などに（　①　）をさせることができる。
・面会制限…市町村や介護施設は、虐待を行った養護者について、高齢者との面会を制限することができる
・（　③　）の支援…高齢者虐待が起こる原因として、（　③　）に様々な負担が生じていることが考えられることから、（　③　）の負担を軽減するため、指導や助言をしたり、高齢者を短期間施設に入所させるなどの措置をとることができる

□597. 高齢者虐待防止法では、高齢者虐待が起こる原因として、介護職員の（　①　）があることから、（　②　）は、介護職員を確保するように（　③　）と規定している。

220

障害者福祉

1 障害者基本法
① **障害者基本法**は、障害者の自立および社会参加等を支援するための基本的な方針などを定めた法律です。

② この法律で障害者とは、**身体障害、知的障害、精神障害（発達障害を含む）**その他の心身の機能の障害がある者であって、障害及び**社会的障壁**により**継続的**に日常生活または社会生活に**相当な制限**を受ける状態にあるものとしています。

③ また、何人も、障害者に対して、障害を理由として、**差別**することその他の権利利益を侵害する行為をしてはならないと定めるとともに、社会的障壁の除去は、それを必要としている障害者が**現に存し**、かつ、その実施に伴う**負担が過重でない**ときは、**必要かつ合理的な配慮**がされなければならないと定めています。

④ なお、**国は障害者基本計画**を、**都道府県は都道府県障害者計画**を、**市町村は市町村障害者計画**を、それぞれ策定しなければならないと定めています。

2 身体障害者・知的障害者・精神保健福祉法
① 各障害者福祉法では、各障害者の定義などについて次のように定めています。

	身体障害者福祉法	知的障害者福祉法	精神保健福祉法
障害者の定義	等級表に定める身体上の障害がある**18歳以上**の者であって**都道府県**から**手帳の交付**を受けた者	同法に定義はない	**統合失調症**、精神作用物質による急性中毒またはその**依存症**、知的障害、精神病質その他の精神疾患を有する者であり**都道府県**から**手帳の交付**を受けた者
障害等級	1～6級（等級表は7級まで）	都道府県により異なる	1～3級
手帳制度	**身体障害者手帳**	**療育手帳**	**精神障害者保健福祉手帳**
行政機関	**身体障害者更生相談所**	**知的障害者更生相談所**	**精神保健福祉センター**

② **精神保健福祉法**に基づき、精神障害またはその疑いのある者を知った者は**誰でも**、その者に特定の医師の診察を受けさせたり、必要な保護をさせることを**都道府県**に申請することができます。また、精神保健指定医2名以上が診察した結果、入院させなければ自身を傷付け、他人に危害を及ぼす恐れがあると一致して認められた場合は、次のような方法で、精神科病院などに入院させることができます。

・**措置入院**…患者の症状が重い場合の入院で、自分や他人を傷つけたり、その恐れがある場合（緊急の場合は、緊急措置入院）

・**任意入院**…本人が入院を同意した場合になされる入院

・**医療保護入院**…本人の同意が取れないために任意入院ができないが、措置入院ほどの必要性はない場合における保護者の同意による強制入院（保護者の同意も得られない緊急の場合は応急入院）など

第１５章 介護保険・高齢者・障害者福祉

【確認問題】

□598. 障害者基本法において障害者とは、（　①　）、（　②　）、（　③　）その他の心身の機能の障害がある者であって、障害及び（　④　）により（　⑤　）に日常生活または社会生活に（　⑥　）を受ける状態にあるものと定義している。

□599. 障害者基本法において何人も、障害者に対して、障害を理由として、（　①　）することその他の権利利益を侵害する行為をしてはならないと定めるとともに、社会的障壁の除去は、それを必要としている障害者が（　②　）、かつ、その実施に伴う（　③　）ときは、それを怠ることによって前項の規定に違反することとならないよう、その実施について（　④　）がされなければならないと定めている。

□600. 障害者基本法に基づき、国は（　①　）計画を、（　②　）は（　③　）計画を、（　④　）は（　⑤　）計画を、それぞれ策定しなければならない。

□601. 身体障害者福祉法上の身体障害者とは、身体障害者障害程度等級表（（　①　）級から（　②　）級まで）に定める身体上の障害がある（　③　）の者であって、（　④　）から（　⑤　）の交付を受けた者のことをいう。

□602. 精神保健福祉法上の精神障害者とは、（　①　）、精神作用物質による急性中毒またはその（　②　）、（　③　）、精神病質その他の精神疾患を有する者であり、（　④　）から（　⑤　）の交付を受けた者をいう。

□603. 精神保健福祉法に基づき、精神障害またはその疑いのある者を（　①　）、その者に特定の医師の診察を受けさせたり、必要な保護をさせることを（　②　）に申請することができる。また、精神保健指定医２名以上が診察した結果、入院させなければ自身を傷付け、あるいは、他人に危害を及ぼす恐れがあると一致して認められた場合は、精神科病院などに入院させることができる。

□604. 精神保健福祉法に規定される、精神障害者の主な入院方法は次のとおり。
・（　①　）入院…患者の症状が重い場合の入院で、自分や他人を傷つけたり、その恐れがある場合（緊急の場合は、緊急措置入院）
・（　②　）入院…本人が入院を同意した場合になされる入院
・（　③　）入院…本人の同意が取れないために任意入院ができないが、措置入院ほどの必要性はない場合における保護者の同意による強制入院（保護者の同意も得られない緊急の場合は応急入院）など

6 障害者総合支援法

（1）概 要

① 障害者総合支援法は、障害者基本法の基本的な理念にのっとり、**身体障害者福祉法、知的障害者福祉法、精神保健福祉法、児童福祉法**その他障害者・児の福祉に関する法律と相まって、必要な**障害福祉サービス**に係る給付や、**地域生活支援事業**その他の支援を総合的に行うことを目的とする法律です。

② 同法に基づく障害者福祉サービスを受ける場合、これにかかる費用から、利用者の一部負担額を引いた額が支給されます。一部負担額は、費用の**1割**相当額と、**利用者負担上限月額**とのいずれか**低い**方の額とされます。なお、当該上限額は、所得ごと、障害者・障害児ごと、通所・入所ごとに設定されています。

③ 同法によるサービスの支給をうけるまでの過程は次のようになっています。なお、当該認定の有効期間は原則として3年間となっており、また、訓練等給付を希望する場合は、下記の認定は行われません。

- **申請**…**市町村**に支給申請を行う
- **調査**…**市町村**は、5つの領域からなる80の調査項目について認定調査を行う
- **判定**…全国統一のコンピューターによる一次判定と、**市町村審査会**での審査に基づく二次判定により審査が行われ、障害支援区分1から6までのいずれか、または**非該当**の判定がなされる
- **認定**…**市町村**は、二次判定の結果に基づき認定する
- **計画**…**市町村**は、指定特定相談支援事業者が作成する**サービス等利用計画案**の提出を求める
- **決定**…**市町村**は、利用意向の聴取を行い支給決定を行う

---

④ 上記の決定等に不服があるときは、**都道府県**または**都道府県**に設置される**障害者介護給付費等不服審査会**に対して審査請求をすることができます。

第15章 介護保険・高齢者・障害者福祉

【確認問題】

□605. 障害者総合支援法は、（　①　）の基本的な理念にのっとり、（　②　）・（　③　）・（　④　）・（　⑤　）その他障害者及び障害児の福祉に関する法律と相まって、必要な（　⑥　）に係る給付、（　⑦　）その他の支援を総合的に行うことを目的とする。

□606. 障害者総合支援法による障害者福祉サービスを受ける場合、これにかかる費用から、利用者の一部負担額を引いた額が、介護給付費・訓練等給付費・障害児入所給付費として支給される。一部負担額は、費用の（　①　）相当額と、（　②　）とのいずれか（　③　）方の額とされる。

□607. 障害者総合支援法によるサービスの支給をうけるまでの過程は次のとおり。
・申請…（　①　）に支給申請を行う
・調査…（　①　）は、（　②　）つの領域からなる（　③　）の調査項目について認定調査を行う
・判定…全国統一のコンピューターによる一次判定と、（　④　）での審査に基づく二次判定により審査が行われ、障害支援区分（　⑤　）までのいずれか、または（　⑥　）の判定がなされる
・認定…（　①　）は、二次判定の結果に基づき認定する
・計画…（　①　）は、指定特定相談支援事業者が作成する（　⑦　）の提出を求める
・決定…（　①　）は、利用意向の聴取を行い支給決定を行う

□608. 障害者総合支援法によるサービス上記の決定等に不服があるときは、（　①　）または（　①　）に設置される（　②　）に対して審査請求をすることができる。

224

（2）給付内容

① 障害者総合支援法に基づく**自立支援給付**は、**介護給付、訓練等給付、自立支援医療、補装具、地域相談支援、計画相談支援**から構成されます。

② **介護給付**の内容は次のとおりです。

・**居宅介護**…自宅で入浴、排泄、食事などの介護や、掃除、買物などの家事支援を行う
・**行動援護**…知的・精神障害により行動上著しい困難があり、常時介護が必要な者に危険を回避するために必要な支援や外出支援を行う
・**同行援護**…**視覚障害者**に対して、移動に必要な情報の提供、移動の援護、食事、排泄の介護など外出時に必要な援助を行う
・**重度訪問介護**…重度の肢体不自由者や、行動上著しい困難を有する**知的・精神**障害者で常時介護を要する者に、身体介護や、家事援助、移動介護などを総合的に行う
・**重度障害者等包括支援**…介護の必要の程度が著しく高い者に、居宅介護などの複数のサービスを包括的に行う
・**生活介護**…常時介護が必要な者に対して、主に昼間、入浴、排泄、食事等の介護や創作的活動または生産活動の機会を提供する
・**療養介護**…医療を必要とする障害者で常時介護が必要な者に、主に昼間、医療機関での機能訓練や療養上の管理、看護等を行う
・**短期入所**　・**施設入所支援**
---

③ **訓練等給付**の内容は次のとおりです。

・**自立訓練（機能訓練・生活訓練）**…自立した日常生活や社会生活が送れるように、一定期間、身体機能または生活能力の維持・向上のために必要な訓練を行う
・**就労移行支援**…一定期間、就労に必要な知識や能力の向上のために必要な訓練を行う
・**就労継続支援（雇用型・非雇用型）**…一般企業等での就労が困難な者に働く場を提供するとともに知識や能力の向上のために必要な訓練を行う
・**共同生活援助（グループホーム）**…おもに夜間、共同生活を行う住居での相談や入浴、排泄、食事の介護や日常生活上の援助を行う
---

④ **自立支援医療制度**の内容は次のとおりです。

・**更生医療・育成医療**…身体の障害を除去・軽減する手術等の治療により確実に効果が期待できる者を対象とする（更生医療は18歳以上で身体障害者手帳の交付を受けた者が対象、育成医療は18未満の者が対象）
・**精神通院医療**…精神障害および精神障害に起因して生じた病態に対する通院医療が対象（統合失調症、気分障害、てんかん、精神作用物質使用による精神行動障害など）
---

⑤ **地域相談支援**の内容は次のとおりです。

・**地域移行支援**…入所、入院している障害者等に対して、住居の確保や、地域移行のための障害者福祉サービス事業者等への同行支援等を行う
・**地域定着支援**…単身の障害者等に対して、常時の連絡体制を確保し、緊急事態等に応じて相談や緊急対応等を行う

第１５章 介護保険・高齢者・障害者福祉

【確認問題】

□609. 自立支援給付は、（　①　）・（　②　）・（　③　）・（　④　）・（　⑤　）・（　⑥　）から構成される。

□610. 介護給付の内容は次のとおり。
・（　①　）…自宅で入浴、排泄、食事などの介護や、掃除、買物などの家事支援を行う
・（　②　）…（　③　）障害により行動上著しい困難があり、常時介護が必要な者に危険を回避するために必要な支援や外出支援を行う
・（　④　）…（　⑤　）に対して、移動に必要な情報の提供、移動の援護、食事、排泄の介護など外出時に必要な援助を行う
・（　⑥　）…重度の肢体不自由者や、行動上著しい困難を有する（　③　）障害者で常時介護を要する者に、身体介護や、家事援助（育児支援を含む）、移動介護などを総合的に行う
・（　⑦　）…介護の必要の程度が著しく高い者に、居宅介護などの複数のサービスを包括的に行う
・（　⑧　）…常時介護が必要な者に対して、主に昼間、入浴、排泄、食事等の介護や創作的活動または生産活動の機会を提供する
・（　⑨　）…医療を必要とする障害者で常時介護が必要な者に、主に昼間、医療機関での機能訓練や療養上の管理、看護等を行う

□611. 訓練等給付の内容は次のとおり。
・（　①　）…自立した日常生活や社会生活が送れるように、一定期間、身体機能または生活能力の維持・向上のために必要な訓練を行う
・（　②　）…一般企業等への就労を希望する者に、一定期間、就労に必要な知識や能力の向上のために必要な訓練を行う
・（　③　）…一般企業等での就労が困難な者に働く場を提供するとともに知識や能力の向上のために必要な訓練を行う
・（　④　）…おもに夜間、共同生活を行う住居での相談や入浴、排泄、食事の介護や日常生活上の援助を行う

□612. 自立支援医療制度とは、心身の障害を除去・軽減することを目的とする次のような医療を受けた場合において、世帯の所得状況等に応じて設定された一定の自己負担限度額と自立支援医療に係る費用の1割のうち、いずれか低い額を公費にて負担する制度である。
・（　①　）・（　②　）…身体の障害を除去・軽減する手術等の治療により　確実に効果が期待できる者を対象とする
・（　③　）…精神障害および精神障害に起因して生じた病態に対する通院医療が対象

□613. 地域相談支援の内容は次のとおり。
・（　①　）支援…入所、入院している障害者等に対して、住居の確保や、地域移行のための障害者福祉サービス事業者等への同行支援等を行う
・（　②　）支援…（　③　）の障害者等に対して、常時の連絡体制を確保し、緊急事態等に応じて相談や緊急対応等を行う

226

7　障害児福祉

① 障害児に対する障害福祉サービスのうち、**通所・入所系**のサービスについては、**児童福祉法**に基づく**障害児通所支援、障害児入所支援、障害児相談支援**を利用できますが、**訪問系**サービスについては**障害者総合支援法**に基づく**自立支援給付**を受けることになります。

② 上記①のサービスのうち、**障害児通所支援**の内容は次のとおりです。

- **児童発達支援**…児童発達支援センター等に通わせ、日常生活における基本的な動作の指導、知識技能の付与、集団生活への適応訓練などを行う
- **医療型児童発達支援**…医療型児童発達支援センターまたは指定医療機関に通わせ、児童発達支援及び治療を行う
- **放課後等デイサービス**…児童発達支援センター等に通わせ、生活能力の向上のために必要な訓練や、社会との交流の促進などを行う
- **保育所等訪問支援**…保育所等を訪問し、障害児以外の児童との集団生活への適応のための専門的な支援などを行う

8　障害者虐待防止法

① この法律における障害者とは、**障害者基本法に規定する障害者**をいいます。

② **障害者虐待**とは、**養護者**による障害者虐待、**障害者福祉施設従事者等**による障害者虐待、**使用者**による障害者虐待をいいます。

③ **通報義務**等に関する規定は、次のようになっています。

- 養護者による障害者虐待を受けたと思われる障害者を発見した者は、速やかに、これを**市町村に通報**しなければならない
- 障害者福施設従事者等による障害者虐待を受けたと思われる障害者を発見した場合は、速やかに、**市町村に通報**しなければならない。障害者福祉施設従事者は、通報をしたことを理由として、**解雇その他不利益な取扱い**を受けない
- 使用者による障害者虐待を受けたと思われる障害者を発見した者は、速やかに、**市町村または都道府県**に通報しなければならない。労働者は、通報をしたことを理由として、**解雇その他不利益な取扱い**を受けない

④ 虐待の種類及び上記③の通報があった後の対応は、高齢者虐待防止法の規定に準じますが、次のような特有の規定が設けられています。

- **養護者による虐待**…市町村長は、必要に応じて**後見開始の審判**を請求できる。市町村は、養護者の**負担の軽減**のため養護者に対する相談・指導・助言など必要な措置を講ずる
- **障害福祉施設従事者等による虐待**…市町村は、通報または届出を受けたときは、障害者虐待に関する事項を**都道府県に報告**しなければならない。通報等を受けた場合は、市町村長または都道府県知事は、社会福祉法や**障害者総合支援法**などの規定による権限を適切に行使する
- **使用者による虐待**…市町村は通報または届出を受けたときは、障害者虐待に係る事業所の所在地の**都道府県に通知**しなければならない。**都道府県**は、通報、届出または通知を受けたときは、当該所在地を管轄する**都道府県労働局に報告**しなければならない。**都道府県労働局**が報告を受けたときは、**都道府県**との連携を図りつつ、労働基準法や**障害者雇用促進法**、個別労働関係紛争解決促進法律などの規定による権限を適切に行使する

第15章 介護保険・高齢者・障害者福祉

【確認問題】

□614. 障害児に対する障害福祉サービスのうち、通所・入所系のサービスについては、（　①　）に基づく（　②　）・（　③　）・（　④　）の3つがあるが、訪問系サービスについては（　⑤　）に基づく（　⑥　）給付を受けることになる。

□615. 障害児通所支援の内容は次のとおり。
・（　①　）支援…児童発達支援センター等に通わせ、日常生活における基本的な動作の指導、知識技能の付与、集団生活への適応訓練などを行う
・（　②　）支援…医療型児童発達支援センターまたは指定医療機関に通わせ、児童発達支援及び治療を行う
・（　③　）…児童発達支援センター等に通わせ、生活能力の向上のために必要な訓練や、社会との交流の促進などを行う
・（　④　）支援…保育所等を訪問し、障害児以外の児童との集団生活への適応のための専門的な支援などを行う

□616. 障害者虐待防止法における障害者とは、（　①　）をいい、障害者虐待とは、（　②　）による障害者虐待、（　③　）による障害者虐待、（　④　）による障害者虐待をいう。虐待の種類については、高齢者虐待防止法に準ずる。

□617. 障害者虐待防止法上の通報義務等に関する規定は、次のとおり。
・養護者による障害者虐待を（　①　）障害者を発見した者は、速やかに、これを（　②　）に通報（　③　）。
・障害者福祉施設従事者等による障害者虐待を（　①　）障害者を発見した場合は、速やかに、（　②　）に通報（　③　）。障害者福祉施設従事者は、通報をしたことを理由として、（　④　）を受けない。
・使用者による障害者虐待を（　①　）障害者を発見した者は、速やかに、（　②　）または（　⑤　）に通報しなければならない。労働者は、通報をしたことを理由として、（　④　）を受けない。

□618. 障害者虐待防止法に規定する通報があった後の対応は、高齢者虐待防止法の規定に準ずるが、次のような特有の規定が設けられている。
・養護者による虐待…市町村長は、必要に応じて（　①　）の請求できる。市町村は、養護者の（　②　）のため、養護者に対する相談、指導および助言など必要な措置を講ずる。
・障害福祉施設従事者等による虐待…市町村は、通報または届出を受けたときは、障害者虐待に関する事項を（　③　）に報告しなければならない。通報等を受けた場合は、市町村長または都道府県知事は、社会福祉法や（　④　）その他関係法律の規定による権限を適切に行使する。
・使用者による虐待の…市町村は通報または届出を受けたときは、障害者虐待に係る事業所の所在地の（　③　）に通知しなければならない。（　③　）は、通報、届出または通知を受けたときは、当該所在地を管轄する（　⑤　）に報告しなければならない。（　⑤　）が報告を受けたときは、（　③　）との連携を図りつつ、労働基準法や（　⑥　）、個別労働関係紛争解決促進法律などの規定による権限を適切に行使する。

| 第16章　児童・家庭福祉 |

 児童福祉法

1 概　要

① **児童福祉法**は、児童福祉の基本を定め、その目的を達するために必要な制度を定めた法律です。

② 児童福祉法1条は、「全て児童は、児童の**権利**に関する条約の精神にのっとり、適切に**養育**されること、その**生活**を保障されること、愛され、**保護**されること、その心身の健やかな成長及び発達並びにその**自立**が図られることその他の福祉を等しく保障される**権利**を有する。」と定めています。

③ また、同法2条2項は「児童の**保護者**は、児童を心身ともに健やかに育成することについて**第一義的**責任を負う。」と定め、同条3項では「**国及び地方公共団体**は、**保護者**とともに、児童を心身ともに健やかに育成する責任を負う。」としています。

2 定　義

① 児童福祉法上の**児童**とは**満18歳**に満たない者をいい、次のように分けられます。

・乳児…**満1歳**に満たない者
・幼児…**満1歳**から、**小学校就学の始期**に達するまでの者
・少年…**小学校就学の始期**から、**満18歳**に達するまでの者

---

② 児童福祉法上の障害児とは、**身体**に障害のある児童、**知的障害**のある児童、**精神**に障害のある児童または治療方法が確立していない疾病等であって一定程度の障害にある児童をいいます。

③ 児童福祉法上の妊産婦とは、**妊娠中**または**出産後1年以内**の女子をいいます。

④ 児童福祉法上の**保護者**とは、原則として、**親権を行う者**、**未成年後見人**その他の者で、児童を**現に監護**する者をいいます。

3 里親制度

① **里親制度**とは、家庭環境に恵まれない児童を、家庭に引き取ってその養育を目的とする制度です。

② 児童福祉法上の里親には、次のような種類があります。

・**養育里親**…要保護児童を養育することを希望し、一定の研修を受け名簿に登録された者
・**専門里親**…要保護児童のうち、**児童虐待**などの行為により心身に有害な影響を受けた児童や、**非行**などの問題を有する児童、**障害**がある児童の養育を希望する者
・**親族里親**…当該要保護児童に対して**扶養義務**を有する親族のうち、養親となることを希望する者
・**養子縁組**…里親当該児童の両親等が死亡や**行方不明**、拘禁、入院等の状態となったことにより養育が期待できない場合の当該児童の養育を希望する者

第１６章 児童・家庭福祉

【確認問題】

□619. 児童福祉法1条は、「全て児童は、児童の（　①　）に関する条約の精神にのっとり、適切に（　②　）されること、その（　③　）を保障されること、愛され、（　④　）されること、その心身の健やかな成長及び発達並びにその（　⑤　）が図られることその他の福祉等しく保障される（　①　）を有する。」と定めている。

□620. 児童福祉法2条2項は、「児童の（　①　）は、児童を心身ともに健やかに育成することについて（　②　）責任を負う。」と定め、同条3項は、「（　③　）は、（　①　）とともに、児童を心身ともに健やかに育成する責任を負う。」と定めている。

□621. 児童福祉法上の「児童」とは、（　①　）に満たない者をいい、次のように分類される。

乳　児	（　②　）に満たない者
幼　児	（　②　）から、（　③　）に達するまでの者
少　年	（　③　）から、（　①　）に達するまでの者

□622. 児童福祉法上の「障害児」とは、（　①　）に障害のある児童、（　②　）のある児童、（　③　）に障害のある児童または治療方法が確立していない疾病等であって一定程度の障害にある児童をいう。

□623. 児童福祉法上の妊産婦とは、（　①　）または（　②　）の女子をいう。

□624. 児童福祉法上の保護者とは、原則として、（　①　）、（　②　）その他の者で、児童を（　③　）する者をいう。

□625. 児童福祉法上の里親には、次のような種類がある。
・養育里親…要保護児童を養育することを希望し、一定の研修を受け名簿に登録された者
・（　①　）里親…要保護児童のうち、（　②　）などの行為により心身に有害な影響を受けた児童や、（　③　）などの問題を有する児童、（　④　）がある児童の養育を希望する者
・親族里親…当該要保護児童に対して（　⑤　）を有する親族のうち、養親となることを希望する者
・（　⑥　）里親…当該児童の両親等が死亡や（　⑦　）、拘禁、入院等の状態となったことにより養育が期待できない場合の当該児童の養育を希望する者

230

4 児童福祉施設等

① 児童福祉法上の**児童福祉施設**には次のようなものがあります。

- **助産施設**…保健上必要があるにもかかわらず、**経済的理由**により、入院**助産**を受けることができない妊産婦を入所させて、**助産**を受けさせることを目的とする施設
- **乳児院**…保護者がいない、または保護者の事情で家庭での養育ができない乳児（特に必要のある場合には幼児を含む）を入院させて養育する施設
- **母子生活支援施設**…**配偶者**のない女子またはこれに準ずる事情にある女子およびその者の監護すべき児童を入所させて保護し、自立の促進のために生活を支援する施設
- **保育所**…家庭で保育できない保護者に代わって幼児を保育する施設
- **児童厚生施設**…児童に健全な遊びを与えて、その健全育成を図る目的で設置された施設（児童遊園、児童館など）
- **児童養護施設**…保護者のない児童（特に必要のある場合には乳児を含む）や、虐待されている児童などを入所させて養護する施設
- **児童自立支援施設**…不良行為をなし、またはなすおそれのある児童や、家庭環境その他の環境上の理由により生活指導等を要する児童を入所または通わせて、個々の状況に応じて必要な指導を行い、その自立を支援する施設
- **障害児入所施設**…障害のある児童を入所させて、保護、日常生活の指導及び自活に必要な知識や技能の付与を行う施設
- **児童発達支援センター**…障害のある児童を通所させて、日常生活における基本的動作の指導、自活に必要な知識や技能の付与または集団生活への適応のための訓練を行う施設
- **児童心理治療施設**…心理的問題を抱え日常生活に支障をきたしている児童に対し、医療的観点から生活支援を基盤とした心理治療を中心に、学校教育との緊密な連携による総合的な治療・支援を行う施設
- **児童家庭支援センター**…子どもや家庭、地域住民等からの専門的な知識および技術を必要とする相談に応じて必要な助言や指導を行い、また、児童相談所や児童福祉施設など関係機関との連絡調整を行う施設

② 児童自立生活援助事業における**自立援助ホーム**とは、**義務教育**終了後、児童養護施設や児童自立支援施設を**退所**し、就職する児童等に対して、日常生活上の援助、相談、生活指導を行うことを目的とする施設です。

5 児童相談所

① 児童相談所とは、児童福祉を専門に扱う行政機関であり、**都道府県及び政令指定都市**に最低1カ所以上設置することが義務づけられています。
② 児童相談所の主な業務としては、次のようなものがあります。

- 児童に関する様々な問題について、家庭や学校などからの**相談**に応じること
- 児童及びその家庭につき、必要な**調査**並びに医学的、心理学的、教育学的、社会学的及び精神保健上の**判定**を行うこと
- 児童及びその保護者につき、上記の**調査**または**判定**に基づいて必要な**指導**を行うこと
- 児童の**一時保護**を行うこと

第16章 児童・家庭福祉

【確認問題】

□626. 児童福祉法上の児童福祉施設は、次のとおり。
・（　①　）施設…保健上必要があるにもかかわらず、（　②　）により、入院して
　（　①　）を受けることができない妊産婦を入所させて、（　①　）を受けさせる
　ことを目的とする施設
・（　③　）…保護者がいない、または保護者の事情で家庭での養育ができない乳児
　（特に必要のある場合には幼児を含む）を入院させて養育する施設
・（　④　）施設…（　⑤　）のない女子またはこれに準ずる事情にある女子および
　その者の監護すべき児童を入所させて保護し、自立の促進のために生活を支援する
　施設
・保育所…共働きなど家庭で保育できない保護者に代わって幼児を保育する施設
・（　⑥　）施設…児童に健全な遊びを与えて、その健全育成を図る目的で設置され
　た施設（児童遊園、児童館など）
・（　⑦　）施設…保護者のない児童(特に必要のある場合には乳児を含む)や、虐待
　されている児童などを入所させて養護する施設
・（　⑧　）施設…不良行為をなし、またはなすおそれのある児童や、家庭環境その
　他の環境上の理由により生活指導等を要する児童を入所または通わせて、個々の状
　況に応じて必要な指導を行い、その自立を支援する施設
・障害児入所施設…障害のある児童を入所させて、保護、日常生活の指導及び自活に
　必要な知識や技能の付与を行う施設
・（　⑨　）…障害のある児童を通所させて、日常生活における基本的動作の指導、
　自活に必要な知識や技能の付与または集団生活への適応のための訓練を行う施設
・（　⑩　）施設…心理的問題を抱え日常生活に支障をきたしている児童に対し、
　医療的観点から生活支援を基盤とした心理治療を中心に、学校教育との緊密な連携
　による総合的な治療・支援を行う施設
・（　⑪　）…子どもや家庭、地域住民等からの専門的な知識および技術を必要とす
　る相談に応じて必要な助言や指導を行い、また、児童相談所や児童福祉施設など関
　係機関との連絡調整を行う施設。

□627. 児童自立生活援助事業における（　①　）とは、（　②　）終了後、児童養護
施設や児童自立支援施設を（　③　）し、就職する児童等に対して、日常生活上の援
助・相談・生活指導を行うことを目的とする施設である。

□628. 児童相談所とは、児童福祉を専門に扱う行政機関であり、（　①　）及び（
②　）に最低1カ所以上設置することが義務づけられている。

□629. 児童相談所の主な業務は次のとおり。
・児童に関する様々な問題について、家庭や学校などからの（　①　）に応じること
・児童及びその家庭につき、必要な（　②　）並びに医学的、心理学的、教育学的、
　社会学的及び精神保健上の（　③　）を行うこと
・児童及びその保護者につき、上記の（　②　）または（　③　）に基づいて必要な
　（　④　）を行うこと
・児童の（　⑤　）を行うこと

232

児童虐待防止法

① 児童虐待防止法上の児童虐待とは、**保護者**がその監護する**18歳未満の児童**について、次の行為を行うことをいいます。なお、児童福祉施設職員などによる被措置児童等に対する虐待については、児童福祉法に規定されています。

> ・**身体的虐待**…児童の身体に外傷が生じ、または生じるおそれのある暴行を加えること
> ・**性的虐待**…児童にわいせつな行為をすること、または児童をしてわいせつな行為をさせること
> ・**ネグレクト**…児童の心身の正常な発達を妨げるような著しい減食、または長時間の放置、保護者以外の同居人による虐待の放置など保護者としての監護を著しく怠ること
> ・**心理的虐待**…児童に対する著しい暴言または著しく拒絶的な対応、児童が同居する家庭における配偶者等に対する暴力の身体に対する不法な攻撃であって生命または身体に危害を及ぼすもの、その他の児童に著しい心理的外傷を与える言動を行うこと

② 上記①の保護者とは、**親権者**または**未成年後見人**等で、児童を**現に監護**する者のことをいいます。
③ **学校、児童福祉施設、病院**、その他児童の福祉に業務上関係のある団体や、児童の福祉に職務上関係のある者は、児童虐待を**発見しやすい立場**にあることを自覚し、児童虐待の**早期発見**に努めなければならないものとされています。
④ 児童虐待を**受けたと思われる**児童を発見した者は、速やかに、これを**福祉事務所または児童相談所**に、**通告しなければならない**とされています。
⑤ 上記の通告等があった後は、次のような対応がとられます。なお、臨検等に係る処分については、**審査請求や行政事件訴訟法上の差止めの訴えの提起**ができません。

> ・**通告後の対応**…福祉事務所が通告を受けたときは、児童との面会など児童の**安全確認**の措置を講じ、必要に応じて児童を**児童相談所**へ送致するか、出頭要求や（立入）調査、一時保護などの適否を都道府県知事または**児童相談所**へ通知する
> ・**出頭要求等**…都道府県知事は、児童虐待が行われているおそれがあると認めるときは、児童を同伴して出頭することを求め、児童委員または児童の福祉に関す事務に従事する職員に、必要な調査または質問をさせることができる
> ・**立入調査等**…都道府県知事は、児童虐待が行われているおそれがあると認めるときは、児童委員または児童の福祉に関する事務に従事する職員をして、児童の住所等に立ち入り、必要な調査または質問をさせることができる
> ・**臨検、捜索等**…都道府県知事は、児童の保護者が出頭の求めに応じない場合は、安全を確保するため、裁判所の裁判官があらかじめ発する**許可状**により、**臨検**させ、または当該児童を**捜索**させることができる
> ・**面会等の制限** ・**保護者の接触制限** など

⑥ また、この法律では、児童の親権者は、児童の**しつけ**に際して、民法の規定による**監護及び教育**に必要な範囲を超えて当該児童を**懲戒**してはならないと定め、かつ、児童の親権者は、児童虐待に係る暴行罪、傷害罪その他の犯罪について、親権者であることを理由として**その責めを免れることはない**と規定しています。
⑦ なお、民法に規定する**親権の喪失**の制度は、児童虐待の**防止**及び児童虐待を受けた児童の**保護**の観点からも、**適切に行使**されなければならないと規定しています。

第１６章 児童・家庭福祉

【確認問題】

□630. 児童虐待防止法上の児童虐待とは、（　①　）がその監護する（　②　）歳未満の児童について、次の行為を行うことをいう。
・（　③　）虐待…児童の身体に外傷が生じ、または生じるおそれのある暴行を加えること
・（　④　）虐待…児童にわいせつな行為をすること、または児童をしてわいせつな行為をさせること
・（　⑤　）…児童の心身の正常な発達を妨げるような著しい減食、または長時間の放置、保護者以外の同居人による虐待の放置など保護者としての監護を著しく怠ること
・（　⑥　）虐待…児童に対する著しい暴言または著しく拒絶的な対応、児童が同居する家庭における配偶者等に対する暴力の身体に対する不法な攻撃であって生命または身体に危害を及ぼすもの、その他の児童に著しい心理的外傷を与える言動を行うこと

□631. 上記①とは、（　①　）または（　②　）等で、児童を（　③　）する者のことをいう。

□632. （　①　）、（　②　）、（　③　）その他児童の福祉に業務上関係のある団体、児童の福祉に職務上関係のある者は、児童虐待を（　④　）にあることを自覚し、児童虐待の（　⑤　）に努めなければならない。

□633. 児童虐待を（　①　）児童を発見した者は、速やかに、これを（　②　）若しくは（　③　）に、通告（　④　）。

□634. 上記の通告または送致を受けた後の対応は、次のとおり。
・通告後の対応…市町村または都道府県の設置する福祉事務所が通告を受けたときは、児童との面会など児童の（　①　）を講じ、必要に応じて、児童を（　②　）へ送致するか、出頭要求や（立入）調査、一時保護などの適否を都道府県知事または（　②　）へ通知する
・（　③　）等…都道府県知事は、児童虐待が行われているおそれがあると認めるときは、児童を同伴して出頭することを求め、児童委員または児童の福祉に関す事務に従事する職員に、必要な調査または質問をさせることができる
・（　④　）等…都道府県知事は、児童虐待が行われているおそれがあると認めるときは、児童委員または児童の福祉に関する事務に従事する職員をして、児童の住所等に立ち入り、必要な調査または質問をさせることができる
・（　⑥　）、（　⑦　）等…都道府県知事は、児童の保護者が出頭の求めに応じない場合は、安全を確保するため、裁判所の裁判官があらかじめ発する（　⑧　）により、（　⑥　）させ、または当該児童を（　⑦　）させることができる

□635. 上記の⑥⑦に係る処分については、（　①　）や（　②　）をすることができない。

子ども・子育て支援法

1 概 要

① **子ども・子育て支援法**は、**保護者が子育ての第一義的責任**を有するという基本認識のもとに、幼児期の学校教育・保育、地域の子ども・子育てを支援するための法律です。この法律によって、認定こども園・幼稚園・保育所を通じた共通の給付および小規模保育等への給付などの仕組みが整備されました。

② この法律に基づき、**内閣府**に**子ども・子育て会議**が設置されます。この会議は、**内閣総理大臣**の諮問に応じ、この法律の施行に関する重要事項を調査・審議します。また、**内閣総理大臣は基本指針**を定めるとともに、**市町村**は基本指針に即して**5年**を一期とする**市町村子ども・子育て支援事業計画**を、**都道府県**は基本指針に即して**5年**を一期とする**子ども・子育て支援事業支援計画**を定めます。

③ この法律に基づき実施される**子ども・子育て支援給付**は、**子どものための現金給付**と**子どものための教育・保育給付**に大別され、後者は、さらに**施設型給付**と**地域型保育給付**とに分けられます。なお、**子どものための現金給付**は、児童手当法に規定する児童手当をもって充てることになっています。

2 施設型給付

施設型給付とは、市町村が次の施設及びそれを利用する保護者に対して、必要な経費や助成金の支給を行うことをいいます。

> ・**認定こども園**…認定こども園法に基づく**認可**に基づき設立された施設であり、**幼稚園**と**保育所**の機能をあわせもち、地域における子育て支援も行う施設
> ・**保育所**…前掲「**児童福祉施設等**」参照
> ・**幼稚園**…**学校教育法**に基づく学校であり、小学校以降の教育の基礎をつくるための幼児教育を行う

3 地域型保育給付

地域型保育給付とは、施設よりも少人数の単位（**原則19人以下**）で、**3歳未満**の子どもを預かる事業に対して行われる給付であり、次のように分類されます。

小規模保育	少人数（定員6〜19人）を対象に、家庭的保育に近い雰囲気のもと保育を行う
家庭的保育	少人数（定員5人以下）を対象に、家庭的な雰囲気のもとで、きめ細かな保育を行う
事業所内保育	会社の事業所の保育施設などで、従業員の子どもと地域の子どもを一緒に保育を行う
居宅訪問型保育	障害や疾病などで個別のケアが必要な場合や、施設が無くなった地域で保育を維持する必要がある場合などに、保護者の自宅で1対1の保育を行う

第１６章 児童・家庭福祉

【確認問題】

□636. 子ども・子育て支援法とは、（　①　）保護者が子育ての（　②　）を有するという基本認識のもとに、幼児期の学校教育・保育、地域の子ども・子育てを支援するための法律である。

□637. 子ども・子育て支援法に基づき、（　①　）に（　②　）会議が置かれる。当該会議は（　③　）の諮問に応じ、この法律の施行に関する重要事項を調査・審議する。

□638. 子ども・子育て支援法に基づき、次のような計画等が策定される。
・（　①　）は、基本指針を定める
・（　②　）は、基本指針に即して（　③　）を一期とする（　④　）を定める
・（　⑤　）は、基本指針に即して（　③　）を一期とする（　⑥　）を定める

□639. 子ども・子育て支援法に規定される子ども・子育て支援給付は、（　①　）給付と（　②　）給付に大別され、（　②　）は、さらに（　③　）給付と（　④　）給付とに分けられる。なお、（　①　）は、（　⑤　）法に基づく（　⑤　）をもって充てられる。

□640. 認定こども園とは、（　①　）に基づく（　②　）に基づき設立された施設であり、（　③　）と（　④　）の機能をあわせもち、地域における子育て支援も行う施設である。

□641. 地域型保育給付とは、施設よりも少人数の単位で、3歳未満の子どもを預かる事業に対する給付であり、次のように分類される。
・（　①　）保育…少人数（定員6〜19人）を対象に、家庭的保育に近い雰囲気のもと保育を行う
・（　②　）保育…少人数（定員5人以下）を対象に、家庭的な雰囲気のもとで、きめ細かな保育を行う
・（　③　）保育…会社の事業所の保育施設などで、従業員の子どもと地域の子どもを一緒に保育を行う
・（　④　）保育…障害や疾病などで個別のケアが必要な場合や、施設が無くなった地域で保育を維持する必要がある場合などに、保護者の自宅で1対1の保育を行う

4 給付手続き

① 子どものための教育・保育給付を受けようとする保護者は、市町村から**教育標準時間**の認定及び**保育の必要性**の認定を受ける必要があります。これらの認定については、次のような要素が考慮されます

- **保育が必要な事由**…保護者の就労、疾病、障害、親族の介護・看護、災害復旧、**妊娠出産**、**求職活動**、**虐待やDV**のおそれなどの事由に該当することが必要
- **保育の必要量**…保護者がフルタイムでの就労を想定した利用時間（**最長11時間**）とパートタイムでの就労を想定した利用時間（**最長8時間**）に基づき判断する
- **優先利用**…ひとり親家庭や生活保護世帯などは、保育の優先的な利用が必要と判断されることがある

② 上記①の認定は、次の区分に分けられます。

- **1号認定**…教育を希望する満3歳以上の子ども
- **2号認定**…保育を必要とする事由に該当する満3歳以上の子ども
- **3号認定**…保育を必要とする事由に該当する満3歳未満の子ども

③ 上記認定を受けた後、**公立保育所**・**幼稚園**・**認定こども園**・**地域型保育給付**の利用を希望する保護者は施設・事業者と契約を締結し、**私立保育所**の利用を希望する場合は**市町村**と契約を締結します。前者の場合の利用者負担額（応能負担）は、施設・事業者による**法定代理受領**となり（施設・事業者が徴収する）、後者の場合の利用者負担額（応能負担）は**市町村**が徴収し、市町村から保育所へ委託費として支払われます。

5 地域子ども・子育て支援事業

地域子ども・子育て支援事業とは、子ども・子育て家庭等を対象として、市町村が地域の実情に応じて**子ども・子育て支援事業計画**に基づき実施する次のような事業です。当該事業の費用は、国、都道府県、市町村がそれぞれ**3分の1**ずつ負担します。

- **地域子育て支援拠点事業**…地域の子育て中の親子の交流促進や育児相談等
- **妊婦健康診査**…妊婦に対する健康診査
- **乳児家庭全戸訪問**事業…生後4ヶ月までの乳児のいるすべての家庭を訪問し、子育て支援に関する情報提供や養育環境等の把握を行う事業
- **養育支援訪問事業**…上記の事業などにより把握した、保護者の養育を支援することが特に必要とされる家庭を訪問し、養育に関する相談や育児・家事援助等を行う事業
- **子育て短期支援事業**…母子家庭等の保護者が児童の養育が一時的に困難となった場合に、児童を児童養護施設等で預かる事業
- **子育て援助活動支援事業**…児童の預かり等の援助を受けることを希望する者と、当該援助を行うことを希望する者との相互援助活動に関する連絡調整を行う事業
- **一時預かり事業**…家庭において保育を受けることが一時的に困難になった乳幼児について、保育所、幼稚園その他の場所で一時的に預かり、必要な保護を行う事業
- **延長保育事業**…保育認定を受けた子どもについて、通常の利用時間・利用日以外において、保育所等で引き続き保育を実施する事業
- **病児保育事業**…病気の児童について、病院・保育所等に付設された専用スペース等において、看護師等が一時的に保育等を行う事業
- **放課後児童健全育成事業（放課後児童クラブ）**…小学校に就学している児童に対し、授業の終了後等に適切な遊び及び生活の場を与えて、その健全な育成を図る事業　　など

第１６章 児童・家庭福祉

【確認問題】

□642. 子どものための教育・保育給付を受けようとする保護者は、市町村から（ ① ）の認定及び（ ② ）の認定を受ける必要がある。これらの認定については、次のような要素が考慮される。
・保育が必要な事由…保護者の就労、疾病、障害、親族の介護・看護、災害復旧、（ ③ ）、（ ④ ）、（ ⑤ ）のおそれがあるなどの事由に該当することが必要
・保育の必要量…保護者がフルタイムで就労することをを想定した利用時間（最長（ ⑥ ）時間）と、パートタイムでの就労を想定した利用時間（最長（ ⑦ ）時間）に基づき判断される
・優先利用…（ ⑧ ）や（ ⑨ ）などは、保育の優先的な利用が必要と判断されることがある

□643. 上記の認定は、次の区分に分けられる。
・1号認定…（ ① ）を希望する満（ ② ）歳以上の子ども
・2号認定…（ ③ ）に該当する満（ ② ）歳以上の子ども
・3号認定…（ ③ ）に該当する満（ ② ）歳未満の子ども

□644. 上記認定を受けた後、公立保育所・幼稚園・認定こども園・地域型保育給付の利用を希望する保護者は（ ① ）と契約を締結し、私立保育所の利用を希望する場合は（ ② ）と契約を締結する。前者の場合の利用者負担額（応能負担）は、施設・事業者による（ ③ ）の形式となり、後者の場合の利用者負担額（応能負担）は（ ④ ）が徴収し、（ ④ ）から保育所へ委託費として支払われる。

□645. 地域子ども・子育て支援事業とは、子ども・子育て家庭等を対象として、市町村が地域の実情に応じて（ ① ）に基づき実施する次のような事業である。当該事業の費用は、国、都道府県、市町村がそれぞれ（ ② ）ずつ負担する。
・（ ③ ）事業…生後（ ④ ）までの乳児のいるすべての家庭を訪問し、子育て支援に関する情報提供や養育環境等の把握を行う事業
・（ ⑤ ）事業…（ ③ ）事業などにより把握した、保護者の養育を支援することが特に必要とされる家庭に対して、保健師・助産師・保育士等が居宅を訪問し、養育に関する相談支援や育児・家事援助等を行う事業
・（ ⑥ ）事業…母子家庭等の保護者が安心して子育てをしながら働くことができる環境を整備するため、一定の事由により児童の養育が一時的に困難となった場合に、児童を児童養護施設等で預かる事業
・（ ⑦ ）事業…乳幼児や小学生等の児童を有する子育て中の労働者や主婦等を会員として、児童の預かり等の援助を受けることを希望する者と、当該援助を行うことを希望する者との相互援助活動に関する連絡調整を行う事業
・（ ⑧ ）…保育認定を受けた子どもについて、通常の利用時間・利用日以外において、保育所等で引き続き保育を実施する事業
・（ ⑨ ）…病気の児童について、病院・保育所等に付設された専用スペース等において、看護師等が一時的に保育等を行う事業
・（ ⑩ ）…保護者が労働などで昼間家庭にいない小学校に就学している児童に対し、授業の終了後等に小学校の空き教室や児童館等において適切な遊び及び生活の場を与えて、その健全な育成を図る事業 など

238

母子父子寡婦福祉法

① **母子父子寡婦福祉法**とは、母子家庭等に対しその生活の安定と向上のために必要な措置を講じ、母子家庭の福祉をはかることを目的として制定された法律です。
② この法律において、児童とは20歳未満の者をいい、**配偶者のいない女子（男子）**とは配偶者と**死別**または**離婚**等した女子（男子）で現に婚姻していない者をいい、**寡婦**とは配偶者のない女子で、かつて配偶者のない女子として児童を扶養していたことのある者をいうと定義しています。
③ また、市町村等は、**公営住宅**の供給を行う場合や、**保育所**に入所する児童を選考する場合等は、母子家庭等に対して**特別の配慮**をしなければならないとしています。
④ この法律に基づく事業及び施設には、次のようなものがあります。

- **母子父子自立支援員**による相談支援…ひとり親家庭及び寡婦に対し、生活一般についての相談・指導や**母子父子寡婦福祉資金**に関する相談指導を行う
- **ひとり親家庭等日常生活支援事業**…就学や疾病などによって一時的に家事援助や保育等のサービスが必要となった際に**家庭生活支援員**の派遣等を行う
- **ひとり親家庭等生活向上事業**…ひとり親家庭等相談支援事業、生活支援講習会等事業、学習支援ボランティア事業 など
- **母子父子福祉センター**…無料または低額な料金で、母子家庭等の各種の相談に応じ、生活指導・生業の指導を行う施設
- **母子父子休養ホーム**…母子家庭等に対し、無料または低額な料金で、レクリエーションなど休養のための便宜を提供する施設

---

⑤ 母子父子寡婦に対する経済的支援には、次のようなものがあります。

- **児童扶養手当**…後述
- **養育費の確保に関する施策**…国に**養育費**相談支援センターを設置し、母子家庭等就業自立支援センター等に**養育費**専門相談員を配置
- **母子父子寡婦福祉資金貸付制度**…都道府県等が行う、配偶者のない女子等で現に20歳未満の児童を扶養している者または配偶者のない女子であってかつて母子家庭の母であった者を対象とする貸付制度

母子保健法

① **母子保健法**は、**母性・乳児・幼児**の健康の保持及び増進を図るため、**保健指導**、**健康診査**、医療などの措置を講じることを目的とする法律です。
② この法律では、妊娠をした者は、**市町村に妊娠の届出**をしなければならず、**市町村**は、当該届出をした者に**母子健康手帳**を交付しなければならないと定めています。
③ また、市町村は、必要に応じて、**妊産婦、新生児、未熟児**に関する訪問指導を行います。なお、市町村は、入院等を必要とする未熟児等が、指定医療機関において入院治療を受ける場合に、その治療に要する医療費を公費で負担します（所得に応じて自己負担あり）。
④ 市町村は、**満1歳6ヶ月**を超え**満2歳**に達しない幼児、及び、**満3歳**を超え**満4歳**に達しない幼児に対する健康診査を行います。

第16章 児童・家庭福祉

【確認問題】

□646. 母子父子寡婦福祉法では、児童等を次のように定義している。
・児童…（　①　）の者
・配偶者のいない女子（男子）…配偶者と（　②　）または（　③　）等した女子（男子）で現に婚姻していない者

□647. 母子父子寡婦福祉法に基づく事業には、次のようなものがある。
・（　①　）による相談支援…ひとり親家庭及び寡婦に対し、生活一般についての相談・指導や（　②　）に関する相談指導を行う
・ひとり親家庭等日常生活支援事業…就学や疾病などによって一時的に家事援助や保育等のサービスが必要となった際に（　③　）の派遣等を行う
・ひとり親家庭等生活向上事業…ひとり親家庭等相談支援事業、生活支援講習会等事業、学習支援ボランティア事業など

□648. 母子父子寡婦福祉法に基づく施設には、次のようなものがある。
・（　①　）…無料または低額な料金で、母子家庭等の各種の相談に応じ、生活指導や生業の指導を行う施設
・（　②　）…母子家庭等に対し、無料または低額な料金で、レクリエーションなど休養のための便宜を提供する施設

□649. 母子父子寡婦福祉法上、市町村等は、（　①　）の供給を行う場合や、（　②　）に入所する児童を選考する場合などは、母子家庭等に対して（　③　）をしなければならない。

□650. 母子父子寡婦に対する経済的支援には、次のようなものがある。
・（　①　）手当
・（　②　）の確保に関する施策…国に（　②　）相談支援センターを設置し、母子家庭等就業自立支援センター等に（　②　）専門相談員を配置
・（　③　）制度…（　④　）等が行う、配偶者のない女子等で現に20歳未満の児童を扶養している者または配偶者のない女子であってかつて母子家庭の母であった者を対象とする貸付制度

□651. 母子保健法は、（　①　）並びに（　②　）及び（　③　）の健康の保持及び増進を図るため、（　④　）、（　⑤　）、医療などの措置を講じ、国民保健の向上に寄与することを目的とする。

□652. 妊娠をした者は、（　①　）に妊娠の届出をするようにしなければならず、（　①　）は、当該届出をした者に（　②　）を交付しなければならない。

□653. 市町村は、（　①　）・（　②　）・（　③　）に関して訪問指導を行う。

□654. 市町村は、（　①　）を超え（　②　）に達しない幼児、及び、（　③　）を超え（　④　）に達しない幼児に対する健康診査を行う。

240

児童等に関する手当

1 児童手当
① 児童手当の支給対象及び支給額は次のようになっています。
- **対象者**…15歳に達する日以後の最初の3月31日までの間にある児童を監護し、かつ、当該児童と生計を同じくする**父母**等または**未成年後見人**（児童養護施設や障害児施設に入所中の児童や、里親委託されている児童の場合は、当該施設設置者や里親等に支給）
- **支給額**…3歳未満は月15,000円、3歳～小学校修了前は月10,000円（第1,2子）または月15,000円（第3子以降）、中学生は月10,000円

② 当該児童の住所が日本国内にない場合や、父母の所得が一定額以上の場合は、児童手当は支給されません。なお、施設等設置者に支給される場合については所得制限はありません。

③ 児童手当に必要な費用の負担は、次のようになっています。
- **3歳未満の子がいる被用者分**…事業主15分の7、国45分の16、都道府県等45分の8
- **3歳以上の子がいる被用者及び被用者以外の者分**…国3分の2、都道府県等3分の1

2 児童扶養手当
① 児童扶養手当の支給対象及び支給額は次のようになっています。
- **対象者**…18歳（障害児の場合は20歳）に達する日以後の最初の3月31日までの間にある児童を監護し、かつ、当該児童と生計を同じくする父または母で、**離婚**や一方の死亡、**障害**等によりひとり親家庭となった父または母、父または母以外の養護者
- **支給額**…全額支給の場合は1人目の児童につき月42,500円（2人目につき最大月10,040円加算、3人目以降につき最大月6,020円加算）、一部支給の場合は月42,490円～10,030円

② 児童扶養手当は、原則として、その受給資格を取得してから**5年を経過**した場合において、**就業に困難な事情がない**にもかかわらず就業の意欲がみられないときは、その支給額は**2分の1**まで**減額**されます。

③ 当該児童の住所が日本国内にない場合や、父または母等の所得が一定額以上の場合、対象児童が施設等に入所している場合は、児童扶養手当は支給されません。

④ 児童扶養手当に必要な費用は、国が**3分の2**、都道府県等が**3分の1**を負担します。

3 特別児童扶養手当等
① **特別児童扶養手当**は、精神または身体に障害を有する**20歳未満**の児童を監護する父母または父母以外の養護者に対して支給されるものです。これに必要な費用は、**国が全額負担**します。

② **障害児福祉手当**は、精神または身体に**重度の障害**を有するため、日常生活において**常時介護**を必要とする在宅の**20歳未満の者（本人）**に対して支給されるものです。これに必要な費用は、国が**4分の3**、都道府県等が**4分の1**を負担します。

③ **特別障害者手当**は、精神または身体に**著しく重度の障害**を有するため、日常生活において**常時特別の介護**を必要とする在宅の**20歳以上の者（本人）**に対して支給されるものです。費用負担については、上記②と同様となっています。

④ なお、上記①から③のいずれも、児童扶養手当と同様の支給制限があります。

第16章 児童・家庭福祉

【確認問題】

□655. 児童手当は、（　①　）に達する日以後の最初の3月31日までの間にある児童を監護し、かつ、当該児童と生計を同じくする（　②　）等または（　③　）に対して支給される。

□656. 児童手当に必要な費用の負担は、次のようになっている。
・（　①　）未満の子がいる被用者分
　…（　②　）15分の7、国45分の16、都道府県等45分の8
・（　①　）以上の子がいる被用者及び被用者以外の者分
　…国（　③　）、都道府県等（　④　）

□657. 児童扶養手当は（　①　）に達する日以後の最初の3月31日までの間にある児童を監護し、かつ、当該児童と生計を同じくする父または母で、（　②　）や一方の死亡、（　③　）などによりひとり親家庭となった父または母、父または母以外の養護者に対して支給される。なお、障害児の場合は、上記「（　①　）」は「（　④　）となる）

□658. 児童扶養手当は、原則として、その受給資格を取得してから（　①　）年を経過した場合において、（　②　）に困難な事情がないにもかかわらず（　②　）意欲がみられないときは、その支給額は（　③　）まで減額される。

□659. 児童扶養手当に必要な費用は、国が（　①　）、都道府県等が（　②　）を負担する。

□660. （　①　）手当とは、精神または身体に障害を有する（　②　）未満の児童を監護する父母または父母以外の養護者に対して支給されるものである。（　①　）手当に必要な費用は、（　③　）が全額負担する。

□661. （　①　）手当とは、精神または身体に（　②　）を有するため、日常生活において（　③　）を必要とする在宅の（　④　）歳未満の者（本人）に対して支給されるものである。（　①　）手当に必要な費用は、国が（　⑤　）、都道府県等が（　⑥　）を負担する。

□662. （　①　）手当とは、精神または身体に（　②　）を有するため、日常生活において（　③　）を必要とする在宅の（　④　）歳以上の者（本人）に対して支給されるものである。

第１７章　公的扶助

公的扶助概論

1　公的扶助の意義

① **公的扶助**とは、**国家責任**のもと、**最低の生活保障水準**あるいはそれに近い生活保障水準の不足に対する生活需要を補う目的として、**貧困や低所得者**を対象に、**資力調査**を課し、貧困や低所得者の**申請**をもって、**公費**を財源として給付や貸付を行う救貧制度のことをいいます。

② 我が国における公的扶助制度の中心にあるのが**生活保護制度**ですが、**児童扶養手当**や**特別児童扶養手当**などの児童に対する手当や、母子寡婦福祉法に基づく母子福祉資金貸付、**生活福祉資金貸付制度**、低所得者を中心に住宅を提供する**公営住宅制度**、各種のホームレス対策なども、公的扶助制度の1つであるということができます。

2　公的扶助の基本的特徴

公的扶助には、次のような特徴があるとされています。

- **国家責任**のもとで実施されていること。
- **貧困者**または**低所得者**を対象としていること。
- 私的扶養や他法他施策の活用などを行っても生活困窮状態にある者に対する、**最終的な救済制度**であること
- **資力調査**が、給付や貸付に先だって実施されること
- 給付や貸付は、対象者の**個別的なニーズ**に対応し、かつ国家が設定する**最低生活保障水準**を充足できない生活需要に対応するものであること
- 財源は、国などの一般歳入にて**全額**まかなわれていること

3　社会保険との対比における公的扶助の特徴

公的扶助と社会保険とを比較すると、次のような特徴（相異）が明らかとなります。

	社会保険	公的扶助
対　象	被保険者とその被扶養者	国民一般
財　源	保険料及び公費	すべて公費
受給資格	保険への加入と**保険料の納付**	**資力調査**による貧困の認定
給付内容	一定額または 保険料に比例する給付	**最低生活基準**に満たない **不足分の給付**
機　能	**防貧的機能**	**救貧的機能**

243

第17章 公的扶助

【確認問題】

□663. 公的扶助とは、（　①　）のもと、（　②　）の生活保障水準あるいはそれに近い生活保障水準の不足に対する生活需要を補う目的として、（　③　）を対象に、その申請に基づき（　④　）を行った上で、（　⑤　）を財源として給付や貸付を行う救貧対策制度のことをいう。

□664. 我が国の公的扶助制度の中心をなすのは（　①　）制度であるが、（　②　）や（　③　）などの手当や、（　④　）制度や母子寡婦福祉法に基づく母子福祉資金などの貸付制度、低所得者を中心に住宅を提供する（　⑤　）制度、各種のホームレス対策なども、広義の公的扶助制度であるといえる。

□665. 公的扶助の特徴として、次のような点を挙げることができる。
・（　①　）のもとで実施されていること。
・（　②　）または（　③　）を対象としていること。
・（　④　）や（　⑤　）の活用を行っても生活困窮状態にある者の（　⑥　）な救済制度であること。
・給付や貸付に先だって（　⑦　）が実施されること
・給付や貸付は、対象者の（　⑧　）なニーズに対応し、かつ、（　⑨　）保障水準を充足できない生活需要に対応するものであること
・財源は、国の一般歳入にて（　⑩　）まかなわれていること

□666. 社会保険と公的扶助とを比較すると、次のような相異が認められる。

	社会保険	公的扶助
対　象	（　①　）	（　②　）
財　源	（　③　）	（　④　）
受給資格	保険への加入と（　⑤　）の納付	（　⑥　）による貧困の認定
給付内容	（　⑦　）または （　⑧　）に比例する給付	（　⑨　）基準に満たない （　⑩　）を給付
機　能	（　⑪　）機能	（　⑫　）機能

244

生活保護制度

1 概 要
① **生活保護制度**は、**生活保護法**に基づき、**経済的に困窮**する国民に対して、**国**が、**健康で文化的な最低限度**の生活を保障するために、生活に必要な給付を行う公的扶助制度の中心となっているものです。
② 生活保護法では、現に生活保護を受けている者を**被保護者**といい、現に保護を受けているといないとにかかわらず、保護を必要とする状態にある者を**要保護者**としています。
③ また、保護として給与・貸与される金銭及び物品を**保護金品**といい、金銭の給与や貸与によって保護を行うことを**金銭給付**、物品の給与・貸与、医療の給付、役務の提供その他金銭給付以外の方法で保護を行うことを**現物給付**とよんでいます。

2 生活保護の4原理

（1）国家責任の原理
① 生活保護法1条は、**国家責任の原理**に関する規定であり、「この法律は、**日本国憲法第25条**に規定する理念に基き、**国**が生活に困窮する**すべての国民**に対し、その困窮の**程度**に応じ、必要な保護を行い、その**最低限度**の生活を保障するとともに、その**自立を助長**することを目的とする。」と定めています。
② 同条では、同法の目的として**最低生活の保障**と**自立の助長**も掲げています。
③ 同条の「**国民**」とは、**日本国籍を有する者**であるとされていますが、入管難民法に規定する永住者や定住者等の一定の外国人にも、同法の規定が準用されます。但し、外国人には**不服申し立て**の権利などは認められていません。
④ 本条の「**自立**」とは、一般に**経済的自立**と解されるが、稼働能力のない高齢者や重度障害者であっても、生活保護制度を活用することによって生活上の自立を目指すことができるという意味で**人格的な自立**も含まれると解されています。

（2）無差別平等の原理
① 生活保護法2条は、**無差別平等の原理**についての規定であり、**すべての国民**は、「この法律の定める**要件を満たす限り**、この法律による保護…を、**無差別平等に受ける**ことができる。」と定めています。本条は、**すべての国民に保護請求権**があること、及び、この権利は**すべての国民**に対して**無差別平等**に与えられていることを意味しています。
② 上記の「**無差別平等**」とは、保護を要する状態に至った**原因**の如何や、人種・信条・社会的身分・門地などによって**差別的**または**優先的**に取り扱われることはないという意味です。よって、本条は**欠格条項**の廃止を謳った規定であるとされています。

（3）最低生活保障の原理
生活保護法3条は、**最低生活保障の原理**に関する規定であり、「この法律により保障される最低限度の生活は、**健康で文化的な生活水準**を**維持**することができるものでなければならない。」と定めています。

第17章 公的扶助

【確認問題】

□667. 生活保護制度とは、（　①　）に基づき、（　②　）に困窮する国民に対して、（　③　）が、健康で文化的な（　④　）の生活を保障するために必要な給付を行う公的扶助制度の中心となっているものである。

□668. 生活保護法では、現に生活保護を受けている者を（　①　）といい、現に保護を受けているといないとにかかわらず、保護を必要とする状態にある者を（　②　）と規定している。

□669. 生活保護法では、保護として給与し、または貸与される金銭及び物品を（　①　）といい、金銭の給与または貸与によって保護を行うことを（　②　）、物品の給与または貸与、医療の給付、役務の提供その他（　②　）以外の方法で保護を行うことを（　③　）という。

□670. 生活保護の原理を4つ答えよ。

□671. 生活保護法1条は「この法律は、（　①　）に規定する理念に基き、（　②　）が生活に困窮する（　③　）に対し、その困窮の（　④　）に応じ、必要な保護を行い、その（　⑤　）の生活を保障するとともに、その（　⑥　）することを目的とする。」と定めている。

□672. 生活保護法1条の「国民」とは、（　①　）を有する者であるが、出入国管理及び難民認定法に規定する永住者や定住者等の一定の外国人にも準用されている。但し、外国人には（　②　）の権利は認められていない。

□673. 生活保護法1条の「自立」とは、一般に（　①　）自立と解されるが、稼働能力のない高齢者や重度障害者であっても生活保護を活用することによって生活上の自立を目指すことができるという意味で（　②　）な自立も含まれると考えられる。

□674. 生活保護法第2条は、（　①　）は、「この法律の定める（　②　）限り、この法律による保護…を、（　③　）に受けることができる。」と定めている。本条は、（　①　）に（　④　）があること、及び、この権利は（　①　）に対して（　③　）に与えられていることを意味している。

□675. 上記③とは、保護を要する状態に至った（　①　）の如何や、人種・信条・社会的身分・門地などによって（　②　）または（　③　）に取り扱われることはないということを意味する。よって、本条は（　④　）の廃止を謳ったものであるとされる。

□676. 生活保護法3条は、「この法律により保障される最低限度の生活は、（　①　）な生活水準を（　②　）することができるものでなければならない。」と定めている。

246

（4）補足性の原理

① 生活保護法4条は**補足性の原理**についての規定であり、同条1項では「保護は、生活に困窮する者が、その利用し得る**資産**、**能力**その他あらゆるものを、その最低限度の生活の維持のために活用することを**要件**として行われる。」と定めていいます。**能力**とは、稼働能力を意味します。

② 資本主義社会では自助生活・自己責任が原則である以上、その有する資産を処分し、これを生活費に当てなければならないのが原則です。但し、次のような資産については処分の必要はないとされています。

・現実に、**最低生活の維持**のために活用されており、かつ、**処分するよりも保有**
しているほうが、生活維持および**自立の助長**に実効が上がっていると認められ
る資産
・現在活用されていないが、近い将来において活用されることがほぼ確実であっ
て、かつ、**処分するよりも保有しているほうが**生活維持に実効があると認めら
れる資産

---

③ 保護を受けようとする者が土地や家屋を所有している場合でも、それが**居住用**家屋であり、またこれを所有するのに必要な土地であるときは保有が認められます。しかし、**処分価値**が**利用価値**に比して**著しく大きい**場合は、その保有は認められないとされています。なお、**生活福祉資金貸付制度**における要保護世帯向け不動産担保型貸付制度の利用が可能な場合（評価額500万円以上の不動産で他の債権の担保になっていない場合）などは、この制度の利用が優先される扱いとなっています。

④ 保護を受けようとする者が保有できる家電製品や家具什器等の生活用品については、次のような基準に基づいて判断されています。

・当該世帯の人員や構成などから判断して利用の必要性があり、かつ保有を認め
ても当該地域の**一般世帯との均衡**を失することにならないと認められるものは
保有が認められる（当該地域の全世帯の70％程度の普及率があるもの等が該当
する）
・**高齢者**や**障害者**等のいる世帯が、その身体状況や病状からエアコン等を利用し
ている場合などは、当該地域の普及率が低い場合であっても保有が認められる
・自家用車は、被保護者等が**障害者**である場合や、公共交通機関の利用が**著しく**
困難な地域に居住する場合に限り、相当限定的な条件の下でのみ保有が認めら
れる

---

⑤ 次に、同条2項は「民法に定める**扶養義務者の扶養**及び**他の法律**に定める扶助は、すべてこの法律による保護に**優先**して行われるものとする。」と規定しています（扶養義務の詳細については**第9章**参照）。

⑥ 本項の**「優先」**とは、扶養義務者が存在することのみをもって生活保護を利用できないということではなく、あくまで扶養義務者による扶養の可能性を検討した上で、保護を実施するかどうかを決めるべきであるという意味です。

第17章 公的扶助

【確認問題】

□677. 生活保護法4条1項は「保護は、生活に困窮する者が、その利用し得る（　①　）、（　②　）その他あらゆるものを、その最低限度の生活の維持のために活用することを（　③　）として行われる。」と定めている。（　②　）とは、（　④　）のことを意味するものとされる。

□678. 資本主義社会では自助生活・自己責任が原則である以上、その有する資産を処分し、これを生活費に当てなければならないのが原則である。但し、次のような資産については処分の必要はないとされる。
・現実に、（　①　）のために活用されており、かつ、（　②　）、生活維持および（　③　）に実効が上がっていると認められる資産
・現在活用されていないが、近い将来において活用されることがほぼ確実であって、かつ、（　②　）生活維持に実効があると認められる資産

□679. 保護を受けようとする者が土地や家屋を所有している場合でも、それが（　①　）家屋であり、またこれを所有するのに必要な土地であるときは、その保有は認められるが、（　②　）が（　③　）に比して（　④　）場合は、その保有は認められないとされている。なお、（　⑤　）制度における要保護世帯向け不動産担保型貸付制度の利用が可能な場合などは、この制度が優先される。

□680. 保護を受けようとする者が保有できる家電製品や家具什器等の生活用品については、次のような基準に基づいて判断されている。
・当該世帯の人員や構成などから判断して利用の必要性があり、かつ保有を認めても当該地域の（　①　）との均衡を失することにならないと認められるものは保有が認められる
・（　②　）や（　③　）等のいる世帯が、その身体状況や病状からエアコン等を利用している場合などは、当該地域の普及率が低い場合であっても保有が認められる
・自家用車は、被保護者等が（　③　）である場合や、公共交通機関の利用が（　④　）地域に居住する場合に限り、相当限定的な条件の下でのみ保有が認められる

□681. 生活保護法4条2項は「民法に定める（　①　）及び（　②　）に定める扶助は、すべてこの法律による保護に（　③　）して行われるものとする。」と定めている。

3　生活保護の4原則

（1）申請保護の原則
生活保護法7条は、**申請保護の原則**と**職権保護（急迫保護）の例外**を定めた規定であり、「保護は、**要保護者、その扶養義務者又はその他の同居の親族の申請**に基いて開始するものとする。但し、**要保護者が急迫した状況**にあるときは、保護の申請がなくても必要な保護を行うことができる。」と定めています。

（2）基準及び程度の原則
① 生活保護法8条は**基準及び程度の原則**についての規定であり、同条1項は「保護は、**厚生労働大臣**の定める基準により測定した**要保護者の需要**を基とし、そのうち、その者の金銭または物品で満たすことのできない**不足分を補う**程度において行うものとする。」と定め、同条2項は「前項の基準は、要保護者の**年齢別、性別、世帯構成別、所在地域別**その他保護の種類に応じて必要な事情を考慮した最低限度の生活の需要を満たすに**十分なもの**であって、かつ、これを**こえないもの**でなければならない。」と定めています。
② 本条に基づき厚生労働大臣が定める保護基準は、保護の要否の**判定基準**であると同時に**支給基準**ともなります。
③ 資産及び収入と保護基準によって測定された生活需要を対比して、不足分があると認定されれば、その不足分を補う程度において保護が開始されることになります。

（3）必要即応の原則
① 生活保護法9条は**必要即応の原則**についての規定であり、「保護は、要保護者の年齢別、性別、健康状態等その個人または世帯の実際の**必要の相違**を考慮して、**有効かつ適切**に行うものとする。」と定めています。
② 本条は、**無差別平等の原理**による**画一的・機械的**運用の弊害を除去する趣旨によるものとされています。

（4）世帯単位の原則
① 生活保護法10条は**世帯単位の原則**についての規定であり、「保護は、**世帯を単位**としてその**要否及び程度**を定めるものとする。但し、これによりがたいときは、**個人を単位**として定めることができる。」と定めています。
② 上記①の**「世帯」**とは、原則として同一の住居に居住し、**生計**を同じくしている者の集まりであり、法律上の**扶養義務**がない場合でも同一世帯となり得ると解されています。生計の同一性が本来的基準なので、居住を同じくしていないときでも、出稼ぎや就学のための下宿、単身赴任、入院などの場合は同一世帯と認定されることになります。
③ この世帯単位の原則によりがたい場合は、例外的に**世帯分離**が認められます。

第17章 公的扶助

【確認問題】

□682. 生活保護法7条は（　①　）の原則と（　②　）の例外についての規定であり、「保護は、（　③　）、その（　④　）又はその他の（　⑤　）の申請に基いて開始するものとする。但し、（　③　）が（　⑥　）にあるときは、（　⑦　）必要な保護を行うことができる。」と定めている。

□683. 生活保護法8条1項は「保護は、（　①　）の定める基準により測定した（　②　）を基とし、そのうち、その者の金銭または物品で満たすことのできない（　③　）程度において行うものとする。」と定め、同条2項は「前項の基準は、要保護者の（　④　）別、性別、（　⑤　）別、（　⑥　）別その他保護の種類に応じて必要な事情を考慮した最低限度の生活の需要を満たすに（　⑦　）であって、かつ、これを（　⑧　）でなければならない。」と定めている。本条に基づき厚生労働大臣が定める保護基準は、保護の要否の（　⑧　）であると同時に（　⑨　）ともなる。

□684. 「生活保護法第9条は（　①　）の原則に関する規定であり、「保護は、要保護者の年齢別、性別、健康状態等その個人または世帯の実際の（　②　）を考慮して、（　③　）に行うものとする。」と定めている。本条は、（　④　）による（　⑤　）運用の弊害を除去するとの趣旨によるものである。

□685. 生活保護法10条は、「保護は、（　①　）を単位としてその（　②　）及び（　③　）を定めるものとする。但し、これによりがたいときは、（　④　）を単位として定めることができる。」と定めている。

□686. 上記①の「世帯」とは、原則として同一の住居に居住し、（　①　）を同じくしている者の集まりであり、法律上の（　②　）がない場合でも同一世帯となり得る。

250

4 保護の種類・範囲・方法

（1）概 要
① 生活保護法11条1項には保護の種類が列挙されており、**生活扶助、教育扶助、住宅扶助、医療扶助、介護扶助、出産扶助、生業扶助、葬祭扶助**の8つの扶助が規定されています。
② 本項は、**例示列挙**ではなく**限定列挙**の規定であると解されていますので、新たな扶助を行う場合は、法改正が必要となります。
③ これらの扶助は、要保護者の必要に応じ、**単給**または**併給**の形で行われます。例えば、生活費は自力で賄えるが医療費が賄えない場合は、医療扶助の単給がなされます。

（2）生活扶助
① **生活扶助**は、困窮のため最低限度の生活を維持することのできない者に対して、**衣食その他日常生活の需要を満たすために必要なもの**や、**移送**に必要な範囲内において行われます（**生活費や交通費**などを支給するということ）。
② 生活扶助は、原則として**金銭給付**によって行われ、**1ヶ月分**が**前渡し**で支給されます。
③ 生活扶助費は、**第1類費**（食費や被服費など**個人**単位の経費）と**第2類費**（光熱費や家具什器などの**世帯**単位の経費）の合計額により算出されます。全国の市町村を**6区分**に分類し、給付額に差が設けられています。また、次のような**加算**が行われる場合があります。

- **妊産婦加算**…妊婦および産後**6ヶ月**までの妊婦に対する栄養補給に対する加算
- **母子加算**…父母の一方もしくは両方が欠けている場合などに、父母の他方または祖父母など児童（原則18歳まで）の養育にあたる者についてなされる加算（父子家庭も対象）
- **児童養育加算**…中学校修了前までの児童の教養文化的経費などの特別な需要に対する加算
- **介護保険料加算**…介護保険の**第1号**被保険者の**介護保険料**に対する加算
- **介護施設入所者加算**…介護施設に入所中の者の特別な需要に対する加算
- **障害者加算**…身体障害1〜3級、障害基礎年金1〜2級の障害者の特別な需要に対する加算
- **在宅患者加算** ・**放射線障害者加算** など

---

④ 病院等に入院している被保護者には、生活費として**入院患者日用品費**が支給されます。但し、**介護医療院**に入所している被保護者には支給されません。介護施設に入所している被保護者には、生活費として**介護施設入所者基本生活費**が支給されます。
⑤ 年末の特別需要に対する**期末一時扶助**や、保護開始時や出生、入学準備、入退院などに際して緊急やむを得ない場合などに対する**一時扶助**なども行われることがあります。
⑥ 生活扶助は、被保護者の**居宅**において行うものとされていますが。但し、これによることができないとき、これによっては保護の目的を達しがたいとき、または**被保護者が希望**したときは、被保護者を**救護施設、更生施設**などの施設に入所させるなどして行うことができるとされています。

【確認問題】

□687. 生活保護法11条1項に定める保護の種類をすべて答えよ。

□688. 同11条1項は、（ ① ）列挙ではなく（ ② ）列挙であると解されている。

□689. 同11条1項の扶助は、要保護者の必要に応じ、（ ① ）または（ ② ）として行われる。

□690. 生活扶助は、困窮のため最低限度の生活を維持することのできない者に対して、（ ① ）を満たすために必要なものや、（ ② ）に必要な範囲内において行われる。

□691. 生活扶助は、原則として（ ① ）給付によって行われ（ ② ）が（ ③ ）で支給される。

□692. 生活扶助費は、（ ① ）費（食費や被服費など（ ② ）単位の経費）と（ ③ ）費（光熱費や家具什器などの（ ④ ）単位の経費）の合計額により算出される。なお、全国の市町村を（ ⑤ ）に分類し、給付額に差を設けている。

□693. 生活扶助の各種加算には、次のようなものがある。
・妊産婦加算…妊婦および産後（ ① ）までの妊婦に対する栄養補給に対する加算
・（ ② ）加算…父母の一方もしくは両方が欠けている場合などに、父母の他方または祖父母など児童（原則18歳までの者）の養育にあたる者についてなされる加算
・児童養育加算…（ ③ ）までの児童の教養文化的経費などの特別な需要に対する加算
・（ ④ ）料加算…（ ④ ）の（ ⑤ ）被保険者の（ ④ ）料に対する加算
・（ ⑥ ）入所者加算…（ ⑥ ）に入所中の者の特別な需要に対する加算
・障害者加算…身体障害（ ⑦ ）級、障害基礎年金（ ⑧ ）級の障害者の特別な需要に対する加算　など

□694. 病院等に入院している被保護者には、生活費として（ ① ）費が支給される。但し、（ ② ）に入所している被保護者には支給されない。介護施設に入所している被保護者には、生活費として（ ③ ）費が支給される。

□695. 年末の特別需要に対する（ ① ）や、保護開始時や出生、入学準備、入退院などに際して緊急やむを得ない場合などに対する（ ② ）などもある。

□696. 生活扶助は、被保護者の（ ① ）において行うが、これによることができないとき、これによつては保護の目的を達しがたいとき、または（ ② ）したときは、被保護者を（ ③ ）、（ ④ ）若しくはその他の適当な施設に入所させ、若しくはこれらの施設に入所を委託し、又は私人の家庭に養護を委託して行うことができる。

（3）教育扶助

① **教育扶助**は、**義務教育**に必要な教科書その他の学用品や、通学用品、**学校給食**その他**義務教育**に伴って必要なものについて行われます。

② 憲法は**義務教育の無償**を定めていますが、ここでいう「無償」は、授業料が無償であることを意味するものとされていますので、授業料以外の費用について扶助を行います（**第3章**参照）。

③ 教育扶助も原則として、**金銭**給付にり行われますが、教育扶助のための保護金品は、**被保護者**のみならず、その**親権者**、**未成年後見人**または被保護者の通学する**学校長**に対しても交付されます。

（4）住宅扶助

① **住宅扶助**は、家賃などの**住居費用**や、住居の**補修**その他住宅の維持のために必要なものについて行われます。

② 住宅扶助も原則として**金銭**給付により行われますが、例外的に**現物**給付として行われるときは、**宿所提供施設**などを利用させ、またはこれに委託して行われます。

③ なお、住宅扶助の基準額は低く定められているため（ex. 1級地で月13,000円）、別に上限額が定められています（ex. 東京都・単身世帯で月53,700円）。

（5）医療扶助

① **医療扶助**は、原則として**現物**給付により行われ、生活保護法上の**指定医療機関**から医療サービスが提供されることになります。

② 被保護者が医療扶助を受ける場合は、その都度、保護実施機関から**医療券**の発行を受ける必要があります。。

③ 医療扶助の給付内容は、基本的に**国民健康保険**と同じですが、**保険外併用療養費**の支給などについて一定の制約が課されています。

④ 病院等が指定医療機関となるためには、**厚生労働大臣**または**都道府県知事**から指定を受ける必要があります。なお、当該指定は**6年**ごとにその**更新**を受けなければ、その期間の経過により効力を失います。

（6）介護扶助

① **介護扶助**も、原則として**現物**給付より行われ、生活保護法上の指定施設等から**介護保険法**に準ずる介護サービスが提供されることになります。

② 介護扶助の支給方法については、次のようになっています（前出（2）及び**第13章**、**第15章**参照）。

65歳以上の被保護者	介護保険の**第1号被保険者**となるため、介護サービスに必要な費用の**9割**が介護保険から支給され、利用者負担に相当する**1割**が生活保護から介護扶助としてが支給される
65歳未満の被保護者	介護保険の**第2号被保険者**とはならないため、介護サービスに必要な費用の**10割**が生活保護から介護扶助として支給される

③ 介護施設等が指定施設となるためには、**厚生労働大臣**または**都道府県知事**から指定を受ける必要があります。

第17章 公的扶助

【確認問題】

□697. 教育扶助は、（　①　）に必要な教科書その他の学用品や、通学用品、（　②　）その他（　①　）に伴って必要なものについて行われる。

□698. 教育扶助は原則として、（　①　）給付によって行われる。教育扶助のための保護金品は、（　②　）のみならず、その（　③　）、（　④　）または被保護者の通学する（　⑤　）に対して交付するものとされている。

□699. 住宅扶助は、家賃などの（　①　）費用や、（　①　）の（　②　）の補修などのために必要なものについて行われる。

□700. 住宅扶助は原則として（　①　）給付により行われるが、例外的に（　②　）給付として行われるときは、（　③　）を利用させ、またはこれに委託して行われる。

□701. 医療扶助は、原則として（　①　）給付により行われ、生活保護法上の（　②　）から医療サービスが提供される。なお、病院等が（　②　）となるためには、（　③　）または（　④　）から指定を受ける必要があり、当該指定は（　⑤　）ごとにその（　⑥　）を受けなければ、その期間の経過によって効力を失うことになる。

□702. 医療扶助の給付内容は、基本的に（　①　）と同様であるが、（　②　）の支給などについて一定の制約が課されている。

□703. 介護扶助は原則として（　①　）給付より行われる。介護扶助の支給方法については、次のようになっている。

（　②　）以上の被保護者	（　③　）の（　④　）となるため、介護サービスに必要な費用の（　⑤　）が（　③　）から支給され、利用者負担に相当する（　⑥　）が生活保護から介護扶助としてが支給される
（　②　）未満の被保護者	（　③　）の（　⑦　）とはならないため、介護サービスに必要な費用の（　⑧　）が生活保護から介護扶助として支給される

（7）出産扶助
出産扶助は、原則として**金銭**給付により行われ、分娩に必要な費用や入院費などが支給されます。

（8）生業扶助
生業扶助も原則として**金銭**給付により行われ、小規模な事業の継続や資格・技能の修得、高等学校等への就学費用などが支給されます。但し、その者の**収入を増加**させ、またはその**自立を助長**することのできる見込みのある場合に限り支給されます。

- **生業費**…生計の維持を目的として営まれる小規模な事業を行うために必要な資金
- **技能修得費**…生業に必要な**技能**を修得するための経費や**高等学校**等への就学費用
- **就職支度費**…**就職**のために直接必要となる洋服代などの購入費用

（9）葬祭扶助
葬祭扶助も原則として**金銭**給付により行われ、葬祭に必要な費用が支給されます。なお、保護の実施機関は、その死者の**遺留の金銭及び有価証券**を保護費に充て、なお足りないときは、**遺留の物品を売却して**その代金をこれに充てることができます。

5 保護の実施機関
① 生活保護は本来、**国**がその責任において行うべきところ、保護の実施・運営の円滑化・適正化を図る見地から、地方自治体の長に生活保護の事務を**法定受託事務**として委託しています。
② 生活保護法では、**実施機関**として**都道府県知事、市長、福祉事務所を設置する町村長**、補助機関として**社会福祉主事**、協力機関として**民生委員**がそれぞれ規定されています。なお、福祉事務所を設置しない町村の長は、その町村の区域内において**特に急迫した事由**により**放置する**ことができない状況にある要保護者に対して、**応急的**処置として、必要な保護を行うものとされています。
③ 生活保護における福祉事務所員の構成と役割は、次のようになっていいます。

- **所 長**…都道府県知事、市町村長の指揮監督を受けて所務を掌理する
- **査察指導員**…所長の指揮監督を受けて現業事務の指導監督を行う
- **現業を行う所員**…所長の指揮監督を受けて援護を要する者等に面接し、本人の資産や環境等を調査し、保護の必要の有無およびその種類を判断し、本人に対し生活指導を行うなどの事務を行う

④ 生活保護の実施場所は、次のようになっています。

- **居住地**…客観的な人の居住事実の継続性と期待性が備わっている場所、人が現に日常の起居を行なっており、将来にわたり起居を継続することが社会通念上期待できる場所
- **現在地**…保護を必要とする状態の現に発生して所在している場所
- **施設等入所者の場合**…被保護者を救護施設等の施設に入所させたり、介護老人福祉施設に委託して行う場合は、入所または委託**前**の**居住地**または**現在地**によって生活保護の実施責任が定まる

第17章 公的扶助

【確認問題】

□704. 生業扶助は、困窮のため最低限度の生活を維持することのできない者またはそのおそれのある者に対して、次のような費用を支給するものである。但し、これによって、その者の（　①　）させ、またはその（　②　）することのできる見込みのある場合に限る。
・生業費…生計の維持を目的として営まれる小規模な事業を行うために必要な資金
・（　③　）修得費…生計の維持に役立つ生業に必要な（　③　）を修得するための経費や（　④　）等への就学費用
・（　⑤　）支度費…（　⑤　）のために直接必要となる洋服代などの購入費用

□705. 葬祭扶助は、原則として（　①　）給付によって行われる。なお、葬祭扶助を行う場合においては、保護の実施機関は、その死者の（　②　）を保護費に充て、なお足りないときは、（　③　）その代金をこれに充てることができる。

□706. 生活保護は本来、（　①　）がその責任において行うべきところ、保護の実施・運営の円滑化・適正化を図る見地から、地方自治体の長に生活保護の事務を（　②　）として委託している。

□707. 生活保護法に規定される、実施機関、補助機関、協力機関を答えよ。

□708. 福祉事務所を設置しない町村の長は、その町村の区域内において（　①　）事由により（　②　）状況にある要保護者に対して、（　③　）処置として、必要な保護を行うものとする。

□709. 生活保護における福祉事務所員の構成と役割は、次のようになっている。
・所　長…都道府県知事や市町村長の指揮監督を受けて所務を掌理する
・（　①　）…所長の指揮監督を受けて現業事務の指導監督を行う
・（　②　）…所長の指揮監督を受けて援護を要する者等に面接し、本人の資産や環境等を調査し、保護の必要の有無およびその種類を判断し、本人に対し生活指導を行うなどの事務を行う

□710. 生活保護の実施場所は、次のようになっている。
・（　①　）…客観的な人の居住事実の継続性と期待性が備わっている場所、人が現に日常の起居を行なっており、将来にわたり起居を継続するであろうことが社会通念上期待できる場所
・（　②　）…保護を必要とする状態の現に発生して所在している場所
・施設等入所者の場合…被保護者を救護施設等の施設に入所させたり、介護老人福祉施設に委託して行う場合は、入所または委託（　③　）の（　①　）または（　②　）によって生活保護の実施責任が定まる

256

6 保護の実施

① 保護の開始を申請する者は、原則として、一定事項を記載した**申請書**を保護の実施機関に提出する必要があります。**申請書**には、要保護者の**保護の要否、種類、程度及び方法**を決定するために必要な一定の書類を**添付**することが求められます。但し、当該申請書を作成することができない特別の事情があるときや、一定の書類を添付することができない特別の事情があるときは、これらの提出は不要です。

② 保護の実施機関は、保護の開始の申請があったときは、**保護の要否、種類、程度及び方法**を決定し、申請者に対して**書面**をもって**通知**しなければならず、当該**書面**には、**決定の理由**を付さなければならないとされています。保護の実施機関の判断の適正を確保するとともに、決定を受ける申請者の不服申立て等の便宜を図ることを目的とする規定です。

③ 上記②の通知は、**申請のあった日から14日以内**に行う必要がありますが、**扶養義務者**の資産及び収入の状況の調査に日時を要する場合その他特別な理由がある場合には、これを**30日まで延長**することができます。この場合、保護の実施機関は、延長する**理由を明示**しなければならないとされています。

④ 保護の申請をしてから**30日以内**に上記②の通知がないときは、申請者は、保護の実施機関が**申請を却下したものとみなすことができます。**

⑤ 保護の実施機関は、知れたる**扶養義務者**が**民法**の規定による**扶養義務を履行していない**と認められる場合において、保護の開始の決定をしようとするときは、**あらかじめ**、当該**扶養義務者**に対して**書面**をもって一定の事項を**通知**すべきとされています。これを扶養照会といいます。

⑥ なお、**要式行為**とは、**意思表示**だけでは足りず、法律上定められている一定の方式（ex. 一定事項を記載した書面の提出を求める場合）に従わないと、法律行為が**不成立または無効**となるものをいいますが、生活保護の申請行為を**要式行為**と捉えると、申請書における一定事項の記載や関係書類の提出がないと、申請があったことにはならないことになる点で問題となります。

7 保護の開始

① 生活保護は、**厚生労働大臣**の定める**保護基準**を満たす場合に開始されます。

② 申請者に収入がある場合において、収入として**認定**された額が、算出された最低生活費を**上回る**ときは、生活保護を受けることはできません。就労による収入や公的年金、親族等からの援助などは原則として収入とされますが、就学のための資付金や、祝金、香典など社会通念上収入として扱うのが不適切なものは収入とはされません。なお、保護費の一定額を貯蓄に回した場合、その貯蓄は原則として収入として認定されますが、その貯蓄が子どもの進学費用に充てることを目的とする場合など、生活保護法の趣旨目的にかなった目的と態様であれば、収入認定の対象とすべき資産には当たらないとするのが判例です（最判平16.3.16）。

③ 上記②の収入認定については、就労へのインセンティブを付与するため、勤労収入の全額が収入認定されないよう、次のような**勤労控除**の仕組みがあります。

・**基礎控除**…勤労に伴って必要な経常的需要に対応するもの

・**新規就労控除**…新たに継続性のある職業に従事した場合の特別の経費に対応するもの

・**未成年者控除**…**未成年者**の需要に対応するとともに本人および世帯員の自立助長を図る控除

第１７章 公的扶助

【確認問題】

□711. 保護の開始を申請する者は、原則として、一定事項を記載した（　①　）を保護の実施機関に提出しなければならず、また、（　①　）には、要保護者の（　②　）、（　③　）、（　④　）及び方法を決定するために必要な書類として一定の書類を（　⑤　）しなければならない。

□712. 保護の実施機関は、保護の開始の申請があったときは、（　①　）、（　②　）、（　③　）及び方法を決定し、申請者に対して（　④　）をもって、これを通知しなければならない。当該（　④　）には、（　⑤　）を付さなければならない。

□713. 上記の通知は、申請のあった日から（　①　）以内にしなければならないが、（　②　）の資産及び収入の状況の調査に日時を要する場合その他特別な理由がある場合には、これを（　③　）まで延ばすことができる。この場合、保護の実施機関は、その（　④　）しなければならない。

□714. 保護の申請をしてから（　①　）に上記の通知がないときは、申請者は、保護の実施機関が（　②　）。

□715. 保護の実施機関は、知れたる（　①　）が（　②　）の規定による（　③　）と認められる場合において、保護の開始の決定をしようとするときは、（　④　）、当該（　①　）に対して（　⑤　）をもって一定の事項を（　⑥　）しなければならない。但し、当該通知が適当でない場合はこの限りでない。

□716. （　①　）とは、（　②　）だけでは足りず、法律上定められている一定の方式に従わないと、法律行為が（　③　）または（　④　）となるものをいう。生活保護の申請行為を（　①　）と捉えると、申請書における一定事項の記載や関係書類の提出がないと、申請があったことにはならないことになる点で問題となる。

□717. 生活保護は、（　①　）の定める（　②　）を満たす場合に開始される。

□718. 申請者に収入がある場合において、収入として（　①　）された額が、算出された最低生活費を（　②　）ときは、生活保護を受けることはできない。

□719. 上記の収入認定については、就労へのインセンティブを付与するため、勤労収入の全額が収入認定されないよう、次のような（　①　）控除の仕組みを設けている。
・（　②　）控除…勤労に伴って必要な経常的需要に対応するもの
・（　③　）控除…新たに継続性のある職業に従事した場合の特別の経費に対応するもの
・（　④　）控除…（　④　）の需要に対応するとともに本人および世帯員の自立助長を図る控除

258

8 職権による保護の開始及び変更・保護の停廃止

① 保護の実施機関は、要保護者が**急迫した状況**にあるときは、すみやかに、**職権を**もって保護の種類、程度及び方法を決定し、保護を開始**しなければならない**ものとされています。

② また、保護の実施機関は、常に、被保護者の**生活状態**を調査し、保護の変更を必要とすると認めるときは、速やかに、**書面をもってその決定を行い、書面をもって、**これを被保護者に**通知**する必要があります。

③ さらに、保護の実施機関は、被保護者が**保護を必要としなくなった**ときは、速やかに、保護の**停止または廃止**を決定し、**書面をもって、**これを被保護者に**通知**する必要があります。

9 指導・指示

① 保護の実施機関は、**被保護者**に対して、生活の**維持、向上**その他保護の目的達成に必要な**指導または指示**をすることができます。

② この**指導または指示**は、被保護者の**自由を尊重**し、**必要の最小限度**に止めなければならず、被保護者の**意に反して、指導または指示**を強制し得るものと解釈してはならないものとされています。

10 相談・助言

① 保護の実施機関は、被保護者就労支援事業を行うほか、**要保護者**から求めがあったときは、**要保護者**の自立を助長するために、**要保護者**からの**相談に応じ、必要な助言**をすることができます。但し、当該助言に従わないことをもって、**保護の変更や停廃止を行うことはできません。**なお、被保護者に対しても、相談に応じ助言を行うことができます。

② **自立支援プログラム**とは、上記①の相談・助言の一環として実施されているものであり、実施機関である福祉事務所が、管内の**被保護者**の状況や自立阻害要因について**類型化**を図り、各**類型**ごとに取り組むべき自立支援の**具体的内容**や**実施手順**などを定め、個々の**被保護者**に必要な支援を組織的に実施する取組及びそのための基準のことをいいます。当該プログラムは、生活保護法**27条の2**に基づく**自治事務**として行われ、また、**被保護者の同意**を前提として行われます。

- **経済的自立プログラム**…就労による**経済的**自立のためのプログラム（ex.稼働能力を有する被保護者の場合であれば、就労阻害要因を段階的に克服し就労を実現すべく、ひきこもりや無気力等の場合のグループカウンセリングを通じた日常生活自立支援や、職業訓練や履歴書の書き方、面接の受け方等の具体的就職支援活動を通じた就労自立支援などを行う）
- **社会生活自立プログラム**…社会的なつながりを回復・維持し、地域社会の一員として充実した生活を送ることをめざすプログラム（ex.社会的入院患者（精神障害者）である被保護者の場合…居宅生活への復帰やその維持や向上を図るべく、居宅生活等への移行支援や、居宅生活の支援を通じた日常生活自立支援などを行う）
- **日常生活自立プログラム**…身体や精神の健康を回復・維持し、自分で自分の健康や生活管理を行うなど**日常生活**において自立した生活を送ることをめざすプログラム（ex.高齢者である被保護者の場合、健康的な自立生活を支えるべく、筋力向上トレーニングや転倒骨折予防等の介護予防を通じた日常生活自立支援などを行う）

第17章 公的扶助

【確認問題】

□720. 保護の実施機関は、要保護者が（　①　）にあるときは、すみやかに、（　②　）をもって保護の種類、程度及び方法を決定し、保護を開始（　③　）。また、保護の実施機関は、常に、被保護者の（　④　）を調査し、保護の変更を必要とすると認めるときは、速やかに、（　⑤　）をもってその決定を行い、（　⑤　）をもって、これを被保護者に（　⑥　）しなければならない。

□721. 保護の実施機関は、被保護者が（　①　）ときは、速やかに、保護の（　②　）を決定し、（　③　）をもって、これを被保護者に（　④　）しなければならない。」

□722. 保護の実施機関は、被保護者に対して、生活の（　①　）、（　②　）その他保護の目的達成に必要な（　③　）をすることができる。但し、この（　③　）は、被保護者の（　④　）し、（　⑤　）に止めなければならず、また、被保護者の（　⑥　）、（　③　）を強制し得るものと解釈してはならない。

□723. 保護の実施機関は、被保護者就労支援事業を行うほか、（　①　）から求めがあったときは、（　①　）の自立を助長するために、（　①　）からの（　②　）、（　③　）をすることができる。但し、（　③　）に従わないことをもって、保護の（　④　）を行うことはできない。

□724. 自立支援プログラムとは、実施機関である福祉事務所が、管内の（　①　）の状況や自立阻害要因について（　②　）化を図り、各（　②　）ごとに取り組むべき自立支援の（　③　）や（　④　）などを定め、個々の（　①　）に必要な支援を組織的に実施する取組及びそのための基準のことをいう。当該プログラムは、生活保護法（　⑤　）に基づく（　⑥　）事務として行われる。

□725. 自立支援プログラムには、次のような種類がある。
・（　①　）自立プログラム…就労による（　①　）自立のためのプログラム
・（　②　）自立プログラム…社会的なつながりを回復・維持し、地域社会の一員として充実した生活を送ることをめざすプログラム
・（　③　）自立プログラム…身体や精神の健康を回復・維持し、自分で自分の健康や生活管理を行うなど（　③　）において自立した生活を送ることをめざすプログラム

11 報告・調査・検診

① 保護の実施機関は、保護の決定（等）のため必要があると認めるときは、**要保護者の資産及び収入の状況**、健康状態その他の事項を調査するために、当該**要保護者**に対して報告を求めたり、当該**要保護者**の居住への立入調査や、**医師等の検診**を受けるべき旨を命ずることができます。

② **要保護者**が上記①による**医師等の検診**をせず、あるいは**虚偽**の報告をし、若しくは立入調査を拒否したりするときは、保護の実施機関は保護の開始・変更の申請を**却下**し、または保護の**変更・停止・廃止**をすることができます。

③ 上記①の**医師等の検診**を受けるべき旨の命令（検診命令）は、次のような場合になされます。

・**稼働能力**の有無に疑いがある場合
・**障害者加算**の認定に必要と認められる場合
・**医療扶助**の決定に際し、要保護者の病状に疑いがある場合
・**介護扶助**の実施にあたり、医学的判断が必要な場合　など

④ 保護の実施機関は、保護の決定等のため必要があると認めるときは、保護の開始または変更の申請書等の内容を調査するために、要保護者の**扶養義務者**やその他の**同居の親族**等に対して、**報告**を求めることができます。

12 資料の提供等

① 保護の実施機関及び福祉事務所長は、保護の決定等のために必要があると認めるときは、**官公署や日本年金機構**などに対し、必要な**書類の閲覧や資料の提供**を求めることができます。

② また、**銀行**や、要保護者・被保護者の**雇主**、**扶養義務者**の**雇主**その他の関係人に対しても、**資産及び収入**その報告を求めることができます。

13 保護施設

① 生活保護法上の**保護施設**には、次の5つがあります。

・救護施設…**身体上**または**精神上著しい障害**があるために**日常生活を営むことが困難**な要保護者を入所させて、**生活扶助**を行うことを目的とする施設
・更生施設…**身体上**または**精神上**の理由により**養護及び生活指導**を必要とする要保護者を入所させて、**生活扶助**を行うことを目的とする施設
・医療保護施設…医療を必要とする要保護者に対して、**医療の給付**を行うことを目的とする施設
・授産施設…**身体上**若しくは**精神上**の理由または**世帯の事情**により**就業能力の限られている**要保護者に対して、**就労または技能の修得**のために必要な機会及び便宜を与えて、その自立を助長することを目的とする施設
・宿所提供施設…宿住居のない要保護者の世帯に対して、**住宅扶助**を行うことを目的とする施設

---

② 上記①の保護施設のうち、**医療保護施設**の設置・運営は**第2種**社会福祉事業に該当しますが、他の4つの施設の設置等は第1種社会福祉事業に該当します。

③ 上記①の保護施設を設置できるのは、**都道府県、市町村、地方独立行政法人、社会福祉法人、日本赤十字社**に限られており、これら以外の者は保護施設を設置することはできません。

第１７章 公的扶助

【確認問題】

□726. 保護の実施機関は、保護の決定（等）のため必要があると認めるときは、（　①　）の（　②　）、（　③　）その他の事項を調査するために、当該（　①　）に対して報告を求めたり、当該（　①　）の居住への（　④　）や、（　⑤　）を受けるべき旨を命ずることができる。（　①　）がこの（　⑤　）をせず、あるいは（　⑥　）の報告をし、若しくは（　④　）を拒否したりするときは、保護の実施機関は保護の開始・変更の申請を（　⑦　）し、または保護の（　⑧　）をすることができる。

□727. 申請時における上記⑤の命令は、次のような場合になされる。
・（　①　）の有無に疑いがある場合
・（　②　）の認定に必要と認められる場合
・（　③　）の決定に際し、要保護者の病状に疑いがある場合
・（　④　）の実施にあたり、医学的判断が必要な場合　など

□728. 保護の実施機関は、保護の決定等のため必要があると認めるときは、保護の開始または変更の申請書等の内容を調査するために、要保護者の（　①　）やその他の（　②　）等に対して、（　③　）を求めることができる。

□729. 保護の実施機関及び福祉事務所長は、保護の決定等のために必要があると認めるときは、（　①　）や（　②　）などに対し、必要な（　③　）や（　④　）を求めることができる。また、（　⑤　）や、要保護者・被保護者の（　⑥　）、（　⑦　）の（　⑥　）その他の関係人に対して、（　⑧　）その報告を求めることができる。

□730. 救護施設は、（　①　）または（　②　）（　③　）があるために（　④　）な要保護者を入所させて、（　⑤　）を行うことを目的とする。

□731. 更生施設は、（　①　）または（　②　）の理由により（　③　）を必要とする要保護者を入所させて、（　④　）を行うことを目的とする。

□732. 授産施設は、（　①　）若しくは（　②　）の理由または（　③　）により（　④　）要保護者に対して、（　⑤　）のために必要な機会及び便宜を与えて、その自立を助長することを目的とする。

□733. 保護施設の設置主体を答えよ。

１４　就労自立給付金

① **就労自立給付金**は、**安定**した職業についたこと等により生活保護を必要としなくなった者を対象として、単身者の場合で**10万円**、多人数世帯の場合で**15万円**を限度に支給されるものです。保護受給中の収入認定額の範囲内で、**仮想的**に積み立てを行い、これを保護終了時に支給します。

② 当該給付金は、生活保護から脱却すると、税金や社会保険料等の負担が生ずることなどから、生活保護脱却直後の不安定な生活を支え、再度生活保護に至ることを防止することを目的としています。

１５　被保護者の権利

① 生活保護法上、被保護者には次の**3つの権利**が認められます。

・**不利益変更されない権利**…被保護者は、**正当な理由**がなければ、既に決定された保護を不利益に変更されることがない
・**公課等を課せられない権利**…被保護者は、保護金品等に対して租税その他の公課を課せられることがない
・**差押えされない権利**…被保護者は、既に給与を受けた保護金品等やこれを受ける権利を差し押さえられることがない

---

② 上記の「**正当な理由**」にあたる場合としては、**要保護性**が消滅した場合や、求められた**報告**をしないこと、虚偽の報告や、**立入調査**の拒否・妨害、検診命令不服従の場合、指導・指示に従わない場合などがあります。なお、保護基準の減額改定に伴う保護の減額決定は不利益変更には当たらないとするのが判例です。

１６　被保護者の義務

① 生活保護法上、被保護者には、次の**5つの義務**が課せられます

・**保護等を受ける権利の譲渡禁止**…保護等を受ける権利を譲り渡すことはできない
・**生活上の努力義務**…被保護者は、常に、能力に応じて**勤労に励み**、自ら、健康の保持及び増進に努め、収入、支出その他生計の状況を**適切に把握**するとともに**支出の節約**を図り、その他生活の維持及び向上に**努めなければならない**
・**届出の義務**…被保護者は、収入、支出その他生計の状況について**変動があったとき**、または**居住地**若しくは**世帯の構成**に異動があったときは、すみやかに、保護の実施機関または福祉事務所長にその旨を届け出なければならない
・**指導または指示に従う義務**…被保護者は、保護の実施機関が必要な**指導または指示**をしたときは、これに**従わなければならない**
・**費用返還義務**…被保護者が、**急迫の場合**等において資力があるにもかかわらず保護を受けたときは、保護の実施機関の定める額を**返還しなければならない**

---

② 上記①の義務のうち、**生活上の努力義務**は努力義務となっています。

③ 被保護者が**指導または指示に従わない**ときは、保護の実施機関は、**保護の変更、停止または廃止**をすることができます。

第17章 公的扶助

【確認問題】

□734. 就労自立給付金は、（　①　）した職業についたこと等により生活保護を必要としなくなった者を対象として、単身者の場合で（　②　）円、多人数世帯の場合で（　③　）円を限度に支給するものである。保護受給中の収入認定額の範囲内で、（　④　）に積み立てを行い、これを保護終了時に支給する。

□735. 生活保護法上、被保護者には、（　①　）権利・（　②　）権利・（　③　）権利の「3つの権利」が認められる。

□736. 上記①につき、生活保護法は、「被保護者は、（　①　）がなければ、既に決定された保護を、不利益に変更されることがない。」と規定しているが、この「（　①　）」にあたる場合としては、（　②　）が消滅した場合や、求められた（　③　）をしないこと、虚偽の（　③　）や、（　④　）の拒否・妨害、健診命令不服従の場合、（　⑤　）に従わない場合などがある。

□737. 生活保護法上、被保護者には、（　①　）の譲渡の禁止・（　②　）義務・（　③　）の義務、（　④　）に従う義務・（　⑤　）義務の「5つの義務」が課せられる。

□738. 上記「5つの義務」の②につき、生活保護法は、「被保護者は、常に、能力に応じて（　①　）、自ら、（　②　）保持及び増進に努め、収入、支出その他生計の状況を（　③　）するとともに（　④　）を図り、その他生活の維持及び向上に（　⑤　）。」と定めている。なお、本条の義務は（　⑥　）である。

□739. 上記「5つの義務」の③につき、生活保護法は「被保護者は、収入、支出その他生計の状況について（　①　）とき、または（　②　）若しくは（　③　）に異動があったときは、すみやかに、保護の実施機関または福祉事務所長にその旨を届け出なければならない。」と定めている。

□740. 上記「5つの義務」の④につき、生活保護法は、「被保護者は、保護の実施機関が、…被保護者に対し、必要な（　①　）をしたときは、これに（　②　）。」と定め、「…（この）義務に違反したときは、（　③　）をすることができる。」と定めている。

□741. 上記「5つの義務」の⑤につき、生活保護法は「被保護者が、（　①　）等において資力があるにもかかわらず保護を受けたときは、…保護の実施機関の定める額を（　②　）。」と定めている。

264

１７　不服申立て

① 生活保護に関する行政の処分に不服がある場合は、**行政不服審査法**に基づき不服申立てをすることができますが（第6章参照）、生活保護法上、次のような特有の規定が設けられています。

②市町村長が行った保護の決定等に関する処分についての**審査請求**は、都道府県知事に対して行います。

③ 上記②の**審査請求**がなされたときは、**都道府県知事は50日以内**に、これに対する**裁決**をしなければなりません。当該期間内に裁決がなされないときは、審査請求人は、審査請求を**棄却したものとみなすことができます**。

④ 上記③の**裁決**に対してなお不服があるときは、**厚生労働大臣**に対して**再審査請求**をすることができます。

⑤ 上記④の**再審査請求**がなされたときは、**厚生労働大臣は70日以内**に、これに対する**裁決**をしなければなりません。当該期間内に裁決がなされないときは、審査請求人は、再審査請求を**棄却したものとみなすことができます**。

⑥ 生活保護に関する行政の処分については、上記②③の**審査請求に対する裁決を経た後でなければ**行政事件訴訟法に基づく取消訴訟を提起することができません。このようなルールのことを**審査請求前置主義**といいます。

１８　費用負担・徴収等

① 生活保護に要する費用の負担割合は、次のようになっています。

- 国の負担…保護費等の**4分の3**
- 都道府県の負担…非福祉事務所設置町村分の保護費等の**4分の1**
  居住地がないか明らかでない被保護者に対して市町村が
  支弁した保護費等の**4分の1**
- 市及び福祉事務所設置町村の負担…保護費等の**4分の1**

---

② 都道府県または市町村は、被保護者の**医療扶助**または**介護扶助**を受けた事由が**第三者**の行為によって生じたときは、その支給した保護費の限度において、被保護者が当該**第三者**に対して有する**損害賠償の請求権**を取得します。

③ 被保護者に対して民法の規定により**扶養義務者**があるときは、その義務の範囲内において、保護費を支給した都道府県または市町村の長は、その費用の全部または一部を、その者から徴収**することができます**。なお、**扶養義務者**の負担すべき額について、保護の実施機関と**扶養義務者**の間に協議が調わないときは、保護の実施機関の申立により**家庭裁判所**がこれを定めることになります。

１９　不正受給・費用返還・罰則

① 保護の実施機関は、**不実の申請**や**不正な手段**により保護の費用を受けた者や**指定医療機関**、指定介護機関に対しては、その受けた費用のほか、その費用に**100分の40**を乗じた額以下の費用を**徴収**することができます。

② また、**不実の申請**や**不正な手段**により保護の費用を受けた者等に対しては、**3年以下の懲役**または**100万円以下の罰金**が科せられることがあります。

第１７章 公的扶助

【確認問題】

□742. 市町村長が行った保護の決定等に関する処分についての（ ① ）は、（ ② ）に対して行う。（ ① ）がなされたときは、（ ② ）は（ ③ ）にこれに対する（ ④ ）をしなければならず、当該期間内に（ ④ ）がなされないときは、請求人は（ ① ）を（ ⑤ ）。

□743. 上記④に対してなお不服があるときは、（ ① ）に対して（ ② ）をすることができる。（ ② ）がなされたときは、（ ② ）は（ ③ ）にこれに対する（ ④ ）をしなければならず、当該期間内に（ ④ ）がなされないときは、請求人は（ ① ）を（ ⑤ ）。

□744. 生活保護に関する行政の処分については、上記739を経た後でなければ（ ① ）に基づく（ ② ）を提起することができない。このようなルールのことを（ ③ ）という。

□745. 生活保護に要する費用の負担割合は、次のとおり。
・国の負担…保護費等の（ ① ）
・都道府県の負担…非福祉事務所設置町村分の保護費等の（ ② ）
　　　　　　　　居住地がないか明らかでない被保護者に対して市町村が
　　　　　　　　支弁した保護費等の（ ② ）
・市及び福祉事務所設置町村の負担…保護費等の（ ② ）

□746. 都道府県または市町村は、被保護者の（ ① ）または（ ② ）を受けた事由が（ ③ ）の行為によって生じたときは、その支給した保護費の限度において、被保護者が当該（ ③ ）に対して有する（ ④ ）を取得する。

□747. 被保護者に対して民法の規定により（ ① ）があるときは、その義務の範囲内において、保護費を支給した都道府県または市町村の長は、その費用の全部または一部を、その者から（ ② ）。なお、（ ① ）の負担すべき額について、保護の実施機関と（ ① ）の間に協議が調わないときは、保護の実施機関の申立により（ ③ ）がこれを定める。

□748. 保護の実施機関は、（ ① ）や（ ② ）により保護の費用を受けた者や指定医療機関、指定介護機関に対しては、その受けた費用のほか、その費用に（ ③ ）を乗じた額以下の費用を徴収することができる。また、（ ① ）や（ ② ）により保護の費用を受けた者等に対しては、（ ④ ）または（ ⑤ ）が科せられることがある。

266

生活福祉資金貸付制度

① **生活福祉資金貸付制度**は、**低所得者・高齢者・障害者**の各世帯に対し、生活等に必要な**資金の貸付**と**相談支援**を行うことにより、**経済的自立**及び生活意欲の助長促進、在宅福祉及び社会参加の促進を図ることを目的とするものです。

② **低所得者世帯**とは、市町村民税非課税程度にある世帯など必要な資金を他から借り受けることが困難な世帯であり、**高齢者世帯**とは、**65歳以上**の高齢者の属する世帯、**障害者世帯**とは、**各種手帳の交付**を受けた者などがいる世帯をいいます。

③ 当該貸付制度の利用に際しては、生活保護からの支給や雇用保険の失業等給付が優先されますが、生活保護との併用自体は禁止されてはいません。

④ 当該貸付制度の実施主体は**都道府県社会福祉協議会**ですが、窓口業務などは市町村社会福祉協議会が行っています。

⑤ 当該貸付制度における貸付の種類は、次のとおりです。

総合支援資金	・**生活支援費**…生活再建までの間に必要な生活費、**連帯保証人**がいる場合は無利子であるが、いない場合は**年1.5%**の利子が付される ・**住宅入居費** ・**一時生活再建費**
福祉資金	・**福祉費**…生業を営むための費用や技能習得に必要な費用、障害者用自動車の購入費用など ・**緊急小口資金**
教育支援資金	・**教育支援費**…**低所得**世帯に属する者が**高等学校**や**大学**、高等専門学校などに就学するために必要な経費 ・**就学支度金**…入学に際し必要な経費
不動産担保型生活資金	・**一般世帯向け**…低所得の**高齢者**世帯に対し、一定の**居住用不動産**を担保として土地の評価額の70%程度の生活資金を貸し付ける ・**要保護世帯向け**…要保護の**高齢者**世帯に対し、一定の**居住用不動産**を担保とし土地の評価額の70%程度の生活資金を貸し付ける

⑥ 上記⑤の不動産担保型生活資金の担保となる不動産については、借入申込者が**単独で所有**し、将来にわたって居住することを希望すること、及び、当該不動産に**抵当権**や**賃借権**が設定されていないなどの条件を満たすことが必要となります。

⑦ なお、上記の各資金の趣旨は異なるので、同一世帯に対して複数の資金を同時に貸し付けることは可能です。

⑧ 当該制度も貸付制度である以上、多額の借金を有する者など返済見込みのない者は利用できないとされています。

第17章 公的扶助

【確認問題】

□749. 生活福祉資金貸付制度は、（　①　）・（　②　）・（　③　）・に対し、生活等に必要な資金の貸付と（　④　）を行うことにより、（　⑤　）及び生活意欲の助長促進、在宅福祉及び社会参加の促進を図り、安定した生活ができるようにすることを目的とするものである。（　①　）とは、世帯…市町村民税非課税程度にある世帯など、必要な資金を他から借り受けることが困難な世帯、（　②　）世帯とは、（　⑥　）の（　②　）の属する世帯、（　③　）世帯とは、各種（　⑦　）を受けた者などがいる世帯のことをいう

□750. 生活福祉資金貸付制度における貸付の種類は、次のとおり。

（　①　）資金	・生活支援費…生活再建までの間に必要な生活費、（　②　）がいる場合は無利子であるが、いない場合は（　③　）の利子が付される ・住宅入居費 ・一時生活再建費
（　④　）資金	・福祉費…生業を営むための費用や技能習得に必要な費用、障害者用自動車の購入費用など ・緊急小口資金
（　⑤　）資金	・教育支援費…（　⑥　）世帯に属する者が（　⑦　）や（　⑧　）、高等専門学校などに就学するために必要な経費 ・就学支度金…入学に際し必要な経費
（　⑨　）生活資金	・一般世帯向け…（　⑩　）の（　⑪　）世帯に対し、一定の（　⑫　）を担保として土地の評価額の70%程度の生活資金を貸し付ける ・要保護世帯向け…要保護の（　⑪　）世帯に対し、一定の（　⑫　）を担保とし土地の評価額の70%程度の生活資金を貸し付ける

□751. 上記⑨の担保となる不動産については、借入申込者が（　①　）し、将来にわたって居住することを希望すること、及び、当該不動産に（　②　）や（　③　）が設定されていないなどの条件を満たすことが必要となる。

268

生活困窮者自立支援制度

① **生活困窮者自立支援制度**は、各事業の実施や給付金の支給その他の生活困窮者に対する自立の支援に関する措置を講ずることにより、生活困窮者の**自立の促進**を図ることを目的とするものです。

② 求職者支援制度等と並び、生活保護に至る手前の段階での早期の支援を行うことで生活保護に陥ることを防止する「**第2のセーフティネット**」としての機能が期待されています。

③ 生活困窮者自立支援制度は、**現に経済的に困窮**し最低限度の生活を維持することが**できなくなるおそれ**のある者で、生活保護法上の**要保護者以外**の者を対象とします。

④ 生活困窮者自立支援制度における各事業の実施主体は、**都道府県、市、福祉事務所設置町村**です。

⑤ 生活困窮者自立支援法の各事業のうち、**必須事業**となっているのは次の2つです。なお、これらの事業に必要な費用の**4分の3**は国が負担します。

自立相談支援事業	就労その他の自立に関する相談支援や、事業利用のためのプラン作成等の実施
住居確保給付金の支給	離職等により住宅を失った生活困窮者等に対して、必要な資金を支給

⑥ 生活困窮者自立支援法の各事業のうち、**任意事業**となっているのは次の4つです。なお、**就労準備支援**と**一時生活支援**に必要な費用の**3分の2**、家計相談支援事業及びその他の事業に必要な費用の**2分の1**は国が負担します。

就労準備支援事業	就労に必要な日常生活上・社会生活上の訓練を実施する
一時生活支援事業	住居のない生活困窮者に対して一定期期間、宿泊場所や衣食等を提供する
家計相談支援事業	家計に関する相談、家計管理に関する指導、貸付のあっせん等を行う
その他	**学習支援**事業その他生活困窮者の自立の促進に必要な事業

第17章 公的扶助

【確認問題】

□752. 生活困窮者自立支援法は、各事業の実施や給付金の支給その他の生活困窮者に対する自立の支援に関する措置を講ずることにより、生活困窮者の（　①　）を図ることを目的とするものである。（　②　）等と並び、生活保護に至る手前の段階での早期の支援を行うことで生活保護に陥ることを防止する「（　③　）」としての機能が期待されている。

□753. 生活困窮者自立支援法は、（　①　）し最低限度の生活を維持することが（　②　）のある者で、生活保護法上の（　③　）の者を対象とする。

□754. 生活困窮者自立支援法の各事業の実施主体を答えよ。

□755. 生活困窮者自立支援法の各事業のうち、必須事業となっているのは、次の2つである。なお、これらの事業に必要な費用の（　①　）は国が負担する。

（　②　）事業	就労その他の自立に関する相談支援や、事業利用のためのプラン作成等の実施
（　③　）の支給	離職等により住宅を失った生活困窮者等に対して、必要な資金を支給

□756. 生活困窮者自立支援法の各事業のうち、任意事業となっているのは、次の4つである。なお、（　③　）（　④　）に必要な費用の（　①　）、家計相談支援事業及びその他の事業に必要な費用の（　②　）は国が負担する。

（　③　）事業	就労に必要な日常生活上・社会生活上の訓練を実施する
（　④　）事業	住居のない生活困窮者に対して一定期期間、宿泊場所や衣食等を提供する
家計相談支援事業	家計に関する相談、家計管理に関する指導、貸付のあっせん等を行う
その他	（　⑤　）事業その他生活困窮者の自立の促進に必要な事業

270

Active Learning 医療・福祉をめぐる法と制度

平成31年3月28日　第1版発行

著　者　岡野大輔

発行所　学術研究出版／ブックウェイ

〒670-0933　姫路市平野町62
TEL.079 (222) 5372
FAX.079 (244) 1482
https://bookway.jp

印刷所　小野高速印刷株式会社
©Daisuke Okano, 2019 Printed in Japan
ISBN978-4-86584-401-6

乱丁本・落丁本は送料小社負担でお取り換えいたします。

本書のコピー、スキャン、デジタル化等の無断複製は著作権法上での例外を除き禁じられています。本書を代行業者等の第三者に依頼してスキャンやデジタル化することは、たとえ個人や家庭内の利用でも一切認められておりません。